简帛之路

河西走廊简帛出土遗址考察纪实

赵海丽 著

知识产权出版社
全国百佳图书出版单位
——北京——

前言

近期，反复阅读于心的是河西走廊，也总觉得要做些准备，再做些准备，出发在即，仍觉得还是没有做好准备。希望自己对这段黄金丝路知道得多一点，再多一点。

总感觉，这应该是一次充满感动与装满收获的旅程，值得一生铭记。

——河西走廊简帛出土遗址考察行前手记

黑格尔曾说：“人既是精神，则他必须而且应该自视为配得上最高尚的东西，切不可低估或小视他本身精神的伟大和力量。人有了这样的信心，没有什么东西会坚硬顽固到不对他展开。那最初隐蔽蕴藏着的宇宙本质，并没有力量可以抵抗求知的勇气；它必然会向勇毅的求知者揭开它的秘密，而将它的财富和宝藏公开给他，让他享受。”[1]这位哲学家的话语激励着世界上无数人，河西走廊简帛出土遗址考察团成员正是践行这些话语的一行人。这一行人怀揣着热望，决意走向河西走廊，去实现自己的考察目的。

[1] ［德］黑格尔. 哲学史讲演录（第一卷）［M］. 贺麟，王太庆，译. 北京：商务印书馆，1959：3.

河西走廊是一条神奇的廊道，这条廊道横穿于西部一片神奇的土地。这里曾孕育中华民族最古老的创世神话，闪烁着游牧文明和农耕文明交相辉映的曙光，周秦王朝的先祖由此创业兴邦，汉唐盛世曾在此显示强大的中华一统的力量，谱写出民族融合团结的华彩篇章；这里曾是多元文化交融的地方，有来自东方的儒家文化，有来自南亚次大陆的佛教文化，有来自中亚的伊斯兰文化，还有来自四面八方的不同部族文化；这里还曾是古代丝绸之路的通道，马队驼铃声曾回响于商人的耳畔，东西方使者曾来回穿梭于各个驿站。2013年9月7日，习近平主席在哈萨克斯坦纳扎尔巴耶夫大学演讲时说：“我的家乡陕西，就位于古丝绸之路的起点。站在这里，回首历史，我仿佛听到了山间回荡的声声驼铃，看到了大漠飘飞的袅袅孤烟。这一切，让我感到十分亲切。”[1]

“丝绸之路”，是古代中国与西方世界进行政治、经济、文化交流的国际大通道。河西走廊是“丝绸之路”的咽喉之区。河西走廊率先接受西方物质、精神文明的撞击，融胡汉、东西文明为一体。古代西方的宗教、艺术、哲学以至物种等，在陇右大地上传播、生根，大量胡商贩客、僧侣艺人、使者役夫在河西走廊往返、定居，行踪遗俗，迄今依稀犹存，使我们回想起先人走向世界的足音。[2]正如瑞典学者斯文·赫定在《丝绸之路》中所言：“可以毫不夸张地说，这条交通干线是穿越整个旧世界的最长的路。从文化—历史的观点看，这是连接地球上存在过的各民族和各大陆的最重要的纽带。……对中国来说，延伸和维持联系其与亚洲腹地之内领地的伟大线路，是至关重要的。”[3]冯其庸认为：

---

[1] 习近平. 弘扬人民友谊 共创美好未来——在纳扎尔巴耶夫大学的演讲［N］. 人民日报，2013-09-08.

[2] 林少雄. 洪荒燧影：甘肃彩陶的文化意蕴［M］. 兰州：甘肃教育出版社，1999：4.

[3] ［瑞典］斯文·赫定. 丝绸之路［M］. 江红，李佩娟，译. 乌鲁木齐：新疆人民出版社，1996：215-217.

“从历史来看，我们国家偏重东南已经很久了，这样众多的人口，这样伟大的民族，岂能久虚西北？回思汉、唐盛世，无不锐意经营西部，那末现在正是到了全面开发大西部的关键时刻了！因此我们应该为开发大西部多做点学术工作，多做点调查工作。”[1]

河西走廊主要位于今甘肃省境内。甘肃地形狭长，地貌复杂多样。它的总面积为42.58万平方公里。南北最宽处530公里，最窄处仅25公里。甘肃的地理位置，既深处我国的腹心地带，又绵延直达西北边陲地区。它东界陇山、秦岭与陕西接壤，南跨岷山山脉与川西高原相通，西部无边戈壁连接新疆、青海，北方茫茫沙漠与宁夏、内蒙古高原和青藏高原交会，故全境地势高亢，多为高原、山地，沙漠、戈壁，错落广布。[2]刘学堂《青铜长歌》认为，自古就有“羲里”“娲乡”之称的甘肃，是相传中的人文始祖伏羲、女娲的诞生地。距今8000年的大地湾文化，拥有6项中国考古之最：中国最早的旱作农业标本、中国最早的彩陶、中国文字最早的雏形、中国最早的宫殿式建筑、中国最早的“混凝土地面”、中国最早的绘画，被称为“黄土高原上的文化奇迹”。甘肃马家窑文化林家遗址出土的青铜刀，被誉为“中华第一刀”，将我国使用青铜器的时间提早到距今5000年。[3]20世纪是唤醒历史的时代，大量简帛文献的相继出土，等于重建了一座历史新文库，并产生了一门国际性的显学——简帛学。而甘肃简帛正是这座历史新文库中的主体典藏，在简帛学上占有举足轻重的地位。据目前发现的资料看，甘肃简帛时代上起战国、下至西夏，有秦、汉、晋、唐、西夏5个时代的文献；文字有汉、佉卢、吐蕃、回纥、西夏5种；内容有古书、公文、文书、

---

[1] 冯其庸. 瀚海劫尘·自叙［M］. 北京：文化艺术出版社，1995：1.

[2] 林少雄. 洪荒燧影——甘肃彩陶的文化意蕴［M］. 兰州：甘肃教育出版社，1999：1-3.

[3] 刘学堂. 青铜长歌·总序［M］. 兰州：甘肃人民出版社，2015：1-2.

经卷、书信等。甘肃简帛数量多，保存好，时代长，内容丰富，出土地明确，构成了独特的简帛体系，也为正在形成的中国简帛学奠定了雄厚的基础，更为丝绸之路史的研究开创了新领域，是全世界学术界所注目的新学问。

聊城大学素有研究古典文献的传统，目前有这么一支致力于研究简帛的学术研究团队，于2017年创立“聊城大学简帛学研究中心”，以此为基础创建“山东省特色文献与文化‘双创’协同创新中心”。聊城大学坐落于国家级历史文化名城聊城市，是山东省属重点综合性大学。学校办学历史可追溯到1902年山东大学堂内设的师范馆。聊城大学传承百年办学传统，独立办学近半个世纪，学校秉承“敬业、博学、求实、创新”的校训，发扬“崇教、尚学、敦厚、奋进”的聊大精神，为国家建设和经济社会发展培养了大批优秀人才。2018年，“聊城大学简帛学研究中心”有研究人员14人，计划组织一次河西走廊简帛出土遗址考察活动，让大家对于简帛出土遗址能有更为直观的了解与体验。

2018年8月1日（周三）19:00—20:30，在聊城大学东校区高教研究院二层会议室召开聊城大学简帛学研究中心“河西走廊简帛出土遗址考察”准备会议。参加人员有：

蔡先金　聊城大学原校长、教授、聊城大学简帛学研究中心首席专家

苗　菁　原聊城大学文学院院长、教授、聊城大学简帛学研究中心主任

刘　雯　济南大学文学院副教授

宁登国　聊城大学文学院教授、聊城大学简帛学研究中心副主任（现为中心主任）

赵海丽　聊城大学文学院教授（借调）、聊城大学简帛学研究中心成员

戴永新　聊城大学文学院教授、聊城大学简帛学研究中心成员

巩聿信　聊城大学文学院副教授、聊城大学简帛学研究中心成员
李如冰　聊城大学文学院副教授、聊城大学简帛学研究中心成员
赵立伟　聊城大学文学院副教授、聊城大学简帛学研究中心成员
杜季芳　聊城大学文学院副教授、聊城大学简帛学研究中心成员
汪梅枝　聊城大学文学院副教授、聊城大学简帛学研究中心成员

会议制订了这次学术考察活动方案，达成一些重要共识。

1. 考察团队指导方针

本次考察活动以习近平总书记的讲话为引领：让收藏在博物馆里的文物、陈列在广阔大地上的遗产、书写在古籍里的文字都活起来。

2. 考察团队定位

我们将黑格尔“人既然是精神，则他必须而且应该自视为配得上最高尚的东西”这句话作为考察团队的座右铭。用什么来支撑这支学术考察团队呢？是纯净的学术精神，是内圣外王的高尚境界。学术是一个学术团队最为核心的东西。团队中的每一个人都要长期熏修学术精神，不断打造自己，提高自己。团队要具有一种学术传教士般的精神，有学术宗教般的情怀，既要脚踏大地，又要超脱俗谛。当精神纯真的时候，人就不会庸俗而浅薄；当境界高尚的时候，人就不会为小事而计较。一个学术知识分子不脱俗，这个世界谁还会脱俗？一个学术知识分子不能为学术而奋斗，这个世界谁还会为学术努力？一个人的价值只有在团体中才能体现，一个人的幸福只有归属于团队才能实现。每一位团队同仁都要以学术为支撑，以学术为生命，要长期坚守。同时要开放、包容、合作，小事不计较，大事不糊涂。做到这一点，团队就不会散。若干年后，回忆起来，要感谢这个团队，感谢她让自己脱俗，感谢她让自己高尚。当一个团队被世俗利益所纠缠的时候，也就到了解体的时候。学术精神坍塌了，整个团队就三心二意了，就会昙花一现。

3. 考察团队要求

本次考察活动，每个成员都要从学术史的高度来看待这次学习考察活动，要上心，要用心。学术研究最难的是方法创新。这次考察活动采用人类学田野调查法，要了解，熟悉并熟练运用。

考察团和旅游团之间要严格区别。研究学术，心要正，每一个人心都要正。当真正进入学术状态的时候，就不会在乎外在环境，抱怨周围环境。团队提出，这次考察要严格执行国家规定，所有游览景点都不能去；不允许任何人发非学术内容的照片；考察期间所有个人产生的费用要由个人承担；谁出问题，谁负责任。每一次考察完后要停下来，开主题讨论会，谈感想，作总结，如肩水金关讨论会、悬泉置讨论会等。

德国有句谚语："一个人的努力是加法，一个团队的努力是乘法。"我们一行十余人是一个团队，是一个学术共同体，只要每一个人都在努力，得到的就是以乘法计算的累累硕果。

简帛之路

河西走廊简帛出土遗址考察纪实

目录

| 一 |

向河西走廊出发

了解这个世界最好的方法，莫过于“读万卷书，行万里路”。丈量大地，发现美好！无论我们准备得充分与否，这次河西走廊简帛出土遗址考察活动的“万里之行”从此开始了。

> 2018年8月6日（星期一），晴。今天是河西走廊简帛出土遗址考察之行的第一天，不可避免地是劳顿的一天。

这一天是从凌晨3:50开始的。人们都还在睡梦中，我们却在闹铃声中起床了。4:20，司机师傅的电话铃声在静寂的夜里格外地响。昨天约好的车准时来到宿舍外的马路上。接到司机电话后，我随即下楼，从地下室取出行李箱，与司机打声招呼，让他稍作等候。我的先生蔡先金下楼，换上了我早放在地下室的旅游鞋，外出考察一定要有一双合脚的鞋。4:35，上车，驶向济南遥墙机场。途中先生言手表忘戴了，外出总有物品遗漏，留下一点儿小遗憾。

进入机场刚下车，宁登国老师就打来电话询问我俩的位置。往往路远者先到，其他团队成员已在机场大厅汇合。此次参与考察活动的团队成员共计11人：蔡先金、苗菁、宁登国、赵海丽、戴永新、巩聿信、李如冰、赵立伟、杜季芳、汪梅枝、刘雯。

宁登国老师是此次考察活动的总管家，李如冰老师是其助手。宁老师为首的几位团队成员，主动承担了为大家办理登机与托运手续等工作。航班SC4927：济南—兰州，登机时间：6:05，登机口：2号。时间尚早，我们在候机。

天气晴好，6:45，飞机准时起飞了。山东航班有个明显的与众不同的地方，突出了本省的特色，即在机窗口上方标志性地张贴着《论语》中孔子言论的精华摘选。先金带了谭其骧《中国历史地图集》（秦·西汉·东汉时期），随后也翻阅了我带的何双全《简牍》一书。宁登国与赵立伟两位的儿子宁家宇也和我们同行，最为活泼，给大家带来了许多快乐！

↑ 工作交流（2018-08-06）
李如冰 摄

近日，大家都在为考察活动做准备，早起晚睡的，很是辛苦，因看资料用眼过多，我的眼睛也一直肿胀着。团队中其他老师夜里3点集合，3:30就往济南遥墙机场赶，几乎一夜未眠。当飞机扶摇直上云端，我们就把聊城和济南的一切抛诸脑后，一直处于昏睡状态。

8:28，透过云层俯视甘肃大地，隆起的山峦贫瘠露岩，沟壑中稍有绿色覆盖，镜头下的山川起伏，纵横交错铺展开来，

↑ 甘肃大地的纵横交错（2018-08-06） 赵海丽 摄

似一幅水粉画。

9:30，我们一行终于到达兰州中川机场，但还需要转机到敦煌。中川机场里的“第八届敦煌行·丝绸之路国际旅游节”宣传语惹人注目：“交响丝路，如意甘肃。走进甘肃就如同行走在珍宝般的‘如意’之上，带给您的是心有所想、必有所获的如意之旅。”“如意”很是贴合我们这个团队的目标与期盼。

9:38，我在团队微信群里发送：已到兰州。一直渴盼踏上考察旅程的热切的心，顿时踏实了下来。也许，我们一直寻找的就是红尘之外的这份宁静，就是喧嚣之外的这种惬意！再次感受金城兰州——丝绸之路上一座悠久沧桑的不老之城。

先金曾经来过兰州，并为此写过一首《兰州 心中生兰之州》[1]的小诗，收录在其《行者守心》这本诗集里。诗文如下：

[1] 蔡先金. 行者守心［M］. 济南：山东人民出版社，2016：46.

兰州 心中生兰之州

夏日清晨 太阳正在渐渐释放着能量
海水也渐渐无法抵挡住热浪
我快速驶向城郊的机场
即将来临的炎热甩在了高速公路上
乘上山航的飞机 就像鸟儿一样
迅速远离东部海岸 飞向适宜栖居的远方

两小时有余 飞抵兰州中川机场
路途的景色已经完全忽略
这时 我闻到了西部凉爽的空气
嗅觉顿时感到新鲜至极
接触到了西部的蒙蒙小雨
触觉顿时舒适了些许
看到了绵延的葱绿小山丘
视觉顿时有了西部的景致
到了大中国的西部 传说中的兰州
我的整个精神都感到了活泼又惬意

我到了兰州 心中好像生长了兰花一样
从里向外散发着沁人的清香
那确实就是人到西部方有的灵异现象
你在远方 心中如果没有兰花
那就请到这神奇的西部
从此做一位心生兰花之人吧

因为兰州—敦煌的QW6007次航班是13:30检票，还有充足的逗留时间，团队老师们早早过安检进入候机室（二楼）。因先金在一楼书亭看书，想买一张甘肃地图，我请大家先进去候机，自己留下来等他。过了约半小时，先金返回，向我展示了他刚买的书，玄奘法师原译、施青石编著的《图说心经》。

离登机时间尚早，索性去机场外转转，呼吸一下新鲜空气，感受一把兰州的凉爽。我俩走出机场出口，右拐沿着铁制楼梯往下走，来到了机场一楼大厅。经过"敦煌文创"店，琳琅满目的文化创意产品很是养眼。再向左行，见有"中川机场设计沙盘"及背景大屏幕"兰州中川国际机场综合交通枢纽伴您温馨出行"，我俩停下脚步，俯视机场的设计沙盘，整个设计图案似雄鹰奋起翱翔之势（鲲鹏展翅九万里），多么美好的寓意，看来这是其设计的主要特色了。10:09，先金拍一张发到自家微信群中。随后，我又将之分享到团队群中。

↑ 中川机场设计沙盘（2018-08-06）
蔡先金 摄

在这里坐定下来的旅客很少，匆忙穿梭过往者多。下机后的一部分旅客，由此处改乘不同种类的交通工具分流而去。我俩在一处联排椅上坐下来，各自打开手提电脑，做自己的事情。

10:22，巩聿信老师组建了新微信群。

| 二 |

品尝西北老味道

一碗牛肉面拉开了我们一行人进入河西走廊考察的序幕。

午餐，大家不谋而合地选择品味著名的兰州拉面。11:32，宁登国老师首先在微信群中发出感叹：刚吃了一碗安泊尔牛肉面，据说是“丝绸之路上最具特色的清真餐馆”，丝丝入口，香气扑鼻，顿感和丝路有了联结。丝路的开通最初大概就是为了基本的生存需要吧。汪梅枝老师亦言：第一顿河西风味美餐！美哉！

安泊尔在英文中为“琥珀”之意，拉丁语为“精髓”之意，阿拉伯语为“香料”之意。

作为甘肃省府最大的城市且闻名遐迩的陇上胜地，兰州亦称“金城”，既是历史上贯穿中原与西域的交通要道，又是丝绸之路的咽喉要地。对经过这里的名人及发生在此地影响历史进程的重大事件，人们总是如数家珍。如霍去病北击匈奴、唐玄奘西天取经、马可·波罗游历中国、左宗棠收复新疆、王震兵团挥师天山等，给了这座城市深厚的历史与文化底蕴。来到兰州，勾起人们念想的首先不是壮丽的沙漠山川美景，而是那一碗热气升腾、红绿相间、辣咸适中、清爽可口的牛肉面，让兰州人、西北人，乃至天南地北路经这里的人们难以忘怀。

↑ 一碗安泊尔牛肉面（2018-08-06）
赵立伟 摄

我曾读过王仁湘《四千年前的那碗面条至今飘香》一文。其中引用西晋束皙《汤饼赋》曰：“玄冬猛寒，清晨之会，涕冻鼻中，霜凝口外。充虚解战，汤饼为最。”“弱似春绵，白若秋练。气勃郁以扬布，香气散而远遍。行人失涎于下风，童仆空瞧而斜眄。擎器者舐唇，立侍者干咽。”[1]束皙以简约文字描述出面条味美令人垂涎之状。西汉时期的文献中亦有记述面食的，如扬雄《方言》提到过“饼”，“饼”是对面食的通称，水煮的称为“汤饼”。束皙之前乃至在他之后很久，文献中都没有出现“面条”这个雅俗共赏的名字。我们不禁要追问，先人为何突发奇想，要将谷物磨成粉、和成面，又变魔术似的做成长长的面条？2002年，在青海民和喇家遗址（4000年前一场突发的洪水叠加地震的灾难现场）20号房内的地面，清理出一些保存完好的陶器，其中有一

[1] 王仁湘. 四千年前的那碗面条至今飘香［N］. 光明日报，2018-08-18.

件蓝纹红陶碗，碗底部位保存着粗细均匀、卷曲缠绕在一起清晰可见的条状结构，其直径约0.3厘米，保存的总长估计超过50厘米，颜色为纯正的米黄色。经检测认定陶碗中的遗物是面条，并有少量的油脂及动物的骨头碎片，应当是面条的配料，说明这还是一碗荤面。考古证实，先民在4000年前已经用谷子和黍子混合后做成面条。该文以“东方面条之路的起点，显然是在黄河上游岸边古老村庄的窑洞里”为结。

三

又见敦煌

飞机着陆，按行程安排，15:45敦煌机场接站，宁登国老师很快与导游吴龙联系上。开车的师傅姓达，内蒙古人，车也是由内蒙古临时调过来的（正值敦煌旅游高峰，难找到合适的车）。

机场外广场有两排路灯柱，灯柱通体选取莫高窟壁画元素来描绘，飞天柱体与莲花灯罩，富有敦煌特色。

导游吴龙直接带我们去《又见敦煌》的演出现场。约半小时车程后，我们进入了宛如沙漠中海市蜃楼的湖蓝剧场。在机场时我就看见《又见敦煌》演出的宣传海报，由著名导演王潮歌创作。名人自有大手笔，因为与张艺谋多次合作类似的实景演出如《印象刘三姐》等，王潮歌早就是无人能替代的艺术大家了，而《又见敦煌》是她的独立创新，让人很期待她的作品。

走向剧场，我们沿着窄窄的、平缓的坡道，拐了几拐，向纵深走去，有高深莫测之感。

↑ 飞天（2018-08-06）
蔡先金 摄

↑ 纵深神秘（2018-08-06）
蔡先金 摄

当我们进入《又见敦煌》剧场时，惯性思维已被颠覆。平日里习惯了迈上台阶登堂入室，而这里却像是把你变成了微渺的一滴水，一粒沙。这里没有座位，观众如在闹市中穿行，不知自己的落脚点，更为奇怪的是剧场内没有引导员，如此，观众自然合成了一条溪流，顺势而下，向深处汇集。我随着人流涌动，想找个地方安坐下来，当我正在黑暗中为找不到座位而烦恼时，骤然亮起的灯光照在演员——解说者的身上，一位穿着白色衬衣的年轻男子开始了表演。他不像演员，更像是在讲解，讲解者不止一位，人员不时在不同的空间转换，男生与女生轮番出场，灯光也随之落到下一位讲解者的身上。随着骤然而起的音乐，历史的闸门陡然在我们眼前开启，讲解者引领我们的目光，穿越时间隧道走向深处。

第一幕开始了。长形高台上一个个鲜活的敦煌历史人物从我们面前穿梭而过，然后分列于两侧。从张骞到相夫公主，从索靖到张议潮，从异域商旅到当地村民，一直到近现代的王圆箓道士，一个个出现在人们的视线中，就在这一瞬间，敦煌两千多年的历史风云，一股脑儿倾泻在人们面前，让人目不暇接，欲挽其袖与之同行

↑你和我（2018-08-06） 蔡先全 摄

↑虔诚（2018-08-06） 赵海丽 摄

共语。然时光飞逝，如长河奔流，这些鲜活的面容，最终都被漫漫的黄沙和历史的烟云湮没！

紧接着的是第二幕，转换了空间。此时的观众已不能自已，随人流涌入邻室，观众聚集中厅，四处张望，不知即将到来的是什么。突然歌声响起，单音与齐声，拨动着观众的心弦。当伤痕累累的劳工从你身边经过时，演员与观众融合了，你中有我，我中有你，形成一种穿越与现实交错的氛围！

你分明看见个体与民族的苦难和悲壮是交织在一起的，肢体语言更具有震撼力！它直接逼向你的魂魄，你会随着剧情的发展而情不自禁。

第三幕神幻演绎。一面墙被分割成似崖壁上的千佛洞，一个个窟中的表演者在忽明忽暗的灯光下幻境般地演绎着壁画上的人物造型与故事，仿佛进入了一个壮观瑰丽的神幻空间。许多特技手段的运用，让观众的感受与思想在美轮美奂中停不下来。

第四幕模拟石窟。所有观众每20—30人一组，走进分割好的模拟石窟的空间，背景话音讲述不同的莫高窟壁画故事。我认为第三幕与第四幕确有创意，空间方位与一动一静的表现形式均不同，呈现给观众的东西却有异曲同工之妙。伴随着演员模仿石窟壁画造型的演出，你可以了解这幅壁画所描述的故事。在这样的空间里，我们不再只是看客，而是参与了演出的全过程。由于我对莫高窟壁画内容的陌生，再加上不断行走进进出出不同造型的“大方格”间，或俯视或仰视，四周都是情景剧场，令我目不暇接，也分散了注意力，对讲解人员说些什么印象很浅，倒是记得几幅画面，英雄的、华美的、壮阔的、悲切的……

王潮歌曾说过，你给我五分钟，我控制你的脚步；你给我十分钟，我控制你的思想。的确，随着剧情的发展我似乎被她牵引，我的思想也随她而行。从头至尾内心揪紧，热泪盈眶，默默地沉浸在剧情之中。

第五幕走进剧场。剧情将观众引领迈上台阶“登堂入室”，空间又一次更开阔地转换，终于能像正式的剧场那样坐下来观赏，感觉内心安稳了许多，能坐下来边休息边观赏，确实舒适惬意不少。因入室晚，先金和我只能坐在最后排的边缘座位上。舞台采用真人与全影科技结合，亦真亦幻，场面磅礴大气，当然也会感受到历史人物的悲凉以及时光流逝的无奈……张骞、索靖等一个个敦煌古人，通过时空甬道与当今瞬间联结。给我印象最深的是，“丝路通了”的消息终于传到唐玄宗的大明宫时，唯有一人幸运地走到长安拜见到了皇帝，而派遣前来报信的使者原是十路人马，其他人马都消失在了茫茫的沙海之中，令人唏嘘不已，惋惜不尽。

演出至尾声，年轻的学者与诗人王维对话。“一年，有多长？”“不过一瞬间。”“一生，有多长？”“不过一瞬间。”“一千年，有多长？”诗人答道：“不过一瞬间。春一去，冬一来，一千年就过去了。”背景音乐《千年一瞬间》随之响起，舒缓与起伏交错之旋律中，歌手的柔情与沧桑之音，在我们耳边徐徐响起，或轻声细语，或高亢激扬……

千年一瞬间

一瞬间 就在一瞬间，
一场梦 梦了一千年。
一转眼 只是一转眼，
梦已醒 却过了一千年。
一瞬间 就在一瞬间，
一滴泪 流了一千年，
一转眼 只是一转眼，
一阵痛 却痛了一千年。
一瞬间，
风为你流泪，
天为你心碎，
雨为你哭干。
就在那一瞬间，

梦已经破碎，
人影已消散，
岁月难离欢。

一年，一生，一千年，黄沙漫漫聚起又散落，就在一瞬间；一年，一生，一瞬间，丝路长长隔离又通关，就在一千年。千年之后，是谁拨开尘沙，又见敦煌，是谁翻开古卷，穿越千年。音乐交织情感，艺术穿越灵魂。

在《千年一瞬间》的音乐声中，大幕缓缓落下，全长90分钟的演出于18:00结束了。而我坐在那里迟迟不想起身，这90分钟我经历了什么？心还在不安中，头脑还在思考中，一下子很难接受如此丰富的历史画面，我要慢慢吸收消化，随即用手机拍下舞台背景《又见敦煌》。

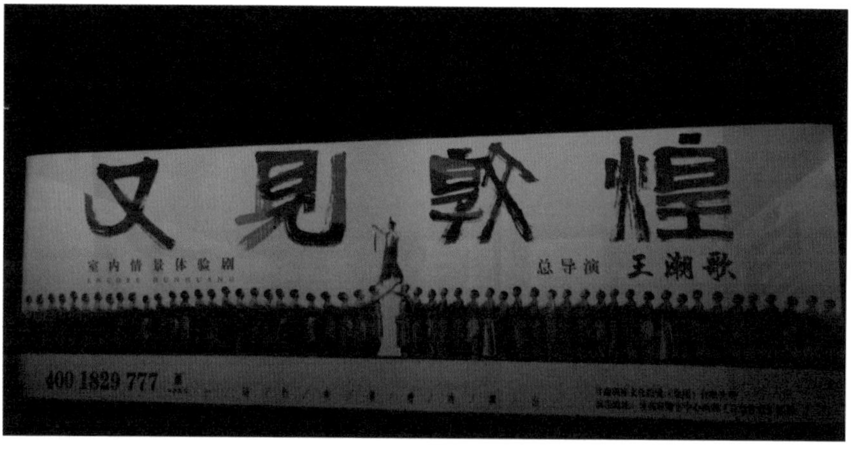

↑又见敦煌（2018-08-06） 赵海丽 摄

据《光明日报》2016年的一篇报道记载：“史诗叙事般的场景重现、壮观瑰丽的幻境空间、‘走入式’的独特情景融合体验……9月19日晚，在去往敦煌莫高窟的必经之路上，一座倚临沙漠、形似水滴的下沉式湖蓝晶体剧场里，一场以沙漠为底色，以丝路文化为内涵的情景交融式演出——《又见敦煌》首度亮相。这场以敦煌文化为题材的大型室内情景剧，在穿越千年藏经洞、圣殿莫高窟和绵延七千公里的丝绸之路的行走体验中，重现了敦煌莫高窟的千年辉煌，讲述了浩瀚磅礴的丝路传奇。”[1]

“王潮歌强调了她对于‘一带一路’精神和敦煌文明的切实感受：今天的丝绸之路是一条精神之路，它是我们民族的灵魂和血脉。莫高窟也许有一日会如沉沙一样碎去，归于尘土，物质的路可以不在，但精神的路会长存，这样莫高窟才能千年万年地存在。所以我也想告诉我们的孩子，让他们以我们的民族为荣、文化为荣，而这种血脉传承的道路会一直通着，这也就是我认为的‘一带一路’。‘我愿意变成丝绸之路上的一把黄沙，让大家铺着走到大道上。’王潮歌动情地表示。”[2]

屈指算来，《又见敦煌》自首场演出至今已近两年。试想有多少像我们这样来到敦煌的外地人，通过《又见敦煌》这部大型室内情景剧，真切感受和认识敦煌。这也是开启或拉开我们西北简帛出土遗址考察学习的引子或大幕，其魅力和我们的感动并存。季羡林大师说过，敦煌在中国，敦煌学在世界，幸乎？悲乎？陈寅恪先生言“敦煌者，吾国学术之伤心史也”[3]，先金一直在强调：简帛学决不能让它成为伤心学史。

来到敦煌的第一顿晚餐是在郊外“食丰中餐厅”农庄。西北天黑得比济南要晚很多。餐厅有包间，内院空地也摆了圆桌椅。小院轻漾着舒适和静谧的气氛，我们自然地坐到院子里。先金说：“在东部，大家都抢着到包间，而这儿就不同了，院子里多了一份凉爽与自然，而成为客

---

❶ 央视网.《又见敦煌》引领观众“走入”敦煌千年历史［EB/OL］.［2016-10-09］. http://music.cctv.com/2016/10/09/ARTIr7hzAHSnSUOGT3rlVeqR161009.shtml.

❷ 宋喜群，白雪蕾，兰亚妮. 大型室内情景剧《又见敦煌》首度亮相［N］. 光明日报，2016-09-21.

❸ 陈寅恪. 金明馆丛稿二编［M］. 北京：生活·读书·新知三联书店，2001：267.

人的首选。”傍晚的敦煌，晚霞映空，照物添彩，人也随之美艳起来。因前几日阅读写作用眼过度，出门一天了，眼睛不甚舒服，也可能是这边的光线强，眼睛需要适应一下，虽然是大好光景，我却没有了眼力。

晚餐后，宿桓宇大酒店，这儿是敦煌博物馆的近邻，如穿行小路到敦煌博物馆，也就几分钟。

21:34，宁登国老师发来微信：老师们，我们明天走原定8号的行程，戴老师、杜老师导游准备。8点门口集合出发，8点前吃完早餐。

四

敦煌城内外

2018年8月7日（星期二），立秋，晴。今天是河西走廊简帛出土遗址考察之行的第二天。

早餐位于宾馆的七楼，是最简易的食品，即使如此，也丝毫没影响我们探索西域的心情。

用过早餐，走出餐厅，楼顶餐厅有边门通向晾台，引起了先金的注意，他总是有这样的洞察力。我俩通过低矮的边门至晾台，视野顿开，用“宽阔”来形容十分贴切，四面之景尽收眼底。站在晾台向远处观望，确实出乎意料地看到敦煌的“真面目”。敦煌被远处的黄沙山峦环绕，近处绿荫成片，形成了护林“围墙”，又见楼房耸立，车水马龙，这是一座位于广袤无垠的戈壁沙漠深处的绿洲城市。在我们所住桓宇大酒店的南侧，有一条水系名“西河坝”，河面宽广，水沿着市区边缘蜿蜒流淌而过。

昨天我们的车穿过敦煌城时，吴导游告诉我们，敦煌常年干旱少雨（数据显示，敦煌年均降水量39.9毫米，蒸发量却高达2486毫米，属于极度干旱区），被称为中国的旱极。党河古道穿过敦煌城的一段被人们称作“西河坝”。河道里是起伏不平的沙堆、乱石、杂草。早些时候，河道两边居民把西河坝当作垃圾场，随意向河道里倾倒垃圾废物，大风一起，西河坝就成了垃圾飞舞、风沙肆虐的地方，很多人家都不愿意在西河坝一带居住。现在，敦煌市政府对“西河坝”正进行一项大的改造工程，是一个对改善敦煌生态环境和人居环境非常有意义的创举，计划将“西河坝”打造成国家级水利风景区——“党河风情线”，两岸将建造高档安居小区。试想经过一番改造，这里一定是气候湿润、空气清新的“水景房”，每天居民们打开窗户就能欣赏到蓝天和绿水相映的“党河风情线”，观赏到远处大漠日出和日落之壮观美景。

我一直相信沙漠中见水是喜上加喜。想想也是，如无水，敦煌市就不会存在。敦煌的建筑颜色以沙色为主，楼顶上的边沿瓦砾多为深蓝色，在黄沙世界中尤显一抹亮意。古代内陆城市，总是被护城河所环绕，而在边塞就不同了，但敦煌城为一特例。如以敦煌城为中心画圆，先是“西河坝”将之如明珠般地环绕；外环是一片护城林，起到防沙护城之功；再外延就被大漠黄沙所包裹。敦煌市东南方向有三座巍峨奇特的山峰，即古代的三危，今仍称三危山。

↑ 敦煌城内外（2018-08-07） 蔡先金 摄

先金说：“看到敦煌市区景象，让我觉得似到了中东世界。”丝绸之路将世界各地紧紧相连，大家是你中有我，我中有你了，如不是亲眼所见，谁能相信沙海中有这样如明珠般的敦煌城以及周围的奇观胜景。

敦煌的历史古老而久远，其名就值得一番探究。敦煌古称“三危”。《都司志》载：“三危为沙州望山，俗名羿雨山，在县城东南三十公里。三危笇峙，如危卵欲坠，故云。”“敦煌”一名最早见于《史记·大宛列传》，东汉应劭曰“敦，大也；煌，盛也”，取盛大辉煌之意。敦煌在西汉末年新莽时期曾有过更名。见于出土简文：

入西蒲书二封：其一封，文德大尹章诣大使五威将莫府。

一封，文德长史印诣大使五威将莫府。

始建国元年十月辛未日食时，关啬夫□受□□卒赵彭。（敦·1893）

罗振玉、王国维在《流沙坠简》一书中论述：“‘文德’，地名，不见《汉志》，据上简‘文德’有‘大尹’、有‘长史’（《续汉志》：‘郡当边戍者，丞为长史。’），则为边郡矣。”[1]他简中举西北边郡有文德、酒泉、张掖、武威、天水、陇西、西海、北地八郡，举“文德”而无“敦煌”，故法国汉学家沙畹释“文德”为王莽所改敦煌郡之初名。以此简证之，沙说是也。随着敦煌汉简的陆续出土，人们对“文德”的认识又进了一步，认为“文德”是王莽始建国元年（9年）到天凤三年（16年）敦煌郡所用的名字，此后，才又改“文德”为“敦德”。

在距今约4000年、相当于舜禹时的上古时期，敦煌地区就有人类的先民在这里繁衍生息。据《尚书》记载，舜“窜三苗于三危”，“三苗”成为敦煌历史上最早的居民。根据考古发现，在我国夏、商、周时期，这里就有属于玉门火烧沟文化类型的羌戎居住。春秋时敦煌称瓜州，以地产美瓜而得名，当时有月氏、羌人、乌孙等游牧民族在此驻牧。至战国，月氏逐渐强大，吞并羌人，赶走乌孙，成为敦煌的新主人。秦汉之际，雄踞

[1] 罗振玉，王国维. 流沙坠简［M］. 北京：中华书局，1993：125.

漠北的匈奴崛起，击败并驱离月氏，敦煌为匈奴占据。历史上的敦煌曾是丝绸之路上的咽喉锁钥、对外交往的国际都会、经营西域的军事重镇。西汉武帝高瞻远瞩，雄才大略，看中这条中西交通的枢纽要道，派将军李广利伐大宛；东汉永平年间窦固、耿忠进攻北匈奴，都是以敦煌为基地和出征据点的。经过多年反击匈奴之战，迫使匈奴“远遁”，河西地区归入汉朝版图，自此，开始了中原王朝经营河西和西域的伟业。但是，“不患战而患饥”，从一开始汉军西征就遇到严重的困扰。为了解决驻守士卒和西征大军的军粮供给问题，汉王朝在河西实行屯田戍边、移民屯垦的政策。东汉王朝多次派兵出征北匈奴、经营西域，屯田垦殖之计不仅实行于敦煌，也延伸至西域的伊吾、柳中等地。从传世文献和出土简帛资料记载可知，汉武帝元狩五年（前118年）、元鼎四年（前113年）和六年（前111年），武帝晚年戾太子叛乱后，至东汉明帝永平十六年（73年），敦煌均有大规模徙民充边的记录。这对引进中原的先进耕作技术，推动敦煌地区农业生产的发展，无疑是大有益处的。

敦煌自古以来即为多民族活动的大舞台。农耕民族和诸多游牧民族在这里繁衍生息，不论是在政治军事方面，还是在经济文化方面，其种种活动不仅对河西历史发展，而且对中国历史的发展都产生过不容忽视的重要影响。在这片神奇的土地上，他们共同创造了辉煌灿烂的敦煌文化。

伯希和记载了敦煌县长曾告知他敦煌的人口信息：“敦煌一直拥有2400户人家，而且这已是100年前的陈旧数目了。已经消失的400户人家，近期又重组出来了。这是为纳税而形成的现状，尽管这里已有多年未正常纳税了，去年的困难即出于此。但事实上，敦煌拥有1万户人家，共计3万—4万人口。现在的问题仅仅在于这里没有就此问题而作出的准确统计。”[1]如今，敦煌已有20余万人口。

---

[1] ［法］伯希和．伯希和西域探险日记［M］．耿昇，译．北京：中国藏学出版社，2014：469.

五

山水沟大墩烽燧

8:00，我们一行准时出发，今天的主要行程是阳关、玉门关、汉长城等地。

8:30，吴导坐在副驾驶的位置上，时不时地解答大家的提问。我们已发现，他并不是一个受过专业知识训练的导游，只能说是一位临时的陪同者。在行进的车上，戴永新老师作为考察行程的第一位“导游”开始上岗了，她说：“每每在课堂上讲到王维的《渭城曲》‘劝君更尽一杯酒，西出阳关无故人’，对千古盛传的阳关就心驰神往。没想到这次河西走廊考察的第一站就是阳关。激动的心情是可想而知的。临行前我查阅了大量的资料，了解了阳关设置的来龙去脉，因此一路行来，感觉既陌生又熟悉。”接着她将阳关与玉门关历史文化及敦煌汉简的出土情况一一道来。

我边听讲解，边观赏车窗外的景观，同时随手做点记录。

8:34，路过南台堡村（隶属敦煌市七里镇）。道路的左侧是一望无际的沙海世界，沙丘一会儿像女人的头巾，一会儿又似龙首、波浪，变化无常，总给你无限的想象。

8:40，驶过当金山标识牌，因高速路上不许停车，只能在车里拍几张留作纪念。天地间真是随便一拍都是能当电脑桌面背景的美景。

8:45，我注意到，车子的左侧不远处有建筑群，吴导告知那是敦煌古城。敦煌古城为汉敦煌郡治，位于党河中下游绿洲腹地。唐立沙州、元置沙州路、明设沙州卫，其城址一脉相沿，未曾他迁。据西北师大敦煌所李并成研究员考证，推测是赵破奴从令居向西进军两千里，于汉元鼎六年（前111年），乃调集张掖、酒泉郡人力修筑敦煌城这一西陲要塞，并筑有敦煌绿洲外围的土河、塞城以及马圈口堰水利枢纽。[1]敦煌古城现仅存南、北、西三面断续残垣。东面已被水冲得坍陷无余，在党河西岸河床上可找到部分基址。故城遗迹南北长1132米，东西宽718米。就地取土，层层夯筑，夯层厚12厘米，垣基宽6—8米，残高4米有余。四角筑高大的角墩，今仍存高约16米，高出城墙一倍，下部夯筑，上部多土坯垒砌。该城为汉代故城，经西凉、唐代两次加固维修。城内西北一隅今被用作油库，其余均辟为农田，地表无遗物可觅。现今再造的敦煌古城被称为“中国西北古代建筑艺术博物馆”，1987年，中日合拍大型历史故事片《敦煌》，以宋代《清明上河图》为蓝本，参考中国古代建筑风格精心设计建造而成。建筑面积1.27万平方米。该城位于大漠戈壁之上，融千年西域民俗于一体，城开东、西、南三门，城楼高耸；城内由北宋时期的高昌、敦煌、甘州、兴庆和汴梁五条主要街道组成，点缀以不同地域的过街楼、佛庙、当铺、货栈、丝绸店、酒肆、饭馆、住宅等，作为拍摄用道具，互为背景，相辅相成。《敦煌》一片拍成后，投资方要拆除此处，经协商谈判后保留了下来。

---

[1] 百度百科. 敦煌古城［EB/OL］.［2018-08-20］. http://baike.baidu.com/item/%E6%95%A6%E7%85%8C%E5%8F%A4%5%9F%8E/8717851?fr=aladin.

8:46，过了古城就没有护城林了。车子驶出了绿带环抱着的敦煌市区，进入沙漠地带。开始沙漠上还见几点骆驼刺植被，渐渐不见有任何植被，唯见辽阔的戈壁荒滩、蔚蓝的天空、柔绵的白云。也许这是第一天寻访遗址，心情格外激动，在戈壁中见到的每一物景，都似一场盛宴般欣喜和享受。

8:50，戴永新老师讲解结束。

8:53，宁家宇同学背诵古诗。孩子聪明伶俐，在父母的教育与熏陶下已会背《老子》《论语》等大部古文献，更别说一些有名的唐诗宋词了，张口就来。他的背诵赢得了大家的掌声。

车子行进在敦煌附近平坦的道路上，唯有欣赏壮美景色的好心情。当然几千年前，这里或许是大片湖泊，岸边是丛林尽染的美景；沧桑巨变，几百年前，或许这里就已变成没有生命的地域，唯有走不完的沙海碛道。西方探险家斯坦因于1907年2月21日，在磨朗发掘完毕，将所得古物安全装箱以后，开始长途沙漠旅行，经过可怕的罗布淖尔沼泽向敦煌前进。没有生命的岑寂使斯氏一行体会到，古代行旅者循着这条寂寞的碛道所生迷信恐怖的感觉。他在《斯坦因西域考古记》中记载：

中国佛教僧人的游记以及史家的记述都很正确地反映出这种感觉。但是马可·波罗对于罗布沙漠的地理上的叙述更其栩栩如生。我忍不住在此处要将玉尔（Sir Henry Yule）的译文引证两段：

这一片沙漠很长，据说由这一头骑马行到那一头，要一年以上。此处较狭，横越过去，也得要一个月。全是沙丘沙谷，找不到一点可吃的东西，但是骑行一日一夜以后，便可以得到淡水，足够50到100人连牲口之用，多了可不行……

没有牲畜，因为没有东西可吃。但是这一片沙漠却有一桩奇事，如果旅客是夜间行动，其中偶有一人落在后边或者有睡熟等情形，当他打算再会到他的同伴，他会听到鬼语，于是误以为就是他的同伴；有时候鬼会叫他的名字；于是一个行人常因而迷路，以致绝对找不到他的队伍。许多人都是如此丧命的。有时候迷路的行人会听到好似大队的人马在真的路线以外杂沓往来的声音，若以此为其队伍，他们会随着声音而去；破晓之后他们才知道是上了当，但已经是置身苦境了。甚而在白昼也可以听到鬼语。有时候并可听到各种各样乐器的声音，最普通的是鼓声。因此作这种旅行，行人的习惯都是彼此紧紧团结在一起，牲口颈下也系紧了铃，如此方不易于迷路。睡的时候放一个标识，以指示下一站的方向。这样一来沙漠便渡过了。[1]

9:07，公路与铁路交会处（桥上跑火车，桥下行汽车），“阳关景区欢迎您”标牌醒目。

9:12，路标告知这里是阳关镇。阳关景区距此16公里。斯坦因在《斯坦因西域考古记》一书中曾介绍过南湖：

我所采的新路线使我首先到伸出去的南湖小沙漠田，南湖是一个小村落，我在这里可以找出在《汉书》上同玉门关连带说及的古代“阳关”的遗迹。这是军事上的一个站头，用意在保护通塔里木盆地的“南道”。此道沿昆仑极为高峻而又极为荒凉的斜坡而行。敦煌至婼羌的碛道因为滨于古代干枯了的海床，井水咸卤，一到晚春，路便不通，到了冬天才行恢复，在这期间商运往来，还偶然有

---

[1] ［英］斯坦因．斯坦因西域考古记［M］．向达，译．北京：商务印书馆，2013：143.

取南道的。[1]

9:16，左侧远处是祁连山，沿路宣传牌子上写着：“保护阳关生态，决不让敦煌成为第二个楼兰”，警示醒目。前方有了林带，一片绿洲呈现于眼前。车子经过山水沟大桥。

9:40，我们到了山水沟大墩烽燧遗址，全员下车考察。这里竖立着两块碑。左侧一块记载：敦煌市级文物保护单位山水沟大墩烽燧，敦煌市人民政府1999年9月2日公布，2014年10月20日立。右侧一块是“山水沟大墩烽燧遗址简介”：山水沟大墩烽燧修筑于汉代，唐代、清代沿用。烽燧早期用澄泥块夹芦苇、红柳枝筑成，顶部用土坯砌筑，清代又用夯土修补四壁，夯层厚0.1米。 烽燧基础东西长11.5米，南北宽11.3米，残高6.8米。烽燧东侧18米处有房屋建筑，全部坍塌。周围分布有圆形积薪4座，东侧14米处有3座，西北8米处有1座，直径2.5—3米、残高0.6—0.8米。据道光《敦煌县志》记载“为沙州营属西路汛卡之一”。此遗址对研究敦煌丝绸之路南道边塞军事防御、历史沿革、烽燧建筑形制演变及分布建置具有一定参考价值。保护范围：以烽燧中心向四周各延伸100米。1989年敦煌市人民政府公布为县级文物保

[1] [英] 斯坦因. 斯坦因西域考古记 [M]. 向达，译. 北京：商务印书馆，2013：170.

↓进入林带（2018-08-07） 赵海丽 摄

↑ 山水沟大墩烽燧遗址（2018-08-07）
赵海丽 摄

护单位。

根据碑上提供的数据，我草拟了一幅山水沟大墩烽燧防御区域示意图。

《集韵·魂韵》：“墩，平地有堆者。”本义为土堆。顾名思义，“大墩”就是大土堆之义。山水沟大墩烽燧，是建筑在大土堆之上的烽燧，古时这里水资源充沛，即使今日，不远处也有大片绿洲，此地是南湖农场的所在地，水源一定是充足的。

烽，烽火信号的一种。燧，指烽火台，守望烽燧的基本组织。西北敦煌、居延等地越来越多的汉简出土后，烽燧的面目终于清晰了，贺昌群认为：“烽者烽火，燧者亭燧，凡亭燧所在，即有烽火，故史籍中有连称烽燧。”[1]换言之，烽是通信工具，

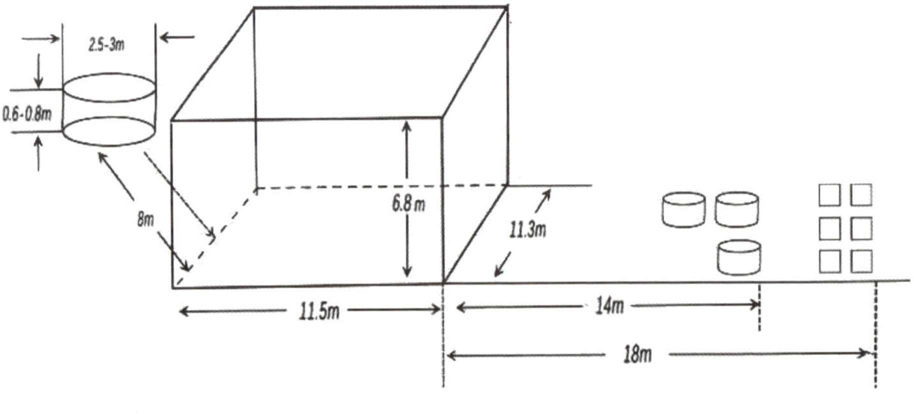

↑ 山水沟大墩烽燧防御区域示意图（2018-08-22） 赵海丽 绘制

[1] 贺昌群. 贺昌群文集［M］. 北京：商务印书馆，2003：135.

燧是烽台建筑，早在商周时期已有之，《史记·周本纪》：“幽王为烽燧大鼓，有寇至则举烽火。”[1]

汉代烽燧多呈底宽上窄的方柱形，主要建在长城内侧。筑造结构主要有三种：一是用黄胶土夯筑而成；二是用天然板土、石块夹红柳、胡杨枝垒筑而成；三是用土坯夹芦苇砌筑而成。烽燧大都建在较高的地方，一般都高达7米以上，有的残高10米左右。烽燧顶部四边筑有一间不高的小屋。

陈梦家曾概括烽燧的职责：窥伺塞外敌情动静；通烽火，即举烽火；警戒使兵，即对入侵作防御和戒备。而驻守在烽燧的士卒们，为了保证烽燧的正常运转，付出的辛苦更非比寻常。烽燧为汉长城的重要组成部分，由当地驻军就地取材而筑，其主要作用不仅是通过举火报警传递军事信息，还为往来的使者及商队提供补给。[2]

为了保护文物，此处烽燧周围已用铁丝网围栏，并挂有“禁止攀爬，违者罚款”的牌子予以警示。从后侧看，烽燧的墙体土坯仍时有坍

↑ 山水沟大墩烽燧遗址（2018-08-07） 吴龙 摄

[1] 司马迁. 史记·周本纪［M］. 北京：中华书局，1959：148.

[2] 陈梦家. 汉简缀述［M］. 北京：中华书局，1980：159.

塌，已形成越来越大的土堆。曾经雄伟的烽燧，历经千百年的风吹日晒雨淋，完好保护几乎是不可能的，只是不要人为地破坏、加快它的坍塌已足矣!

这是我们此行考察活动遇到的第一个汉遗址，虽没有简帛出土，却也是计划外的收获。还有一点值得书写，今日立秋，遇到了自驾游的一家人，自山东威海来到此地。在遥远的河西走廊边关遇到了山东老乡，还是很令人兴奋的。这是他们出游的第6天，由青海驱车到甘肃，遥远的路途。

六

南湖农场

9:42，经过“南湖油苑”刻石标识及后方的双阙楼大门，我们真正进入了南湖农场，这里隶属敦煌市阳关镇。

↑ 走进南湖（2018-08-07）
蔡先金 摄

《伯希和西域探险日记》记载：

> 从敦煌到南湖，人们要经过武威渠，20里；从那里到鄂博子或鄂博店。因为那里有一处鄂博（Obo，敖包），由此而产生了其地名。在距那里有50里远的地方有一个石堆。那里还有一家客店，也就是突厥人所说的腰站子。从那里到南湖，有70里远。

“南湖”是一个通俗名称，其正式名称应为巴燕戌（Bayan boulâg，或巴燕布拉格；Baïn boulouq，巴音布鲁克）。那里还有一处把卡，也就是卡子的一位把总。从人们称之为营盘的情况来看，阳关也就应该位于那里的附近。[1]

现在，国道的建成，“沧海桑田”变迁，我们的行进之路远非100多年前伯希和经历的小道，或者说那时根本就没有一条像样的路，只是商旅有方向感地沿途往返，次数多了自然踩踏出一条路来。

阳关镇地处敦煌市市区西南64公里的古阳关脚下，是敦煌市最偏远的一个乡镇。这里的乡村土路较窄，路两旁连绵不断的灌溉沟渠长满芦苇及杂草，郁郁葱葱。很快，我们看到右侧有庄稼了，玉米地多，还有蔬菜大棚，这是我没有想到的。后续，进入一片葡萄园。吴导说：“葡萄还需一段时间才会熟，因为光照时间长，这里的葡萄汁足味甜，好吃极了！”资料也显示，阳关镇立足于优越的光、热、水、土资源优势，大力发展葡萄产业，建成了“一乡一品”的葡萄生产专业乡。目前，全镇葡萄种植面积达到14132亩，成为省内最大的鲜食葡萄基地。

9:45，车开到突然进入视野的一处小水库前，面积不大，却深绿清澈，一看就知水库底深，容水量大，倒有几分江南水乡之色，这是一小片风景极其精致的地方。水库边竖立一牌子：“生命只有一次，水火无情。”农场的房子多是砖结构平房。已到了村庄尽头，掉转车头顺着原路往回开。沙海中的这一大片绿洲让人精神振奋，我们见到了一批来此游玩的旅客，茂密的树林和芦苇几乎遮挡住了他们的身影。

9:48，我们又回到了主路，继续前行。考察“山水沟大墩烽燧遗址”与“南湖农场”，只是我们行程中意外而惊喜的小小插曲。左侧的绿洲一直在眼前向远方延伸。不久，右前方又出现了一片绿洲，一种时

[1] [法] 伯希和. 伯希和西域探险日记 [M]. 耿昇，译. 北京：中国藏学出版社，2014：461.

时被护林绿意萦绕的惬意涌上心头。路边出现白杨，树荫下有摆摊卖瓜果的农民。灌溉沟渠旁零星有树，树下偶有人卧地而憩。

↑游客（2018-08-07） 蔡先金 摄

9:52，我们出了林场，进入沙地，顿时没有了刚才的绿荫，心中的凉意也很快被现实驱逐。经过一个十字路口，或许因为这里行车路过较多，显要位置上宣传牌醒目：不忘初心，牢记使命。此语对我们之行也有特殊的含义。前方又有绿洲，驶近方知是龙勒村。

阳关镇龙勒村位于大漠深处的古阳关脚下，距敦煌市60公里、阳关镇4公里，是镇域内相对独立的一个葡萄生产专业村。葡萄是这里的亮点：葡萄沟、葡萄长廊、葡萄观光园、葡萄晾房。尤其是葡萄晾房，我第一次看到这样的建筑，在沙平地或沙丘上一排排或前后错置，砖砌带着镂花图案的格子房，或可称四面镂空的黄泥巴房，苗院长说该房是专为晾葡萄而建。

七
西出阳关有故人

9:57，阳关景区到了。

位于甘肃省敦煌市西南70公里处的阳关，始建于汉武帝“列四郡，据两关”时期。

西汉时，今阳关镇渥洼池一带是一片沼泽地，由阳关西去沿白龙堆

↓阳关外景（2018-08-07） 赵海丽 摄

南缘可抵楼兰（今若羌[1]东北）。阳关凭水为隘，据川当险，因其在玉门关以南，故称阳关。人们常于此为西行者送行，唐代诗人王维一首《渭城曲》成为千古送别绝唱，更使阳关声震四海，名扬天下。

我们的阳关考察活动自欣赏聊城大学名誉校长季羡林先生书法刻石“情系丝路 诗咏敦煌——季羡林题戊子春”开始。在这里见到季老的大手笔顿感亲切，联想起我们这位名誉老校长为聊城大学书写的校训“敬业博学，求实创新”。季羡林先生曾四进聊城大学。1981年，那时的聊城大学名为聊城师范学院（简称聊师），在山东师范大学分院的基础上建立。学院的成立，引起了季老对家乡这所大学的极大关注，第二年，即1982年，应学校邀请，季老与著名翻译家戈宝权先生一起来到校园，参加1982级新生的开学典礼，并举办了“从比较文学谈到中印文化交流”的学术讲座。季老在他的《还乡十记》中，专门有一篇题为“聊城师范学院”的散文，记载了他这次聊城之行。他热情洋溢地说：“当我听说聊城师范学院已经建立起来的消息时，我心中的高兴与激动，就可以想象了。这毕竟是我们地区的最高学府，是一所空前的最高学府。我们那文化落后的家乡，终于也有了最高学府了。”[2]高兴之情如孩子般天真。这段发自心底之言语，让多少聊大师生不敢懈怠而一直奋起向前！

1991年9月17日，因参加在聊城举办的“孙膑兵法与经济战略发展研究会”，季老再一次来到这所让他倍加关注与支持的聊师，并写下了观后感：“一九八二年我曾来我院参观，而今旧地重游，然而旧貌变新颜，高楼巍峨绿如茵，非复旧时风光矣，可见故乡教育发展之

[1] 1959年改“婼羌”为“若羌”。若羌县今属新疆巴音郭楞蒙古自治州。

[2] 季羡林．季羡林散文全集（第一卷 散文一）［M］．北京：外语教学与研究出版社，2009：425.

速，我国社会主义建设前途光芒万丈于兹可见矣。”[1]

1997年10月8日，聊师第三次迎来了季老，这一次他就住在学校。在聊师校区北门右拐50米左右，有一条立满红叶李和国槐的南北小道，道路西侧有座两层的黄色小楼。季老走过聊城的多个地方，看了京九铁路，目睹了海源阁纪念馆，游览了美丽的东昌湖……使人难忘的是，他为聊师广大学子作“人文社会科学研究也要有中国特色”的学术报告。他再三强调，人文社会科学研究最忌崇洋媚外，要钻研中国传统文化。他弘扬民族的传统文化之呼吁，令人鼓舞，激动人心。

1999年9月26日，是聊师建校25周年校庆纪念日，已是88岁高龄的季老从北京赶来。在校庆典礼大会上，季老回忆了前三次来学院的经历，并为学院捐赠了《传世藏书》。该套图书囊括了我国从先秦到晚清历代重要的典籍1000余种，分经、史、子、集四库，每库又分若干部类，计123册。这套图书是继《四库全书》后200多年来最大的古籍整理工程，季老是总主编。他说，《传世藏书》是横排版、简体字的标点本，便于青年同学阅读。

2002年9月26日，聊师举行学校更名为“聊城大学”的揭牌仪式，北京大学副校长郝斌代表北大和季老来参加仪式。在这个庄严而令人喜悦的仪式上，郝斌先生带来了季老9月18日于北京301医院写的《聊城大学揭牌仪式上的发言》，并代表季老接受了聊城大学名誉校长的聘书。正所谓：“大人者，不失其赤子之心者也。”

季老一生著述丰硕，从1978年至2002年的24年中，不计散文、杂文、序、跋、翻译，专就学术著作而言，约略统计，他撰写了200多篇学术论文，出版了11部学术著作。梵学、佛学、吐火罗文研究并举，中国文学、比较文学、文艺理论研究齐飞。这样的成就，无论在中国学

[1] 季羡林. 季羡林散文全集（第一卷 散文一）[M]. 北京：外语教学与研究出版社，2009：425.

术史上，还是在世界学术史上，都是一个奇迹。他对华夏文明早就有着自己的真知灼见：“世界上历史悠久、地域广阔、自成体系、影响深远的文化体系只有四个：中国、印度、希腊、伊斯兰，再没有第五个；而这四个文化体系汇流的地方只有一个，就是中国的敦煌和新疆地区，再没有第二个。”❶

↑情系丝路（2018–08–07） 李如冰 摄

↑感念季老（2018–08–07） 吴龙 摄

先金建议于老校长之石铭书法手迹处留影。两位校长两代人，早就在著述中相识，已有心灵与学术见解之沟通，一份敬重与爱戴存于心间。

大家自觉围拢过来合影存念。

走进“阳关博物馆”。该馆整体仿汉建筑风格，占地约10万平方米，是目前中国西北地区最大的景点式遗址博物馆。在博物馆宽阔的庭院内，一座“张骞出使西域”雕像气势恢宏。

秦汉之际，匈奴不断侵犯边境。汉武帝即位后，决心改变以往被动忍让政策，多次派兵征讨匈奴，公元前127年漠南战役、公元前121年河西战役和公元前119年漠北战役，是三次决定性战役。在对匈奴的战争中，大将卫青、霍去病立下了汗马功劳。在派兵出击匈奴的同时，为

❶ 李开成. 季羡林曾谈敦煌：世界四大文化体系汇流之地［EB/OL］.（2014–03–17）［2018–10–18］. http://culture.people.com.cn/n/2014/0317/c172318-24657609.html.

切断匈奴的“右臂”，也为了进一步拓宽经济文化交流渠道，汉武帝召募使者出使西域，准备联络被匈奴从河西赶到西域的大月氏人，共同夹击匈奴。渴望为国建功立业的张骞，毅然应募，公元前138年，张骞第一次出使西域，历时13年。公元前119年，汉武帝派张骞第二次出使西域。张骞率领使团，带着上万头牛羊和大量丝绸，访问西域的许多国家。西域各国也派使节回访长安。张骞前后两次出使西域，加强了天山南北各民族与汉朝的联系，使西域各国同中原地区的政治关系和经济文化联系日益密切，形成经由河西走廊沿天山南北两路，越过葱岭，西达大秦（罗马帝国）的陆上交通路线，以进行丝绸、茶叶等贸易，后人称之为“丝绸之路”。“丝绸之路”承担的不仅仅是货物贸易，还有不同文化之间的交流与融合。作为正史记载的第一位官方外交家，张骞为“丝绸之路”的开通作出了卓越贡献。

“阳关博物馆”位于阳关景区内，是由“敦煌书画院”投资兴建的大型民营博物馆。博物馆由两关汉塞陈展厅、丝绸之路陈展厅、阳关研究所、汉阙牌楼、仿古兵营、阳关都尉府、仿汉阳关关城、仿汉民居一条街、旅游工艺品展销中心九部分组成，为砖混结构仿汉城堡式建筑群。现存馆藏文物近4000件，包括青铜器、铁器、陶器、玉器、石器、骨器、毛麻丝织品等，其中一级文物21件，二级文物142件，三级文物487件，90%以上为冷兵器。

↑ 探讨（2018-08-07） 赵海丽 摄

陈展风格新颖，能够系统地反映汉唐时期敦煌及阳关的繁华与变迁。团队成员观展非常仔细用心，因前期做了些功课，大家看起来毫无陌生感。如戴永新老师看到“暴利长献宝马”泥塑场景时，联想到“汉武帝三次获天马”的故事，尤感亲切，就“西汉马政与天马”一题与刘雯展开了讨论。

天马的故乡是敦煌的渥洼池，位于敦煌市西南70公里处，南湖乡向东南4公里处，因邻近古寿昌城，名“寿昌海”，俗称“黄水坝”，是由众多泉水汇集而成的沼泽水湖。

秦汉之际，崛起于北方大漠的匈奴不断南下侵扰，严重影响了王朝边防安全，组建一支能长途奔袭的强大骑兵队伍，成为当时战备的第一要务。然汉初历经多年战乱，“自天子不能具钧驷，而将相或乘牛车，齐民无藏盖……马一匹则万金”[1]。鉴于此，汉初统治者对良马的引进和繁殖尤为渴望，乃至汉武帝亦为此占卜而有“神马当从西北来”之说。结果“又尝得神马渥洼水中，复次以为《太一之歌》。歌曲曰‘太乙贡兮天马下，霑赤汗兮沫流赭。骋容与兮跇万里，今安匹兮龙为友。’”“得神马渥洼水中”句下，裴骃《集解》引李斐曰：“南阳新野有暴利长，当武帝时遭刑，屯田敦煌界。数于此水旁见群野马，中有奇异者，与凡马异，来饮此水。利长先作土人持勒靽于水旁，后马玩习久之，代土人持勒靽，收得其马，献之。欲神异此马，云从水中出。”[2]从此，“渥洼池”同“天马”一举驰名，出现于历代文人墨客诗赋中，天马的故事成为我国文学史上一个传统题材，渥洼池也成为敦煌的一大名胜古迹。

1879年，俄国探险家普尔热瓦尔斯基在当时中国蒙古西部的科布多首次发现一种野马，1881年，该种野马以这位探险家的名字正式命名。有学者推测暴利长所捕野马应该是普氏野马。[3]

---

❶ 司马迁. 史记·平准书［M］. 北京：中华书局，1959：1178.

❷ 司马迁. 史记·乐书［M］. 北京：中华书局，1959：1417.

❸ 石明秀. 天马行空过悬泉［A］//敦煌市博物馆.敦煌市博物馆学术论文集. 沈阳：万卷出版公司，2018：19-22.

汉武帝因为天马曾发生过两次战争。张骞凿空，西域始通于汉，“初，天子发书《易》，曰‘神马当从西北来’。得乌孙马好，名曰‘天马’。及得宛汗血马，益壮，更名乌孙马曰‘西极马’，宛马曰‘天马’云……而天子好宛马，使者相望于道……汉使往既多，其少从率进孰于天子，言大宛有善马在贰师城，匿不肯示汉使。天子既好宛马，闻之甘心，使壮士车令等持千金及金马以请宛王贰师城善马”。[1] 然大宛非但不合作，还设计伏击了汉使团。汉武帝大怒。太初元年，汉武帝采纳曾经出使大宛的姚定汉建言，以李广利为贰师将军，发属国六千骑及郡国恶少年数万人以往，期至贰师城取善马，伐宛。由于“道远，多乏食，且士卒不患战而患饥。人少，不足以拔宛。愿且罢兵，益发而复往”[2]，第一次伐宛以汉王朝惨败告终。良马未得，战略受挫，国家蒙羞。为稳疆固边，汉武帝毅然决定再伐大宛，以汉王朝获胜告终。太初四年（前101年）春，李广利斩大宛王首，获汗血马来。汉武帝作《西极天马之歌》，歌诗曰：“天马徕兮从西极，经万里兮归有德。承灵威兮降外国，涉流沙兮四夷服。”[3]

出土的悬泉汉简中亦见天马的记载。其中一简是御史大夫田广明下发的朝廷使者的传信，持信人路过悬泉置的抄件。内容如下：

元平元年十一月己酉，□□诏使其□□迎天马敦煌郡。为驾一乘传，载御一人。御史大夫广明下右扶风，以次为驾，当舍传舍，如律令。（Ⅱ0115④：37）[4]

---

[1] 班固. 汉书·张骞李广利列传［M］. 北京：中华书局，1964：2693–2697.

[2] 班固. 汉书·张骞李广利列传［M］. 北京：中华书局，1964：2699.

[3] 司马迁. 史记·乐书［M］. 北京：中华书局，1959：1178.

[4] 胡平生，张德芳. 敦煌悬泉汉简释粹［M］. 上海：上海古籍出版社，2001：104.

另有一木牍，简文记载了玉门都尉送持西域良马等牲畜的康居王使者过悬泉置的情况。第一简正面：

> 甘露二年正月庚戌敦煌太守千秋库令贺兼行丞事敢告酒泉大☐
> 罢军候丞赵千秋上书送康居王使者二人贵人十人从者☐
> 九匹、驴卅一匹橐他廿五匹牛一戊申入玉门关已阁☐☐
> （Ⅱ90DXT0213③：6）❶

美国探险家华尔纳曾介绍过在考察西域途中使役过的小矮马：

> 四匹小马从新疆长途跋涉而来，现在已得到休整。与我们使役过的那几匹骡子和路上其他挽马不同，它们经过训练，中午不需要休息和进草料。赶车人驱使它们整天行进，只有途中小停两次，每次半小时。晚上让它们大量进食以恢复体力。起初，我发现它们经过一天的使役后，伤痕累累，血迹斑斑，感到很担心。但有人对我讲，西部所有的小矮马都是这样，伤口丝毫也不影响它们的行进速度。后来，当我把这件事告诉我的一位朋友——在弗利尔博物馆工作的毕安琪（Bishop）时，他惊讶不已："你发现的，正是公元前2世纪武帝派人到西域去带回的汗血马！"看来确实是这样，我们发现了汗血马。❷

天马东来谱写了汉王朝稳疆固边的豪迈壮歌，丝绸西去缔结了东西

❶ 荣新江，李孝聪．中外关系史：新史料与新问题［M］．北京：科学出版社，2004：146.

❷ ［美］兰登·华尔纳．在中国漫长的古道上［M］．姜洪源，魏宏举，译．乌鲁木齐：新疆人民出版社，2013：99.

↑汉代敦煌郡地理与防御系统沙盘（2018-08-07）
赵海丽 摄

友好交往的千古佳话。

阳关博物馆馆藏文物丰富，远不止是介绍“天马”的故事，较为重要的还有汉代敦煌郡地理与防御系统沙盘展示，以及西汉敦煌郡示意图、汉代敦煌郡军事系统表、敦煌至盐泽障塞亭燧走向图、酒泉至敦煌长城走向图、张掖郡肩水金关模型等内容。看了这些标识，使我们对河西走廊的水系，防御体系建筑与位置，如候望系统、屯兵系统、军需系统，以及各系统的职官等人员的建制情况有了大致的了解。

参观中见到的“转射”也给我们留下了很深的印象。“转射”是一种镶嵌在障城和烽燧坞墙上部孔洞中，用于瞭望敌情或向外发射箭镞的器具。马圈湾出土的一件转射，呈长方形，通高28厘米、中宽16厘米。上下各为宽25厘米、高4.5厘米的横牚（牚或为樘），两端有方卯孔，中间有圆轴眼，两侧竖牚（竖牚或为竖樘），各宽4.5厘米、高19厘米。两端的榫头镶在横牚（樘）的卯孔中，竖牚（竖牚或为竖樘）的内侧有半圆形凹槽，中间夹有一个直径6.7厘米的圆形转轴，轴中部开一个长方形瞭望孔，孔高15厘米、宽3.7厘米，向下倾斜。转轴两端各有一轴柱，镶在横牚（樘）中部的轴眼中，能使其左右转动，亦能把孔完全遮掩住。

在敦煌境内汉长城烽燧中出土和采集的一种被称作“箭镞”的兵器有多种类型，如镂空的、带翼的等。1979年，在显明燧遗址中，采集到一支完好的箭，色泽如新，全长约55厘米，箭镞长3厘米。箭杆为棕色竹竿，箭杆下部有6厘米，髹有黑漆。原件现保存在甘肃省考古研究所。

阳关博物馆的结束语耐人寻味：

悲欢聚散一杯酒，南北东西万里程。——阳关联

无边晴雪天山出，不断风云地极来。——玉门关联

两关存旧迹，长城凝精神。

两关长城凝结、蕴含着中华民族勤劳智慧、勇敢品格，体现着中华民族热爱祖国、爱好和平、团结统一，以及中华民族强大的创造力。这种我们中华民族历史和中华文明向前发展的力量源泉，更是实现中国梦的强大动力。

在阳关博物馆内一个小书摊上，先金购书一册：（法）伯希和著，耿昇译《伯希和敦煌石窟笔记》。他就是这样，走到哪儿，只要有书摊，一定少不了他的身影。他忙中偷闲，又购得一枚甘草根木雕，让我认识一下甘草是什么样的（我对甘草的认识源于止咳的甘草片）。此根雕形似一只灵动别致的小动物，吸引来不少游客的目光，有趣！

室内展览看完后，我们走向真正的汉王朝国门关口——阳关古遗址。当然，还要穿过仿建的都尉府大门，才能到达阳关的关城，在出关城时遇到一名穿着古装的守卫人员在那儿把守，出关的游人都被象征性地“盘查”。昔日的阳关城早已荡然无存。当时的关隘城门口，出阳关就类似于今天出国，要带上护照和签证，古代叫通关文牒。

趁团队成员跟在其他游客后面排队等候出关时，我俩见旁边有一条由粗原木制成以供游人小憩的木凳，就坐了下来，先金乘机阅读刚买的新书。当我俩正翻看前几页彩图时，杜季芳老师抓拍了我俩读书的瞬间。

↑阅读（2018-08-07） 杜季芳 摄

经过关门，我们就完全暴露

↑望阳关（2018-08-07） 宁登国 摄

在烈焰下了。途中，见不远处的坡地上有几头正在休整的骆驼，烈日炎炎，有的在懒散地睡觉，有的在低头啃草，有的高傲地昂起头来伸长脖子打量着我们，那么安静。我多次回头观望这几头骆驼，这些沙漠中的天使，为炎热的沙梁之地增添了一抹温柔的风景。

如今的阳关仅存一座汉代烽燧遗址，也是我们一行今天考察的重点内容之一。历经岁月沧桑，现在保留的烽火台已经倒塌破损，不见了原有的巍峨高大，只有一座烽燧的基地骄傲地立在山丘之上。自古以来，阳关在人们心中，要么是寂寞荒凉，要么是金戈铁马。

出了阳关，就是茫茫大漠，前途艰险，可见当时来往于丝路、经过

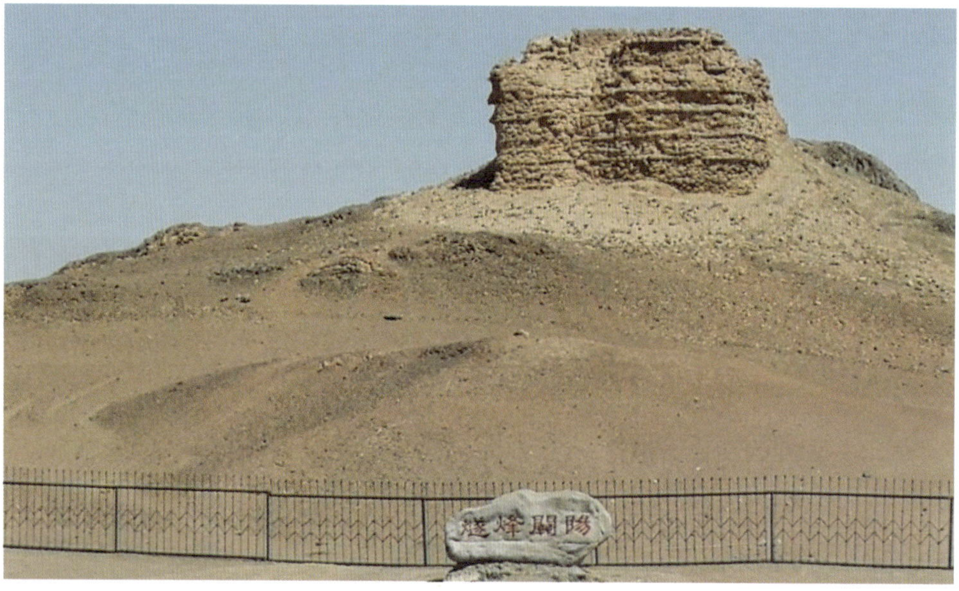

↑阳关烽燧（2018-08-07） 蔡先金 摄

阳关之人，是需要多大的勇气和胆识才敢穿过这荒漠戈壁，当然也少不了马匹和骆驼的陪伴。“秦时明月汉时关，万里长征人未还”，守关的军队、过往的商旅、攻城的外族，早已化作阳关的历史烟尘，留下来的更多是文人墨客赋予阳关的特别意义。

今天我们来了，走近阳关，近处的轮毂、远处的烽火台，仿佛在提醒我们不要忘记两千多年前这里曾发生的故事。

这就是古籍中所写的“十里一大墩，五里一小墩”的烽火台。仅敦煌境内留存的烽燧就有80多座，玉门关西湖一带保存得最为完整。烽燧的主要作用是举火报警，白天煨烟，夜晚举火，点燃报警，传递消息，所燃烟火远在15公里以外都能看到，以防备敌兵的骚扰和入侵；也为丝路上往来的使者、商队补充给养。报警的方式主要是“举燔苣，燃积薪”。汉代实行三烽三苣火制，看到10人以上敌人在塞外或是1人以上已经入塞的情况，白天要举二烽，晚上则举二苣，同时要燔烧一积薪；如过千敌人攻打亭障时，则是三烽三苣三积薪。倘若敌人已将亭障攻下，士卒们必须要点燃苣火，并将其时离时合，叫作“离合苣火”，意味着局势已到最危急的时刻。所谓“得情报者得天下”，烽燧地位虽低，但重要性不容忽视。倘若传错了信号，就会造成兵马损失的后果。在严格的制度和士卒的遵守和执行下，一个个烽燧成为拱卫王朝统治的“螺丝钉”。玉门关一带芦苇遍布，用芦苇捆扎成束者叫“苣”，堆成方形或圆形的芦苇叫“积薪”。“苣”的长短不一，长的达2.4米，短的为0.6米，还发现了8厘米长的“引火苣”。敦煌由于得天独厚的自然条件，现存的“积薪”数量之多、保存之完好为全国之最。如今还能看到一座烽燧，其周围存放的积薪多达15堆，排列十分整齐，天长日久，凝结在一起，坚如磐石。

经过一段跋涉，我们到了山南面，登上“阳关新田”。当年的阳关雄姿已荡然无存，唯有现代为方便游人而在阳关遗址上建起的带顶长

↑阳关故址（2018-08-07） 宁家宇 摄

廊，内存书法名家或著名文人之作，如赵朴初先生于1993年5月书写："展示三危无上宝，迎来四海有情风。"常书鸿老先生写道："劝君更尽敦煌酒，西出阳关有故人。"

站在阳关长廊远眺关外，那一刻，你会感到正在领略大汉盛唐历史文化的灿烂与辉煌，欣赏大漠自然风光的奇险与广阔，体验风土人情的淳朴与自然。再俯视不远的低洼处，是一望无际的滩涂，当地人称为"古董滩"，很像东部的沼泽地。

12:20，我们在阳关故址树碑处合影留念。

参观完阳关古遗址，我们一行下山，径直走向正在卖瓜果的摊前，大家簇拥而上，争着掏钱买瓜解渴。这是进入甘肃以来第一次品尝西瓜，瓜汁入口，顿时甜透了身心，舒适无比。春秋时，敦煌称瓜州，以

↑ 阳关远眺（2018-08-07） 蔡先金 摄

地产美瓜而得名。敦煌真不愧为瓜州之名，西瓜香甜爽口浸胃，让人终生难忘！

西瓜这一物种出自非洲撒哈拉沙漠，后经西亚、中东，沿着丝绸之路传入中国，于是得名西瓜。苏轼在编撰《物类相感志》时第一次记载了这憨态可掬的瓜。西瓜消暑，这是它的天职。明代汪颖在《食物本草》中言："西瓜，性寒解热，有天生白虎汤之号。""白虎汤"为张仲景所制名方，由石膏、知母、甘草、粳米四味药组成，然而，一个西瓜就全代替了。

"青青西瓜有奇功，溽暑解渴胜如冰；甜汁入口清肺腑，玉液琼浆逊此公"（现代·屈象《西瓜赞》），对西瓜的食用功效称赞无遗。然而，在历代诸多吟咏西瓜的诗中，宋元时期诗人方夔写的一首《食西瓜》最耐人寻味："恨无纤手削驼峰，醉嚼寒瓜一百筒。缕缕花衫粘唾碧，痕痕丹血掐肤红。香浮笑语牙生水，凉入衣襟骨有风。从此安心师老圃，青门何处问穷通。"诗中"缕缕"和"痕痕"两句描写了人们吃红瓤西瓜时的情景；"牙生水"和"骨有风"两句，更把酷暑吃西瓜时那种快感刻画得淋漓尽致、入木三分。

大家享用完西瓜，已是下午两点，众人仍饥肠辘辘，也该犒赏一下肠胃了。

阳关，正如戴永新老师在讲解的最后所总结的那样："它作为汉代的天下雄关，在唐代已退出了历史舞台，但阳关，却在古人诗行里生根发芽，成为迁远难通、空旷寂寥的意象，阳关也成为历史人物的情感寄托。而今我们重走阳关路，翻检阳关的历史，品味到了独特的古代文明和多彩的民俗风情，对勇敢和智慧的古人，油然而生敬意。"

阳关，一座被流沙掩埋的古城，一座被历代文人墨客吟唱的关隘，如今多了依依杨柳和青青胡杨。

八
葡萄绿荫下的品味

沙漠地带，只要不在阳光下，那么就会在或是树下，或是葡萄架下，一片绿荫就有一片阴凉。我们沿途总能见到充满绿意的胡杨树，并时时享受它带来的阴凉。沙漠少雨，又多被烈日曝晒，胡杨树很少有长得高高壮壮的，近距离观察，我们为其枝叶之奇所吸引。

↑ 胡杨（2018-08-07） 李如冰 摄

胡杨，又称“胡桐”“异叶杨”，杨柳科，落叶中型天然乔木，古老濒危树种，国家一级重点保护植物，树龄可达200年。胡杨刚冒出幼芽就拼命地扎根，在极其炎热干旱的环境中，能长到30多米高。树干通直，树叶奇特，因生长在极旱荒漠区，为适应干旱环境，生长在幼树嫩枝上的叶片狭长如柳，大树老枝条上的叶却圆润如杨。树干结疤或裂口可排盐，形成结晶，称为“胡杨碱”。开始老化时，它会逐渐自行断脱树顶的枝杈和树干，最后降低到三四米高，直到老死枯干，仍旧站立不倒，且姿态千奇百怪。胡杨耐旱耐涝，生命顽强，是自然界稀有的树种之一。铮铮铁骨千年铸，傲傲雄姿万年耸，人们夸赞胡杨具有强大的生命力量，说它一千年不死，死后一千年不倒，倒后一千年不朽，称其为沙漠英雄树。

除了观赏胡杨树，我们更是忘不了在葡萄架的绿荫下（甚至悬挂着电扇）细细咀嚼、慢慢品味农家美食的欢乐。导游吴龙早早预定好的农家美食让我们惬意有加，“悠悠我心”哉！头顶悬挂着的葡萄让人垂涎，老板娘端上刚用泉水冲洗过的大串葡萄，我们在欢笑声中尽情享用瓜果及农家风味菜品面食。这样的时刻再美好不过，人生能有几回？

14:16，午餐后，我们动身前往下一站。车慢慢驶出农庄，路两侧仍见卖瓜果的农民。距“古董滩”五六公里处有几户人家，大门上端横幅书写“家和万事兴”，此景在山东境内的农家院亦为常见，看来，各

↑ 葡萄架绿荫（2018-08-07） 杜季芳 摄

地人们对幸福的期盼是一样的。车子经过水桥、阳关镇集市、阳关中学、镇政府等地，来到了寿昌村。吴导告诉我们，冬季寿昌村的村民大多都到城里居住，城里取暖设施好，年轻人都到城里买房，老人也会随之住一段时间，这里几乎为空城。

寿昌村隶属寿昌县，距玉门关52公里、马圈湾57公里。西汉时，此城是敦煌郡所领六县之一——龙勒县治所。北魏改立为寿昌郡，瓜州辖龙勒、东乡两县，北周并入敦煌县。唐武德年间又置寿昌县，属沙州郡。《元和郡县图志》卷四十记载："寿昌县，中下。东至（沙）州一百五里。本汉龙勒县，因山得名，属敦煌郡……武德二年设置寿昌，因县南寿昌泽为名也。汉代的龙勒县于唐朝时改为寿昌县。"《新唐书·地理志》记载："寿昌……治汉龙勒城。西有阳关，西北有玉门关。"即为证。

关于寿昌城改名还有一个美丽的传说。从前，有人在阳关渥洼池捉到一匹宝马献给当朝皇帝，恰逢皇帝过大寿，皇帝认为这是吉祥之兆，便封宝马为"寿昌宝骥"，又命工匠制作了副镶金嵌玉的笼头给宝马戴上，更显得宝骥威风无比。谁知，"寿昌宝骥"受封之后不吃不喝，坐卧不宁，每天太阳落山时向着故地西方嘶鸣，鸣声凄凉，使人伤感。侍马官怕宝骥有个一差二错，吃罪不起，便禀告皇帝说，此马患了怀念故土之症，如不放回本土，难保性命。皇帝无奈，只好忍痛割爱，将宝骥放了。"寿昌宝骥"归心似箭，清晨从长安出发，一路飞驰，傍晚便回到了阳关。它站在墩墩山上一看，自己还戴着皇帝赐予的"龙勒"，生气地用力一甩，就把龙勒向西南甩出一百八十里，落到一座高山上，这就是现在的龙勒山。当地官员为了讨好皇帝，便将龙勒县改名为"寿昌县"，县城西面的巴音郭楞海改名为"寿昌海"。

九

春风又度玉门关

阳关与玉门关，向来并称为“两关”。玉门关地处河西走廊的西端，位于敦煌市西北90公里的大漠深处，是西汉玉门都尉、东汉玉门障尉治所，也是内地通往西域的门户。

14:36，杜季芳老师开始讲解“千古要塞玉门关”。其主要内容如下：

（1）玉门关的始置；

（2）玉门关的地位及意义；

（3）玉门关名称的由来（关于“玉门关”的传说）；

（4）玉门关的历史变迁；

（5）唐诗中的玉门关；

（6）玉门关遗址汉简出土概况。

考察之前，每人对各个遗址或多或少做了些功课。我认识的玉门关是这样的，玉门关，俗称“小方盘城”。它的设立，始自汉武帝时期，距今已有两千多年的历史。汉武帝征服匈奴、收复河西后做的第一件大事就是“列郡，据关”，并分段修筑障塞亭燧，将整个河西地区纳入西汉王朝的版图，通往西域的入口被完全打开。从此，玉门关和阳关就成为西汉王朝设在河西走廊西部的重要关隘，丝绸之路正式畅通，中国历史又翻开了新的一页。

玉门关之名与玉石有关。早期人们将这条沟通西域和中原的古道称为“美玉之路”。西汉建立并拥有一整套的用玉制度，成为我国玉器史上的一个高峰。因此玉石是西汉王朝很重要的一项物资，而玉门关作为内地与西域交界处之要地，不仅是军事关隘，也是西域向东方大规模输入玉石等物资的第一道关口，“玉从关外来”，因此，该处就被命名为玉门关，确切地说是因为和田玉而得名。叶舒宪先生认为，历史上更早，或比佛教文化还早的是西玉东输，此后是西佛东渐。西玉东输到内地这个过程，物质化的是玉，精神化了的是文化，文化的内核仍然是“和”，正所谓“化干戈为玉帛”。[1]因此，丝绸之路的文化精神，概括为一个字就是“和”。这个“和”也是我们团队丝路之行学术精神的高尚境界。

↑ 杜季芳在讲解（2018-08-07）
赵立伟 摄

作为一个规模宏大、构筑完整的古代防御体系，玉门关并非一个独立的关口要塞，而是以玉门关遗址为中心呈线性分布，东西长约45公里，南北宽约0.5公里。在这条线性遗址区域内，有小方盘城和大方盘

[1] 叶舒宪. 玉帛之路铸就化干戈为玉帛的中国经验［J］. 艺术与设计，2021（6）：167-169.

城2座城址、20座烽燧和17段长城边墙遗址。

英国探险家斯坦因在寻找“玉门关”时曾艰难重重，他写道：

我常有一种思想，以为在中国以前通西域的道上古代贸易之因而进行，始于张骞凿空以后，并且以为人类的辛勤痛苦也于此可以证明了。据《汉书》所记的寥寥数行，楼兰一道（我们可以简捷地叫它这个名字）东边的起点是一有堡垒的边城，古代中国史书称此为“玉门关”。玉门之得名始于和阗的美玉，和阗玉自古至今是塔里木盆地输入中国的一宗重要货品。但是这有名的玉门关，确实位于何处，中西学者都不明白。

我于婼羌阿不旦一带考察时，在那到玉门关去的路上，得不到任何遗迹的任何报告。法国外交官波宁先生（Monsieur O.E. Bonin）曾打算从敦煌出发，循碛道到婼羌去，沿途曾经过一些倾圮了的碉堡以及沿着碉堡的一些近墙遗迹，后来行到喀喇淖尔西边，遇到一些沼泽，不得已只好退回。1899年他出版了一部小书，叙述此次失败的经过，我曾读此书，略知一切。波宁所经过的记载，暗示那些遗迹的年代一定很古，但是缺乏任何地图同路线图，所以无从测定这些遗迹。[1]

当初玉门关既是汉朝的“海关”，即中西贸易往来的通商口岸，在政治、军事上，它又是开拓西域的前沿堡垒。玉门关是被诗人反复讴歌的地标，“羌笛何须怨杨柳，春风不度玉门关”（王之涣）；“青海长云暗雪山，孤城遥望玉门关”（王昌龄）；“长风几万里，吹度玉门关”（李白）；“玉门关城迥且孤，黄沙万里白草枯。南邻犬戎北接

[1] ［英］奥里尔·斯坦因. 斯坦因西域考古记［M］. 向达，译. 乌鲁木齐：新疆人民出版社，2010：145.

胡，将军到来备不虞……暖屋绣帘红地炉，织成壁衣花氍毹。灯前侍婢泻玉壶，金铛乱点野驼酥”（岑参）。这些千古名句深刻地传达了汉唐人将玉门关视为界域中的“国门”，让玉门关深深烙进了一代代国人的心里。杨永生曾言：“从文化意义上讲，阳关、玉门关等长城关隘是中原农耕文化与北方游牧文化的分界线，是华夏文化版图上的一个历史性地理坐标；从美学意义上讲，阳关、玉门关等关隘是华夏文明的重要文化符号，代表着苍凉与寂寥，交流与开放，共荣与创新；从文学意义上讲，阳关、玉门关等关隘又是中华文学的宝贵资源库，代表着离别与友谊，生死与悲壮，诗歌与爱情，是中国文人的精神坐标。”[1]

15:09，车经过党河水库。

15:18，杜季芳老师讲解结束，戴永新老师予以补充。

15:22，前方出现绿色植被。

15:36，进入玉门关所在地后，车向左拐。

15:39，到达停车场。

来到小方盘城遗址考察，还是从看展览开始。因为展览馆靠近停车场，烈日下人们最愿意找一遮蔽处，沿着下坡走过一小段无顶廊路就来到了玉门关遗址陈列展览馆。该馆最吸人眼球的是入馆大厅屋顶悬挂着的简牍复制品，形成一个巨大的简牍场，正合我们此行的目的。仰视简牍，识读简牍，眼花缭乱的排阵，让人流连忘返。

↑ 简牍场（2018-08-07） 李如冰 摄

[1] 杨永生. 阳关与玉门关是中国的人文坐标——在敦煌两关长城历史文化保护承传发展座谈会上的发言［EB/OL］.（2013-08-30）［2018-10-18］. http://blog.sina.com.cn/s/blog_b38208bc0101e3fd.html.

展览以“丝路”为主题，包括丝路前奏、丝路开通、丝路屏障、河西走廊沙盘等内容，展板多样，内容丰富，布置精细，几乎占了方形建筑的大半。

我对沙盘颇感兴趣（此前阳关博物馆内布设的沙盘就是我的关注点）。河西走廊沙盘很大，水系、陆地分明，河西走廊水系、军事防御系统中的长城线路及所设烽燧位置等，比阳关博物馆的沙盘做得更为逼真。相比较而言，沙盘似实景展现，更为直观，一目了然，因沙盘太大，无论选择哪个角度，也不能将全景拍摄下来，这一不足让我们遗憾不小。

16:00，我们看完展览走出大厅，就到了后门，路对面竖立的“小方盘城遗址”石碑旁，不少游客正在拍照。再向前千米，就是我们要考察的玉门关遗址。

↑远眺玉门关遗址（2018-08-07） 杜季芳 摄

走过一条似长廊的碎石子路，路面中部每隔几米就有一方形金属指示牌，其面刻制三行文字，从上自下依次为：“小方盘城”“Xiao Fang Pan”“City Ruins”，游客们按着指示来来往往，因路窄人多，游客们不时擦肩而过。走过长廊再向右转，一座方形城遗址就在眼前了，标识碑刊刻：玉门关遗址。在小学课本里就出现过的玉门关，今天我们终于见到了它的真面目！

日本探险家橘瑞超在《中亚探险》中记载："最初在这里筑城是何时何人？今天的沙漠、疏勒河、党河都不能告诉我们。公元前2世纪汉武帝通西域时，去大月氏的使者就经过这个玉门关，讨伐匈奴的大军也通过这个关门，这在历史上是明确的。"[1]

↑近距离接触（2018-08-07） 蔡先全 摄

据资料介绍，小方盘城是一座四方形小城堡，耸立在东西走向戈壁滩狭长地带中的砂石岗上。关城全用黄土夯筑而成，面积600多平方米。城垣东西长24.5米，南北宽26.4米，残高9.7米；城墙上宽均为3米，东西墙下宽4米，南北墙下宽4.9米，开西、北两门。城顶四周有宽1.3米过道，设有内外墙。城内东南角有一条宽不足1米的马道，靠东墙向南转上行可直达顶部。

英国探险家斯坦因在《斯坦因西域考古记》中曾有过这样的记载："正在此处旁商道边耸立一座庄严的方堡残迹。砖筑的城墙，底部之厚足达15英尺，至今高度还有30英尺以上。土虽是异常坚固，然而外面大

[1] ［日］橘瑞超．橘瑞超西行记［M］．柳洪亮，译．乌鲁木齐：新疆人民出版社，2013：93.

部分都已剥落，其年代之古于此可见。我们在内部没有找到有年代的遗物，但是在不到100码处有一小丘，发掘之后证明那是一所重要的古代驿站遗迹。在那里找到许多中国文书，立即证明我们是撞到了汉代控制沿碛道一切懋迁往来的玉门关遗址了。尤其奇怪的是清除一座久已当作地窖后来用为垃圾箱的深窖，发现很多保存甚佳的木简。”❶

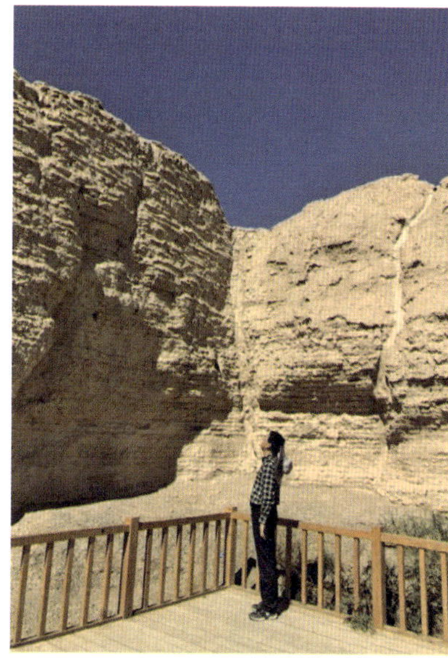

↑玉门关的沧桑（2018-08-07）
赵海丽 摄

法国探险家伯希和对小方盘城亦作过考察介绍：“小方盘城是一座7—8米高的矩形带围墙之城，城墙系用生坯砌成。其城墙有4米厚。其各侧间的内部规模是18米左右。在上部，有一条环形道路，其门朝西侧开。其北侧的门或缺口大部分都被重新用砖砌好了。”❷

我们在小方盘城内一隅拍照留影，在这里拍摄，脚踏黄土地，头顶湛蓝天，镜头在一框内呈现，英气飒爽。追想这片土地曾经有过的生机、喧闹、精气神儿，内心顿生感慨！

苗院长趣谈：刚才走进城堡时，一位老大妈一边录像，一边自言自语：“儿啊，你花这么多钱让我来这儿，就是让我来看这些土坷垃泥墙呀！”

展览中有斯坦因博士在小方盘城考古调查考察时拍下的照片，与

❶［英］奥里尔·斯坦因. 斯坦因西域考古记［M］. 向达，译. 乌鲁木齐：新疆人民出版社，2010：162.

❷［法］伯希和. 伯希和西域探险日记［M］. 耿昇，译. 北京：中国藏学出版社，2014：473.

我们今天的照片相比 ，一个世纪过去了，小方盘城遗址的外观变化不大。斯坦因在考察此处时曾记载：

> 风蚀是实际上无雨区域中古代遗迹一个最大的仇人，在沙地地面上很可以施展一番力量。然而这些碉楼自建造以来，历时已两千年，仍然保存甚好，使无附近地方风蚀力量很小的显明证据，我真要大吃一惊。我屡屡看见一个月前我骑马经过的足印，依然新鲜如故。七年后我因第三次探险队再回到这里，还能认出我自己的足印，甚而有些处所连猎狗的足印也是明白清楚，这一切都是同样的可以惊奇。[1]

看来古人建造玉门都尉府的材料与建筑工艺，经受住了岁月的考验。

当年，河西走廊被汉朝统治后，在敦煌设置了玉门关、阳关等连绵不断的防御战线。中原王朝的威势无定期地兴盛、衰亡，连带着国境线上的警备也是时而加强、时而衰弱乃至被遗弃。但是东西往来的商人、货物从来不受此影响，依然来此城休整打尖。憔悴的骆驼是敦煌这座城市的象征，在各个方面成为东西方贯穿起来的这条大动脉的营养供给源，这个城市——敦煌的名声更高了。

1920年春，有人在玉门关（小方盘城）外沙滩中得汉简17枚，由一位叫周炳南的人收藏，新中国成立初收购，原简现藏于敦煌研究院。

1944年，前西北科学考察团历史考古组赴河西开展调查，夏鼐和阎文儒在玉门关（小方盘城）以东烽燧遗址中发现48枚有字汉简（一说49枚）。这批简现藏于台北“中央研究院”历史语言研究所。

1999年，敦煌市博物馆在玉门关（小方盘城）遗址中获得木简300

---

[1] ［英］奥里尔·斯坦因. 斯坦因西域考古记［M］. 向达，译. 乌鲁木齐：新疆人民出版社，2010：152.

余枚。原简现藏于敦煌市博物馆。❶

总之，20世纪以来，玉门关遗址出土了大量文物，特别是2400多枚汉简中，其内容每每与西域相联系。其中在玉门关附近烽燧出土的粟特文文书及佉卢文丝绸残片，更是丝绸之路中中西交流的历史见证。

漫漫丝路古道，茫茫戈壁大漠，唯敦煌之地甘泉遍地，水草丰茂。湾窖盆地无疑是大自然恩赐给中西商旅的生命线，其地理位置之重要不言而喻。长城考古专家吴礽骧调查指出：“大煎都候障，是西汉王朝的西陲军事前哨和通往西域的重要交通枢纽，在西汉王朝与西域的关系史上发挥过极为重要的作用。西域驿道，由玉门关西出的北道和由阳关西出的南道，在大煎都候障汇合，然后向西至今哈拉齐，再转西北，越三陇沙，进入西域都护辖区，至楼兰，再分南北道，北道至龟兹至康居，南道经莎车至大月氏。”❷

❶ 以上三条见：何双全. 简牍［M］. 兰州：敦煌文艺出版社，2004：168-169.

❷ 吴礽禳. 河西汉塞调查与研究［M］. 北京：文物出版社，2005：49.

十

多少年 未见过这样一池芦苇

站在小方盘城遗址旁的栈道上，向远处观望，阳光下时现粼粼波光，片片繁茂的芦苇丛生。伯希和曾记载："在北部和沿城墙的地方，有一片宽阔的湖泊——沼泽地，我们只有横穿它才到达目的地。这里是一片芦苇坑，它由北向南约有1公里（除了在城墙正北的收缩处之外，我们到达了那里，约有700—800米），从东到西约有10公里。这里的盐碱化程度相当严重，以至于我们穿越的道路，有一点如同经过石灰地一般。这片草湖向西可能与大方盘城的大草湖连接起来了，它本身又随着大山而轻微地向西南方向倾斜……苇子是用来编席的。最佳苇子就是马迷兔的那种。"❶

此情此景让人不禁想起聊城大学两校区内的湖水，虽然聊城地处山东西部，却是有名的"江北水城"。聊大校内既有美丽的东西两湖（好

❶［法］伯希和．伯希和西域探险日记［M］．耿昇，译．北京：中国藏学出版社，2014：473-474.

↑一片生机的沼泽地（2018-08-07） 蔡先金 摄

听的名字及美好的寓意），也有七彩桥横跨徒骇河之上，水源充足。在这个季节，徒骇河与校内东西两湖芦苇片片，绿意葱葱，生机盎然！有水的地方多会滋生芦苇。阳关自古到今，万千人与物都消失于沙漠下，而小小的芦苇却昂扬挺拔至今，生命力的顽强令人惊叹。

2015年，先金作为评估专家来到聊城大学。傍晚，在校园散步时发现了东湖一大片芦苇，美得让人不能呼吸！先金的故乡江苏宿迁水系发达（电影《战洪图》就是在他老家拍摄的，想必看过电影的人都不会忘记其中反派人物的一句台词："下吧，下到七七四十九天，我才高兴呢！"），大运河流经之地，一望无际的大平原，池塘遍地，芦苇丛生，儿时下湖（当地称下地干活为下湖）割草的情景已深深印在他的脑海里，他钟情于水草连天的景象，喜欢看大人们在田野劳作的场景。此情此景令他感怀，于是这样一首小诗诞生了。

多少年 未见过这样一池芦苇

多少年　未见过这样一池芦苇

远离喧嚣　保持原始的模样

芦苇　披上了落日的霞光

在晚风吹拂下　面向着同一个方向
池塘边　柳条上的蝉鸣
犹如天籁　衬托出几分宁静
这是大自然的造化
还是一幅原始的画

多少年　未见过这样一池芦苇
心情平静如水　却又泛起了微微涟漪
想着平日的城市
现代人的灵性被无情地窒息
自然已面目全非　支离破碎
到处充满着令人难以忍受的戾气
我绕着池塘　悠闲地漫步
却不忍心践踏那些
从没有接触过人群的小草与小花

↑芦苇不倒 鸟虫常鸣（2017-11-07）王克彦 摄

多少年　未见过这样一池芦苇
我又一次找回了过去的记忆
但愿搭起一个茅庐　与池塘相守
告诉池塘边来往的行人
让他们捡回早已失掉的往昔
共同珍惜这片遗落的尘土
我祈祷　人们不再惊扰
这样一池芦苇
水不干涸
芦苇不倒
鸟虫常鸣
野草秋去春来
一切照旧千年万年[1]

"芦苇不倒，鸟虫常鸣 ，野草秋去春来，一切照旧千年万年"，在遥远的河西走廊，站在阳关边隘的栈道上，突然间，我有些领悟先金对芦苇的钟爱了。

此时我脑海中闪现：汉时重关要道，附近一定有水，或许这处沼泽滩在当时就是一条汹涌湍急的河流吧!

古代丝绸之路充分利用了水系的便利，汉代烽燧多沿河而建，时有简牍被发现，地点广泛，如党河西湖、疏勒河流域、清水沟、西湖湾等河水流域。敦煌市博物馆在这片地域的文物普查中，汉简收获颇丰，其中多为木牍，均为就地取材的胡杨、红柳等材质。原简现藏于敦煌市博物馆。

---

[1] 蔡先金. 行者守心［M］. 济南：山东人民出版社，2016：16-17.

十一
横亘延绵的汉长城

17:00，自小方盘城遗址（西汉玉门都尉府）出来，我们又转到展厅的后门。自此处向西行，离汉长城遗址5公里，一直是石子路，因没有宽阔平整易行的路面，所以来此方向的游客很少。

敦煌汉长城遗址立碑介绍：敦煌汉长城的设置依据地形的高低起伏，利用高起的风蚀台地修建烽燧以瞭望和守御，同时凭借疏勒河、洋水海子等水域作为天险，共同形成一道防御的边界。汉长城遗址的整体格局充分利用了所在区域的自然地形与资源，形成独特的景观环境，表现出人类对自然环境的依托和利用。

长城，是我国古代各族人民用血汗和智慧筑成的历史丰碑，它不仅在古代发挥了军事防御作用，在历史上对发展我国北部、西部地区的政治、经济、文化也起到了重大作用。

早期长城开始修建时期，大约在公元前7世纪。当时诸侯国如楚、秦、燕、齐、韩、赵、魏等彼此之间为了防御，在自己的领土上修筑长城。公元前4世纪前后，秦、燕、赵等国常遭到北部游牧民族东胡、匈奴的掠扰，于是他们在北方修筑了防御东胡、匈奴南掠的长城。秦、燕、赵的长城便成了后来秦始皇修筑万里长城的基础。

公元前221年，秦始皇为了保卫统一后国家的安全，方便与中原地区进行文化交流，防止匈奴的侵扰，派大将蒙恬，并以太子扶苏为监军，率30万大军大规模修筑长城，以秦、燕、赵三国北方长城为基础扩建，西起甘肃临洮，东至辽东，蜿蜒一万余里。自此，这一古代最为宏大的建筑工程便巍然屹立在我国北部土地上。

西汉时期，中原王朝为了对外抗御匈奴骚扰，加强边塞建设，对内安定百姓生活，巩固中央集权，以加强同中亚、西亚各国的贸易和友好往来，由令居（今永登）开始，经河西走廊张掖、额济纳旗、金塔、嘉峪关、玉门、安西等地，到敦煌西湖的马迷兔建起了长城。并将“亭”（烽燧）、“障”（较大的城堡和烽火台）修至盐泽（今罗布泊）楼兰古国。这便是汉长城。通过实地调查，我们对河西走廊地域的汉长城有了较为清晰的认识。如从兰州到酒泉的汉长城主要是壕沟，而不是墙，保存较好的地方宽8—10米、深2米。在龙首山的东大山一带则没有任何痕迹，仅利用了自然山体而已。酒泉至玉门关的汉长城则是以墙体为主体，墙的建筑方式也很独特，酒泉以西的构筑程序以红柳或芦苇捆扎成束，围成框架，内填沙砾。如此一层层叠压而上，成为一外观为芦苇或红柳的高墙；其基宽约为3米，顶宽1.5米，现存最高达3.75米，外加悬索与天田，但这部分形制多已消失。

敦煌汉长城的结构并无砖石，因地制宜，就地取材建造。敦煌北湖、西湖一带，生长着大片红柳、芦苇、罗布麻、胡杨树等植物，修建长城时，就用这些植物的枝条为地基，上铺土、沙砾石再夹芦苇层层夯筑而成。以此分段修筑，相连为墙。

敦煌境内汉长城横贯市境东西，东起北湖瓜州、敦煌交界处，西至马迷兔与新疆接壤，现存全长136公里。敦煌北端现存的长城，除碱墩子至马迷兔的汉长城干线外，还有玉门关至阳关、阳关至党河口、马迷兔至弯腰墩的汉长城支线。随着两千多年岁月的流逝和风雨流沙的破坏，部分长城被夷为平地，多半长城保存下来。在考察中，我们注意到一处小方形石碑上刻制：丝路古道。经过千年的风吹雨打，原来热闹坚挺傲气的烽燧，如今已成平地，杂草丛生。

↑丝路古道（2018-08-07） 蔡先金 摄

玉门关西面党谷燧一带的长城保存较好，地基宽3米，残高3米，顶宽1米，为我国目前汉代长城保留最完整的一段。烈日炎炎中蓝天白云翻滚，历史长河间鏖战黑沙扬起。遥想当年，戍边的将士过着怎样的生活？

葡萄美酒夜光杯，欲饮琵琶马上催。
醉卧沙场君莫笑，古来征战几人回？

我们前来考察的正是这段保留较为完整的汉长城。斯坦因对于敦煌周边见到的汉长城，曾作过详细的记载：

第二天早晨（按：1907年3月8日），我们离开疏勒河终点河床旁边我们休息的地方只有3英里，我看到东南方不远处一条石子岭上，又有一座碉楼遗址。让驼队沿着显明的大道走去，我急忙上去。建造同第一座碉楼一样。周围平沙地面，并无其他建筑的遗迹。但是我的注意即刻被附近平沙中露出一线的苇束所吸住了。随着这道苇束沿高地走不多远，我不觉大为高兴，这一道线一直向东边3英里左右的一座碉楼伸去，形式（按：轮廓）明明白白是横过低地的一道城墙。

略为搜检便显出我是真的立在这道边墙遗址上面。把一薄层流沙清除之后，就看见用苇秆捆在一定的间隔同泥层交互砌成的一道正规的城墙，全部经过盐卤渗透之后，坚固异常。墙外面同内部成捆的苇秆成直角形，还放有别的苇秆捆，扎得很仔细，形如束柴，砌成堤形。苇秆束一致长8尺，厚约8寸。这种奇形怪状仔细坚固的墙，本身对于年代并不能有确定的端倪可寻，幸而有很好的机会，鼓起我找寻必要的年代证据的希望。

墙顶苇秆捆中露出小块绢头，翻拣之余，得到五彩画绢残片、残木版，以及上书中国字的小木片，所写的字异常清楚，形式也很古。无年代，只有“鲁丁氏布一疋”字样。我那位很好的中文秘书，态度甚为谨慎，只说就字体而言，比第十世纪以后所用者为古。我对汉学虽然不懂，然而我敢大胆说这或许是汉代的东西。

这些明明很古的遗物何以同用来筑城的材料混在一起，那时候我对于这一个问题并不十分措意。我所留意的是看得很清楚的成为一线向西南同东方伸张的那些堡垒。为着要追随向敦煌去的大队，我于是转而向东，此事我没有理由去反悔。从一座堡垒走向又一座堡垒，我找出那种奇怪的墙，一长段一长段地不时出现。

有些处所还保存有六七英尺高，别的地方因为风蚀看来只似平坦的沙地的隆起。但是略一刮掘，在这里也现有同样的芦草束或灌木束。在傍晚我到达扎帐篷处之前，我得到很明白的证据，证明这些碉楼意思是拿来保护一段连续不断的边墙的。这不禁令人想到罗马帝国从诺森伯兰（Northamberland）的哈得良长城（Hardrian's Wall）以达于叙利亚阿拉伯，保护边疆，以防蛮夷入犯所筑的那些长城（Limes）了。[1]

骄傲的斯坦因望着高高的汉长城也不免发出感叹：

在这种地方墙的本身便可以抵抗人同自然。由于芦柴束联合的弹力和黏着性，所以抵挡迟缓而不断的风蚀力量，比任何其他东西都要高明。我注视着耸立前面几乎垂直的城墙，不能不惊叹古代中国工程师的技巧。在这一望无垠的沙漠中，没有一切出产，有些处所甚而滴水俱无，建设这种坚固的城墙，一定是一桩很困难的工作。然而这最后证明直抵额济纳河全长达400英里以上的长城，竟于比较短的时间告竣了。[2]

关于长城方面，就已经说过的而言，已足以表示中国最初进入中亚，急遽创造同继续保护这条通道之需要何等大的力量同有系统的组织。但是一看这种前进政策功成圆满所经过的那一段可怕的地面，不禁令我们感到中国人势在必行的展长长城以及后来汉朝猛进的政策，在人力方面所受的痛苦和牺牲，一定是很伟大的了。[3]

斯文·赫定在《丝绸之路》中记载：

在这段旅程中，我们看到了长城，它像一条找不到头尾的灰黄色长蛇，伸展在大漠之中，它已经完成了保卫中原帝国抵御北方蛮

[1] ［英］奥里尔·斯坦因．斯坦因西域考古记［M］．向达，译．乌鲁木齐：新疆人民出版社，2010：146–147.

[2] ［英］奥里尔·斯坦因．斯坦因西域考古记［M］．向达，译．乌鲁木齐：新疆人民出版社，2010：149.

[3] ［英］奥里尔·斯坦因．斯坦因西域考古记［M］．向达，译．乌鲁木齐：新疆人民出版社，2010：164.

夷入侵的历史使命。我们看到路边矗起的无数烽火台，它们是已逝去的辉煌时代的默然无声却又是雄辩有力的见证。烽火台一座接一座，似心跳一般有规律地隐现在道路的尘土和冬天的寒雾之中，似乎铁了心要和事物消亡的法则抗拒下去，尽管经历了多少世纪的沧桑，却依然挺立在那里。❶

斯坦因和斯文·赫定记载的都是中国西北边陲的长城段，而意大利人路吉·巴兹尼记录的是他在1907年6月11日看到八达岭长城时的感叹：

刚过八达岭时，一条令人震惊的长线盘旋于我们前后的山脊之上，遥遥在望。这条长线时隐时现，微露齿状，有如一个带牙的东西，靠近我们时，渐渐显现出数不清的、串在长链上的烽火台，如同守卫在岗位上的巨人。这就是长城。

从远处看，紧紧贴附在山脊和山侧上、与高山的轮廓协调一致的长城，完全不像是人类的作品。它是如此巨大，无论从哪个位置去观察，所见者远不到它真实长度的千分之一。这个东西似乎是地球上的离奇怪物，是被某种伟大的、未知的自然力所抛掷出来的，是一场大变异的产物，只不过这场变异并非破坏性的，而是创造性的。❷

长城是沉默的，伟岸的，完美的，经得起战乱的检验和游人的感叹和敬仰！

在两千多年前的汉代长城、烽燧遗址中，保存着许多非常珍贵的历

---

❶［瑞典］斯文·赫定. 丝绸之路［M］. 江红，李佩娟，译. 乌鲁木齐：新疆人民出版社，1996：216.

❷ 罗新. 从大都到上都——在古道上重新发现中国［M］. 北京：新星出版社，2018：82–84.

↑延绵挺立（2018-08-07） 蔡先全 摄

史文物。如“玉门千秋燧”出土的西汉纸，经考证，早于东汉蔡伦造纸170多年。著名的“敦煌汉简”多是从长城沿线的烽燧遗址中出土的，为研究我国汉代河西地区乃至全国政治、军事、经济、文化等提供了重要资料。

1906年至1908年2月间，斯坦因在第二次中亚探险中，沿疏勒河和汉长城寻找敦煌。斯氏在敦煌西玉门关一带考察，于1907年3月7日发现了第一座烽火台（T1），8日发现了第三座烽火台（T3），并挖出了第一枚汉简。斯氏在敦煌汉塞烽燧遗址中掘得708枚汉文木简，其中纪年简166枚，最早的为西汉武帝天汉三年（前98年），最晚的为东汉顺帝永和二年（137年）。

斯坦因记载：

当我在靠近大部分的碉楼以及毗邻小屋遗址的垃圾堆里，找出许多中国字的木简的时候，尤其增强我的满意。那些有字的小木片上有许多证明是有年代的，据我的中文秘书检阅的结果，所有这些年代都是在公元1世纪，我们因此更为兴奋，这里的边墙遗迹在前汉时候便已为人据有，而我手中所有的是在中国写本文书中最古的东西，那是确实无疑的了。[1]

斯氏掘得的这些汉简，其内容多为边塞文书，原简现藏于英国不列颠博物馆。斯坦因委托当时法国著名汉学家沙畹对其中的汉文书进行整理。1913年，沙畹以《斯坦因在东土耳其斯坦所获汉文文献》（汉译名）出版，收录了简牍释文和简影。中国学者对这批汉简进行开拓性研究的是当时流亡日本的罗振玉和王国维，1914年，他们由沙畹处讨得简文和照片，两人合著的三卷本《流沙坠简》由日本京都出版社出版。这也是中国第一部研究简牍的专著，从而为国人开启了一个崭新的学术领域，而现代意义上的简帛学也正是由此开始的。

1913年至1915年4月间，斯坦因在第三次中亚探险中，在敦煌汉塞烽燧遗址中掘得汉简84枚，其出土地点大部分属于汉代敦煌郡玉门都尉和中部都尉。斯坦因两次考察从敦煌拿走汉简3000余枚，出土于59个地点。已发表近1000枚，还有2000余枚未发表，主要是第二次考察时获取的残简和佉卢文木简。

面对曾经雄伟壮观的汉长城，如今只是一截又一截的残垣断壁，内心充满沧桑。没有太注重角度，随意拍了几张照片，逆光下拍出的一张令我惊叹，烈日光环下的汉长城就如一只雄狮（一束光恰巧直直射向狮头，或以为是雄狮发出的光芒），它仍是那般威风凛凛，英雄不减当年勇啊！

现在所知第一位全程走完长城的西方人，是美国人威廉·埃德加·盖洛（William Edgar Geil，1865—1925）。1903年，盖洛第一次到中国并游历长江之后，开始了长达20年探寻中国的历程。1908年，盖洛率领一个团队，用5个月的时间，从山海关走到嘉峪

[1] ［英］奥里尔·斯坦因. 斯坦因西域考古记［M］. 向达，译. 乌鲁木齐：新疆人民出版社，2010：149.

↑汉长城残垣（2018-08-07）
赵海丽 摄

关，全面考察了长城，最难得的是拍摄了许多照片，他次年出版的《中国长城》（*The Great Wall of China*），是世界上系统介绍长城的第一部专书，书中插图所用大量照片，尤为珍贵。此书已由沈弘和恽文捷译成中文，于2006年由山东画报出版社出版。[1]

“不到长城非好汉。”围绕长城发生的故事太多了，有战事的，亦有田野考察的。而今天我们一行看到的，玉门关附近的汉长城段沧桑而撼人心魄，历史深邃不可遗忘，我们一行在保存得最为完整的一段汉长城前留影。

↑不到长城非好汉（2018-08-07） 吴龙 摄

[1] 罗新. 从大都到上都——在古道上重新发现中国［M］. 北京：新星出版社，2018：284-286.

十二

大方盘城“昌安仓”遗址

17:35，从汉长城出发，下一个考察地点是大方盘城遗址。由汉长城到大方盘城遗址，唯有一条路，必须返回小方盘城遗址，再向东行驶。从网络地图上可测出，大方盘城遗址至小方盘城（玉门都尉府）的距离为12.38公里。其入口位于玉门关一个不起眼的岔路，如不问当地人（或玉门关管理人员），极有可能会错过。我们问了关卡内的工作人员，就一人在岗，身处小小的板房内，估计房间不到4平方米。戈壁荒滩，烈日炎炎，没有纳凉设备，或许他值班每天要超过8小时。关卡就是低矮简易的铁丝网匝道，他拉开后让我们的车通过。

↓大方盘城（2018-08-07） 戴永新 摄

18:04，当车子驶近大方盘城遗址，首先映入我们眼帘的是一栋孤零零的房子，以及周边的太阳能装置。再远处才是我们要考察的古遗址。负责管理大方盘城遗址的工作人员张老师接待了我们，他与老伴长年住在遗址旁，儿女常来看望二老，并送些食物与生活用品。这座工作站，如同孤岛，几小间平房，一条狗，房子旁边有几块开垦的地，打着垄种植蔬菜。不图名利的张老师夫妇在此地驻守多年，早已不畏惧任何艰辛困苦，也熟悉了这里的一草一石，他俩是值得我们感佩的守护者。

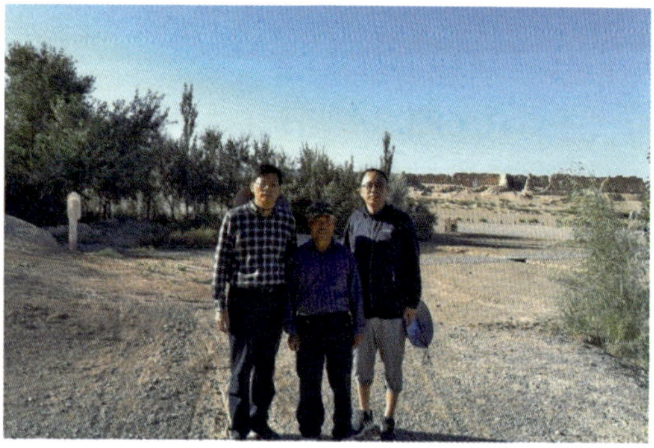
↑与张老师（中）合影（2018-08-07） 宁登国 摄

据张老师介绍，此处遗址尚未开发，少有游客前来，多是学者慕名而来做考察活动。张老师的住处距离遗址约几百米，远观遗址似一峰昂首前行的骆驼。在接近遗址的正面围有木柱拦绳，约半米高，并竖立一块木牌，上书：世界文化遗产，请您瞻仰，切勿踩踏！

1907年，斯坦因来到敦煌，对长城沿线烽燧进行考察发掘。《斯坦因西域考古记》记载：

距古玉门关东5英里左右，在商道旁边长城后面，有一很庄严的遗址。有三间相联（按：接）的大厅，全是（按：长）在560英尺左右，这种遗构的用途起初很不明白。坚厚的砖墙，至今有些处所虽还足足有25英尺高，而只开几个孔穴，显是作为流通空气之用。外围墙内有内围墙，四角有碉楼。建筑的奇特，使我们猜了许久，以为这是用作沿长城线军队屯驻移动，以及官员同政治使节取道碛路时供给一切的仓库。后来在内围墙一角垃圾堆中得到许多中文木简，简上说到从敦煌沙漠田输送粮食，以及积储的衣物等等，于是把这种猜想充分证实了。所以我们在这里找到了前进的给养根据地，这在卫戍绝塞的军队以及取艰苦的碛路来往楼兰的人都是很需要的。[1]

1908年2月24日，伯希和来到此处，只是记述其地理位置：“大方盘城的遗址形成了一个山崖孤岛（黄色软岩石，可能是尚未很好地形成的沙岩），位于草湖畔。这条路经过大方盘城遗址与另一个小型烽燧之间，该烽燧位于更靠南一些，即黑石滩北岬角上。”[2]

我们看见大方盘城最左侧的角墩遗址已成一个大土堆，其形状仍呈现着坍塌时的真实状况。角墩是承担警戒、瞭望功能的城堡附属建筑。

斯坦因在考察发掘时，将敦煌西北小方盘城之东11.5公里处的大方盘城定名为“河仓城”，将此城编号为T18。据李岩云考证[3]，在文献中记载敦煌西北部称为河仓城的，见于法藏敦煌遗书P.2005《沙州都督府图经》，其中载，古阿（河）仓城，周回一百八十步。右，在州西北二百卌二里，俗号阿（河）仓城，莫知时代。其城颓毁，其趾（基址）犹存。在另一部入藏于法国巴黎国家博物馆东方写本部的P.2691号卷子背面《沙州归义军图经略抄》

↑坍塌的角墩遗址（2018-08-07）蔡先金 摄

---

[1] [英]奥里尔·斯坦因．斯坦因西域考古记[M]．向达，译．乌鲁木齐：新疆人民出版社，2010：162-163.

[2] [法]伯希和．伯希和西域探险日记[M]．耿昇，译．北京：中国藏学出版社，2014：472.

[3] 李岩云．敦煌河仓城址考[A]//敦煌市博物馆.敦煌市博物馆学术论文集．沈阳：北方联合出版传媒（集团）股份有限公司万卷出版公司，2018：25-30.

亦云，河仓城，州西北二百四十里。在现藏于英国伦敦图书馆东方部的敦煌文献S.5448《敦煌录》曰，河仓城，州西北二百三十里，古时军储在彼。此后这一说法又得到向达、夏鼐、阎文儒的肯定与介绍宣传，大方盘城为河仓城的说法得到了学术界的广泛认可。如此，原敦煌县博物馆根据斯坦因的说法，在大方盘城竖立“古河仓城遗址”文物标识牌；甘肃省测绘局编制并公开发行的《敦煌市地图》，亦随之将大方盘城标为河仓城。

敦煌研究院的李正宇在清理敦煌文献和两次对大方盘城一带的考察中，对斯坦因将大方盘城推断为河仓城的结论产生怀疑，并得出结论为大方盘城不是河仓城，而是西汉的“昌安仓”，并将其考察结果《敦煌大方盘城及河仓城新考》刊登于《敦煌研究》1991年第4期。这一观点亦得到学术界的认同，而真正的“河仓城”却成了一个谜。

据学者研究，俗号河仓城建于西汉太初、天汉年间，即公元前104年至公元前96年，处于榆树泉盆地腹地的一处草湖滩里，四周苇草茂盛。因废弃时间早，斯坦因考察时已是莫知时代，其城颓毁，基址犹存。经敦煌市博物馆考古历史部人员的测量，古城海拔925米，其中心位置坐标大致是北纬40°17′23.20″，东经93°23′34.65″。古城呈长方形，东西二垣各长85米，南北二垣各长100米，周长370米，垣宽6米。在城垣内东南、西南角各有一小院落。东南角小院南北长20米，东西宽18米；西南角小院南北长29米，东西宽17米，小院垣宽3米。古城东边近百米有一牧羊房，已弃之不用。古城北边约2公里处的风蚀台面上有一座烽火台（甘肃省博物馆编号D10，斯坦因编号T4a），其以台地上一高约1.7米的小台地为基座，夯土版筑，夯层厚8厘米，底基南北长6米，东西宽6.9米，残高约6米。[1]

[1] 李岩云．敦煌河仓城址考［A］//敦煌市博物馆．敦煌市博物馆学术论文集．沈阳：北方联合出版传媒（集团）股份有限公司万卷出版公司，2018：25-30.

↑走近大方盘城（2018-08-07） 蔡先金 摄

以往，人们认为大方盘城就是河仓城。而今，学者已考证大方盘城遗址是汉代的“昌安仓”的仓储遗址，而非文献中记载的河仓城遗址。如此，遗址的标识牌也有了更正：大方盘城遗址是汉代“昌安仓”仓储遗址，位于疏勒河以南的台地上，东有东泉，西有西泉，西南距小方盘城遗址11公里，东南距今敦煌市约80公里。城建于风蚀台地上，呈长方形，夯土版筑，东西长132米，南北宽17米。

比较而言，它比小方盘城遗址要壮阔得多，故名大方盘城。城内筑南北方向土墙两堵，把整个城隔成了3部分。南、北残壁上留有小洞，似为通风设备。每部分均开南门，外围东、西、北三面加筑两道围墙，第一道围墙断壁尚存。大方盘城虽属全国重点文物保护单位，但我们所见还是裸露于天地间，没有任何遮蔽，这样下去，不知道还能经受多少年的沙尘暴虐、风吹雨打、烈日炎炎。

蔡先金走在最前列，率领团队人员围绕遗址，边走边细细考察，不停地拍摄、记录。我和杜季芳、汪梅枝走在队伍的尾端，边走边交流。首先，我们感慨大方盘城遗址的壮观。按常规来理解，大方盘城遗址远比小方盘城更有气魄，可观赏性强，游客应该络绎不绝才对，然而现实完全不是那么回事儿，我们在此考察的这段时间，没见其他游客来往，推测是因为路没修好，宣传推介得不够，唯有专业人士会特别寻它到此。其次，大家一致认为学术团队来河西走廊考察是英明决定。没来这儿之前，我们从纸上也没少见过大方盘城遗址、小方盘城遗址、汉长城、阳关、玉门关字眼，但它们在哪儿？是什么模样？什么现状？它们发生过一些什么故事？有哪些人曾经过往？“纸上得来终觉浅，绝知此事要躬行。”以后，我们在研究中遇到它们，就不会感到陌生了，一见到大方盘城遗址，就会想到在这里所经历的事情和曾经的思考。最后，我们团队在考察中所体现的凝聚力量与合作精神，时时处处令自己感动。我们还有这样的激情与能力吗？内心在一遍又一遍地问自己。总之，激动澎湃之情一直伴随着每位队员，并且相信这份感动还在延续！我们每人都绕着大方盘城遗址走了一圈。

斯坦因考察此处时，曾记载：“那年（按：1907年）秋天，南山探险完毕归来，我因此能够测定长城沿着疏勒河继续向东延伸，南至近玉门县河身大转弯处为止。玉门县就是从后来的玉门关得名的。”[1]

我们在大方盘遗址前合影留念。照片右上角那棵大树桩就是一棵千古胡杨，曾经枝叶繁茂的胡杨树，历尽千年风吹雨打，今天仅留下了树干，像一个擎举双臂、仰天长啸的古人，又像是一位舒弄广袖、翩翩起舞的少女。我们不禁又感叹“生而不死一千年，死而不倒一千年，倒而不朽一千年，三千年的胡杨，一亿年的历史”。

↑大方盘城遗址留影（2018-08-07） 吴龙 摄

18:50，我们一行离开大方盘城“昌安仓”遗址。

[1] ［英］奥里尔·斯坦因. 斯坦因西域考古记［M］. 向达，译. 乌鲁木齐：新疆人民出版社，2010：163.

十三

这儿是马圈湾遗址吗？

我们考察完小、大方盘城遗址，按计划下一站是马圈湾遗址。

1979年6月1日至10月5日，甘肃省文物工作队（甘肃省文物考古研究所前身）和敦煌县文化馆文物组（敦煌市博物馆前身）在敦煌西北小方盘城以西11.5公里，西距后坑2.7公里，北距疏勒河8公里处的马圈湾，发现了一座斯坦因考察时遗漏的烽燧遗址，称为马圈湾烽燧遗址。经对出土汉简研究，此遗址为西汉敦煌玉门都尉所属玉门候官治所，其烽燧原名为"千秋燧"。马圈湾烽燧遗址共出土汉简1217枚、帛书1件、各类器物343件。其中纪年简60余枚，绝大多数是木简，竹简极少。[1]其中出土一枚以芦苇制作的简，将芦苇秆从中剖开，在苇秆表面墨书，现存"文鉴"二字，残长5厘米，宽1.2厘米，厚0.3厘米，此为

[1] 荣思奇. 敦煌马圈湾汉代烽燧遗址发掘亲历记［A］//敦煌市博物馆. 敦煌市博物馆学术论文集. 沈阳：北方联合出版传媒（集团）股份有限公司万卷出版公司，2018：61-65.

有史以来出土芦苇简之仅见者。这是1949年以后在敦煌地区对汉代烽燧遗址的第一次科学发掘。原简现藏于甘肃省简牍博物馆。甘肃省博物馆、敦煌县文化馆合写的《敦煌马圈湾汉代烽燧遗址发掘简报》一文发表在1984年甘肃人民出版社出版的《汉简研究文集》。简牍图版和释文见1991年中华书局出版的《敦煌汉简》和甘肃人民出版社出版的《敦煌汉简释文》。

↑层层砌筑（2018-08-07） 蔡先金 摄

↑挖出了宝贝（2018-08-07） 蔡先金 摄

马圈湾遗址位于小方盘城以西11公里，从大方盘城遗址出来，应该在不远处。按照手机导航，我们开始了寻找马圈湾遗址的行程。当车子被指引到目的地停下来，其右边不远处确有高高低低的沙土丘，很像是古遗址，但没有标识牌，大家认为一定是导航导错了位置。即便如此，我们也下了车，向土丘走过去，以便探个究竟。

因为近期修了路，路边的沙土被用于垫支路基，沙地上还留有筑路机械的履带压痕。修路在很大程度上会破坏原有的古遗址，因为离开公路仅几米远，我们就发现土坯夹着芨芨草或芦苇层层砌筑而成的墙（墙高低不等），还有破朽的麻袋片和木块、木棍等，拍了照片。

正当我们散开搜寻时，宁登国和儿子家宇在喊：“快来啊，我们找到宝贝了！”原来他俩发现了浅浅沙土下的芦苇，延续得很长。

这里是否为古长城或烽燧遗址，没有介绍，也不知此地位置何方，大家都激动地围过来，我用小木棍掘开沙土，只薄薄一层就露出了芦苇。宁登国老师使劲拽出，长长一把，芦苇还很新。“拽出几根带回聊大国学院”，他想得很周到。

两千多年前，敦煌北湖、西湖一带，生长着大片红柳、芦苇、罗布麻、胡杨树等植物，是修筑长城的基本材料，因而，当时砍柳、伐苇和蒲草已经成为屯戍士卒的主要任务之一，这在当时戍卒每日劳作记录的“日作簿”汉简中有大量的记载。这些植物既是修筑长城的基本材料，也是用来加工简牍用于书写的材料，可谓就地取材。从出土实物看，古代确有用芦苇制作简牍者，因为芦苇不会像竹子那般粗壮，制成简片又窄小，不易书写；又因其质料松软，难以保存，所以当时作为简牍使用量不会太多，即便有，现在也难见到。

随后听吴导说可能是牧羊人临时搭建的棚子垫草，再看芦苇的颜色似新采伐使用的，就放弃了带回学校的想法。

结合敦煌马圈湾烽燧出土的简帛资料，以及长城烽燧的考察，专家已得出结论：玉门关不应设在小方盘城，而应设于马圈湾遗址西南的交通大道上。因为马圈湾遗址以北的长城并没有关门遗址，其东、西均为湖滩，地势低洼，不可能设置关门，因此，玉门关口似不在长城线上。这一推测，大大缩小了探索玉门关遗址的地理范围，为这一问题的最终解决提供了极为重要的线索。

↑憧憬（2018-08-07） 宁登国 摄

团队成员分散考察，李如冰

↑小憩（2018-08-07） 蔡先金 摄

↑世界唯我（2018-08-07） 蔡先金 摄

老师走得很远，从我的角度看她，已是山坡顶端的点点，心中对她的感佩油然而生。

分散考察结束后，大家很快又围拢过来，坐在沙丘上，正值太阳光照射在我们脸上，大家都容光焕发。先金主动为摄影师，拍下我们在沙丘上小憩的姿态，无意间也留下了拍摄者（戴帽者）与站在我们面前观景的家宇小朋友之身影，幸福而快乐的瞬间成为永恒！

19:30，我们按原路返回。

20:22，行驶的车又一次路过南湖农场的双阙楼，我用手机拍了一张，算作告别吧。先金在车上阅读着买来的新书。

十四
大漠落日

在返回敦煌市的途中，车没油了。这里的公路修建在戈壁滩上，可谓前不着村，后不着店，司机达师傅呼叫114，焦急地联系人送油来。我们的车在戈壁滩抛锚，这是没有预料到的，队员们虽都心存焦虑，但没有任何抱怨之声。下车活动活动，没想到突发而至的小小意外，倒也成全了我们意外的快乐与收获！

在傍晚的大漠中散步，不是随便谁都能有的经历。正值落日时分，霞光万道洒向荒原。我们珍惜这样难得的美好时光，拍大漠落日之美景，摄队友舞蹈之靓丽。为此，我们的登国主任伏在沙地上，从各个角度为队员们留下倩影，远观落日、戈壁欢跃、

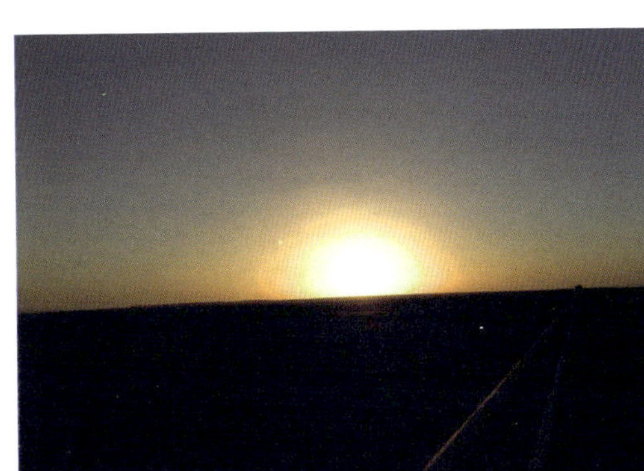

↑大漠落日（2018-08-07） 蔡先金 摄

集体舞蹈，单照与群影都拍出花样来了。正如梭罗所言："这是一个美妙的黄昏，全身就是一个感官，把欢乐吸进每个毛孔。我在大自然中奇妙地自由来去，成为她的一部分。"[1]

遇到困难有正确的对待方式与良好的心态，结果会大大不同。

21:30，加油站工作人员送来了汽油，达师傅加上油，启动发动机，声音正常，我们终于启航，继续赶往敦煌市区。回到住处桓宇大酒店，为时已晚。晚餐后，大家继续围坐在一起交流着，就像在召开一次小型会议，收获满满，也不觉得累。今天，戴永新老师赋诗一首《阳关有感》。

阳关有感

戴永新

戈壁苍茫沙海边，胡杨雄姿千百年。

阳关烽烟弥寰宇，红砂满地大道宽。

↑戈壁欢舞（2018-08-07） 宁登国 摄

[1] ［美］梭罗. 瓦尔登湖［M］. 南京：凤凰出版传媒集团译林出版社，2009：105.

十五
敦煌博物馆

2018年8月8日（星期三），晴，今天是河西走廊简帛出土遗址考察之行的第三天。

6:44，宁登国微信：餐券已领来。已放到各房间门口，大家随时就餐吧。

8:30，全队出发去莫高窟。

8:57，车上李如冰老师讲解。

敦煌位于甘肃河西走廊最西端，坐落于大漠戈壁之中。莫高窟俗称千佛洞，地理环境很是独特：一条宕泉河水将此地一分为二，东面是绵延数百平方公里的三危山，此山暗红色，山体为裸露的岩石，寸草不生，站在山顶东望，山峦连绵起伏，一望无际，恰似一片火海；西面是著名的鸣沙山，沙丘高大成山体状，沙质细腻，亦是蜿蜒盘旋，连绵不断。现存的莫高窟就凿于宕泉河冲刷鸣沙山的沙砾岩质断崖上。

莫高窟创建于前秦建元二年（366年），迄今保存北凉、北魏、西魏、北周、隋、唐、五代、宋、西夏、元代的多种类型洞窟735个，壁画45000平方米，彩塑2400余身。1900年，于藏经洞发现西晋至宋代各类文书及绘画作品5万余件。1961年，莫高窟被国务院列为第一批全国重点文物保护单位。1987年，莫高窟被联合国教科文组织列入世界文化遗产名录。敦煌研究院是负责莫高窟保护、研究和弘扬工作的管理机构。

1907年3月21日，斯坦因在第二次探险过程中，首次来到了敦煌。第一次探访这些石窟时，他曾感叹不已并描写道："再向上去，可以看到有好几百座石窟，大大小小，错落有致，像蜂房一般点缀于黑暗的岩石面上，从壁底直达崖顶，连成密行，总有半英里以上。这些惊心动魄的石窟，壁上都有壁画，有的在外面也能看见。其中藏有大佛像的两座石窟寺一望就可知道。雕塑的大佛像高近90英尺左右，为使这些大佛像有适当的空间起见，于是依崖凿了一些房屋，层叠而上，每一间都有通路和通光的处所。"❶

提到莫高窟，不能不提藏经洞和王道士，以及劫宝者。王道士，本名圆箓（1849—1931年），湖北麻城人。光绪初年，入肃州巡防营为兵勇。后来受戒成为道士，道号法真。约光绪二十三年（1897年）至敦煌莫高窟，随后建三清宫，即今莫高窟下寺，至此落户敦煌。王道士到敦煌以后，面对残破的庙宇及流沙满室的洞窟，发愿要重修莫高窟。王道士的徒弟赵明玉和徒孙方至福为王道士所作墓志是这样描写藏经洞的发现过程的："以流水疏通三层洞沙，沙出壁裂一孔，仿佛有光，破壁，则有小洞，豁然开朗，内藏唐经万卷，古物多名，见者惊为奇观，闻者传为神物。此光绪廿五年五月廿五日事也。"这个偶然的发现开启

---

❶［英］奥里尔·斯坦因. 斯坦因西域考古记［M］. 向达，译. 乌鲁木齐：新疆人民出版社，2010：166.

了中国古代史研究的新窗口。据不完全统计，藏经洞发现了5万多件古代各类写本，其中95%的汉文写本为佛典，包括经、律、论、疏释、赞文、陀罗尼、发愿文、启请文等。非佛典文献虽仅占5%，但内容相当广泛，包括四部、道经、俗文学、文书档案等。藏经洞文物的发现，与殷墟甲骨、内阁档案大库、居延汉简一起被称为20世纪中国古文献的四大发现，为我国古代史的研究提供了不可多得的第一手资料，也为学者们打开了一个全新的视角。

王道士发现藏经洞7年之后，欧美的考古学者陆续来到敦煌。藏经洞文献开始了它的流散历程。先后到达敦煌的有英人斯坦因、法人伯希和、日本大谷探险队的橘瑞超与吉川小一郎、俄国鄂登堡探险队、美国人华尔纳等，他们劫掠了藏经洞的大部分文献资料，使之流散于世界各地。敦煌莫高窟藏经洞的“劫经”，斯坦因是始作俑者。1907年5月21日，斯坦因见到了莫高窟石窟的道士王圆箓，并且通过说服利诱，进入了藏经洞，后陆续攫取大批文书等经典文献。而从劫掠的文献价值和数量而言，不得不提到法国的考古探险家伯希和。

伯希和西域探险团一行于1908年2月25日6时许，到达敦煌千佛洞，不久就劫掠了藏经洞中的大批文献。在1909年12月12日于法国各界在巴黎大学阶梯教室举办的欢迎大会上，他作了题为“高地亚洲三年探险记”的报告，其中详细谈到他“劫经”的整个过程。

虽然我的同行斯坦因于我之前光顾了敦煌，但我仍保持着再次获重大发现的希望。在我们一行到达敦煌之后，我便开始寻找王道士。事实上我未费多大周折就找到了此人，他已决定前来敦煌石窟。他最终为我打开了那个小龛（按：1908年3月3日），整个龛不足3米见方，其中塞满了两三层文书。洞中有各种各样的写本，特别是卷子，但也有单页；既有汉文的，也有藏文、回鹘文和梵文写本。你们会毫无困难地想象，我当时该有一种什么样的令人心醉的激动心情涌遍了全身啊！我面对的是远东历史上需要大书一笔的中国最了不起的一次写本大发现。看到这些写本，尚不是这次大发现的全部。我立即就考虑到，自己是否仅满足于对这些写本瞥一眼，然后就两手空空扬长而去，将这些注定要逐渐受到损坏的宝藏仍遗留在那里。非常幸运，王道士是个没有文化修养的人，属于热衷于搞建筑的修道人。为了建塔，他迫切需要银两。但我很快就放弃了全部获得它们的想法，因为王道士害怕轰动整个地区。我于是便蹲在洞子中，兴奋不已，整整3个星期。我对全部藏书都编了简目。[1]

我于是便迅速作出了决定，必须至少是简单地研究一下全部藏书。我应该在此完成这项工作。从头到尾地展开收藏于此的15000—20000卷文书，这是无法想象的。我即使用6个月的时间也无法完成它。但我必须至少是全部打开它们，辨认每种文献的性质，看一下在何种程度上能有幸为我们提供新文献。然后将它们分成两份，其一是精华和高级部分，也就是要不惜一切代价让他们出让的部分；另一部分是尽量争取获得、同时在无奈时也只得放弃的部分。[2]

这样一来，在我经手的15000多个卷子中，我取走了所有那些以其时代和内容而提供了某种重要价值者，也就是近全部写本的三分之一。在这三分之一写本中，我对于用婆罗谜文或回鹘文写成的全部写本一卷不剩地取走，此外还有许多藏文写本，但主要部分还是汉文写本。对于汉学研究来说，这都是一些无法估价的财宝。当

---

1. ［法］伯希和. 伯希和敦煌石窟笔记［M］. 耿昇，译. 兰州：甘肃人民出版社，2007：451-452.
2. ［法］伯希和. 伯希和西域探险记［M］. 耿昇，译. 北京：人民出版社，2011：238.

然，其中的许多写本是佛教的。但也有历史、地理、哲学、经典、纯文学、各种契约、租约、逐日所作的札记。所有这一切都要早于11世纪……在这种重要价值方面，我在声称它们对于我们至关重要时，并未有任何夸大其词。古代汉文写本甚至在中国本地也很罕见，在欧洲尚根本不存在任何这样的写本……最后，在该洞中，还有其他东西：绢画和麻布画，它们与写本是同时代的，应被列于罗浮宫收藏的至今仍寥寥无几的那一套中国古画之首；最后是某些刊本作品，即公元10世纪和甚至是8世纪的木刻刊本著作，它们均早于古登堡5—7个世纪，应为现知的世界上最古老的刊本著作。[1]

毋庸置疑，在19世纪末叶至20世纪上半叶，赴西域的所有外国考古探险家中，尽管西方列强当时不惜血本、劳师动众地竞相向我国西域派遣考古探险团，在掠夺文献与文物方面，个个都所获甚丰，满载而归，但从文物文献的总体质量来看，尤其是在劫掠西域稀见古文字文献、带题记和纪年的文献方面，拔头筹的仍是伯希和。[2]斯坦因作为一名资深的考古学家，对于汉文和有关的历史知识的了解却略显不足。他先于伯希和到达敦煌千佛洞，首先挑选的都是那些整齐而又漂亮的文书，这些文书大都是当地僧俗人士作为功德寺院供养的佛经写卷。伯希和挑拣的都是双面有文字和初看起来“破烂不堪”的卷子。其实，它们都是价值最大的社会经济文书（籍账文书、契约文书）和史地文书。除了在千佛洞大肆“劫经”，伯希和还在此期间剥离了敦煌壁画，他是第

[1] ［法］伯希和．伯希和敦煌石窟笔记［M］．耿昇，译．兰州：甘肃人民出版社，2007：451-452.

[2] ［法］伯希和．伯希和敦煌石窟笔记［M］．耿昇，译．兰州：甘肃人民出版社，2007：21-26．译者耿昇在代序《伯希和西域敦煌探险与法国的敦煌学研究》“九、伯希和西域探险团劫掠的中国古文物和古文献”中详细记载了伯希和在敦煌千佛洞（莫高窟）劫掠的中国古文物和古文献的名类。

一个剥离敦煌壁画的外国人，行为卑鄙，手段恶劣。

伯希和因较高的东方学水平和中国文化修养，又集多学科于一身，他的专业与内行，使他掠夺的文物和文献都具有较高的学术价值，大都属于“精品”之类，我们从敦煌“劫经”和剥离壁画过程便可以窥见一斑。

学者常书鸿曾统计过美国人华尔纳剥离劫掠敦煌壁画的数量等情况：

> 据不完全的统计，一九二四年华尔纳在千佛洞用胶布粘去与损毁的初、盛唐壁画，计敦煌研究所编号第320，321，323，329，331，335，372各窟壁画二十六方，共计三万二千零六平方公分，其中初唐画有汉武帝遣博望侯张骞使西域迎金佛等有关民族历史与中国佛教史等的重要故事内容的壁画多幅，及328窟通高120公分盛唐最优美的半跪式观音彩塑等数尊，这批赃物现藏美国剑桥费城伐格博物馆。[1]

对于中国人来说，大量的宝物被劫宝者带到了国外，严重伤害了中国人民的民族感情，成为中华民族的一段伤心史！

莫高窟作为当今世界延续时间最长、保存规模最大、保护最为完好的佛教石窟群而被世人称赞为“沙漠中的美术馆”“墙壁上的博物馆”。如此精彩绝伦的艺术长廊和千年不断的历史文明，每年吸引着数以百万计的人前来考察学习游览，甚至是虔诚礼拜为之朝圣！

当我们的车停靠在莫高窟景区外围时，已见游客黑压压一片，人头攒动，正在排队等候看窟观展。听说今天前来莫高窟的考察观光者达

[1] 常书鸿. 警告霍雷斯·杰尼和他的主子们［J］. 文物参考资料，1955（8）：3.

1.6万人，爆满！千载难遇的一景竟然让我们遇上了。

进入景区后，大家分头行动。苗院长带队员参观莫高窟，先金与我随车返回市内参观敦煌市博物馆（按：博物馆隶属于敦煌市，对外宣传标识为“敦煌博物馆”）。

我俩用身份证取票，再到对面的展厅凭票入内，此时已近10点。

眼前一副书法对联很提精神：

到敦煌知敦大煌盛

谒莫高觉莫测高深

敦煌市博物馆成立于1979年，新馆于2011年建成开放，馆藏文物13355件（套），其中国家一级文物138件（套），二级文物387件（套），三级文物1387件（套），分石器、陶器、铜器、铁器、木器、瓷器、丝绸、汉简、写经、书画拓片、金银珠玉、钱币、砖刻及其他，14类。特别是收藏的1900年发现、流散于敦煌当地的藏经洞文献，其中汉文81卷，吐蕃文237卷，梵夹式吐蕃文8482页，一些汉文文书和写经，堪称敦煌文献之精品。其展出的内容很丰富，如古时敦煌郡六县：敦煌县、冥安县、效谷县、渊泉县、广至县、龙勒县，介绍汉长城、烽火、屯田、邮驿等制度，敦煌各朝代发展状况，印象深刻的有“五凉敦煌，群贤毕至”。

1981年3月，敦煌市博物馆在党河西湖酥油土汉代烽燧遗址中获简76枚，其中纪年简1枚。

1986—1988年，敦煌市博物馆在全市文物普查中，陆续采得汉简137枚，具体出土地点为：后坑墩17枚；马圈湾墩4枚；小方盘城2枚；臭墩子2枚；小方盘城南第一烽燧5枚；小方盘城南第二烽燧12枚；盐池湾墩11枚；小月牙湖墩19枚；汉代效谷县“悬泉”遗址64枚；大坡墩1

枚。原简牍均收藏于敦煌市博物馆。图版和释文见1991年中华书局出版的《敦煌汉简》和甘肃人民出版社出版的《敦煌汉简释文》。

1990年，敦煌市博物馆在玉门关以西马迷兔清水沟烽燧（T1）遗址中获简41枚。西汉宣帝地节元年（69年）历谱木简为敦煌市博物馆收藏的国家一级文物，弥足珍贵。该历谱木简现存27枚，木质，简长36—37厘米，宽0.6—1.3厘米，厚0.3厘米；上中下三道细麻绳捆编，上绳完好，中绳存一半，下绳已失；字迹清晰，以汉隶书写。该历谱木简是我国迄今发现的最早、保存最完整的太初历法简册。其出土为认识汉武帝太初改历后的标准历谱格式提供了实物资料，对研究太初历法乃至古代历法都有着重要意义。另有散简14枚，所记内容也十分丰富。原简现藏于敦煌市博物馆。《敦煌清水沟汉代烽燧遗址出土文物调查及汉简考释》一文，作了全面的介绍与考释，发表在1996年法律出版社出版的《简帛研究》第二辑上。该书还收录了殷光明写的《敦煌清水沟汉代烽燧遗址出土〈历谱〉述考》一文，对出土的地节元年历书进行了详细的考证。

1999年，敦煌市博物馆在玉门关（小方盘城）遗址中获得木简300余枚。原简现藏于敦煌市博物馆。

2009年1月，敦煌市博物馆文物普查队在距玉门关西南65公里西湖湾窖盆地中部，发现一座斯坦因及我国历次的长城调查所疏漏的一棵树汉代烽燧遗址，该遗址处于长城内侧，属汉代玉门都尉大煎都候官辖区。发掘出土简牍16枚（有字简9枚，素简7枚），均为就地取材的胡杨、红柳材质。其中1枚为迄今所见形制最大的木牍封简，属于露布检，内容则与保障丝绸之路畅通有关。原简现藏于敦煌市博物馆。杨俊于2010年第4期《敦煌研究》撰文《敦煌一棵树汉代烽燧遗址出土的简牍》，以简报形式初步公布了这批简牍；石明秀《敦煌一棵树烽燧新获简牍释考》一文刊载于纪念敦煌市博物馆免费开放十周年《敦煌市博物馆学术论文集》。

09dh-0木牍文书释文如下：

领扳龙勒令印，至煎都南曲德侦候符信

今遣将张鲜，民吕埋子至煎都南曲。将张廖、民赵靖至且禽、五亭。诸水泉、要道、南北贼所过之处，鲜等当兼道速行。若有纵迹入出，便口靡速还，白消息。若无纵迹，取前符信，以所赍荷明作封，度狸诣管，白消息。还，会月廿八日，廖还。会月廿七日，明如节度奉行。

元康三年三月廿三日子时起塞曹。（暂编号DY：01）[1]

09dh-0木牍文书就内容和性质来说，属符信，即派人送信，强调送信沿途需注意事项，如发现问题，及时报告，并规定了在顺利通过的情况下，到达目的地的日期。发信者：龙勒县令。收信者：煎都南曲德侦候。发信日期：元康三年三月廿三日子时。开信处：县塞曹。木牍文书的格式与内容远比已发现的其他露布检完整，其所涉及的史地信息为传世文献所失载，这对我们进一步全面认识两晋以前官文书封检制度提供了宝贵的物证，对敦煌史地乃至边疆史地研究无疑也是难能可贵的资料。

我们参观完一层展厅，穿过上倾坡度的长廊，进入下一展厅。层与层衔接的长廊放置一些木制长凳，参观者能适时休息一下，如此人性化的设计使人暖心。“扶摇直上”共有五层建筑，按朝代分类，展品多得看不完。

---

[1] 石明秀. 敦煌一棵树烽燧新获简牍释考［A］//敦煌市博物馆.敦煌市博物馆学术论文集. 沈阳：北方联合出版传媒（集团）股份有限公司万卷出版公司，2018：6-13.

↑一位服务生主动推介敦煌市博物馆刚刚结集出版的学术文集，本书的写作多处引用其中的资料

汪梅枝老师正在写关于“鞜”（鞋）的文章，11:04，我将在敦煌市博物馆参观时拍下有关“鞜”的图片传予她参阅。

博物馆的出口处有商店，琳琅满目，有仿造的古玩饰品与器物，丝绸制的围巾和衣服，陶、瓷、紫砂等生活用具，玉石配饰，图书等。在此有沙发休息区域，坐中老者居多。先金还是直奔右侧的图书展区，挑选三册：

（1）敦煌市博物馆：《敦煌市博物馆学术论文集》，沈阳：万卷出版公司，2018年版。

（2）方竹平：《佛法概论》，上海：学林出版社，2012年版。

（3）萧平实居士：《禅悟前与悟后》（第二版），成都：四川大学出版社，2010年版。

沉甸甸的《敦煌市博物馆学术论文集》让我倍感亲切！因为我担任图书馆馆长一职多年，每年年底在馆内召开学术交流会，对催交论文之不易深有感触，馆员们既要工作，又要做学术研究，况且人员的学术水平又参差不齐。敦煌市博物馆馆长石明秀说：“文博事业，保护是根基，研究乃灵魂。敦煌市博物馆全体文博工作者始终自觉秉承‘保护文物就是保护中华民族血脉’的文化和道德自觉，在敦煌文物研究方面驰而不息，久久为功。敦煌市博物馆为加强敦煌文物的研究，以‘高端、学术、前沿、创新’为工作宗旨，专门在2017年成立了学术科研部，通过举办学术会议、聘请专家讲座、出版学术论著及申报科研项目等多种形式，不断营造学术氛围，开拓员工们的学术视野，提升敦煌市博物馆的学术科研水平。”[1]

12:24，解决我俩午餐的是“唏嘛香”牛肉面，对饮食不甚在意的我们，自此知道了“唏嘛香”牛肉面为全国连锁店。在博物馆内走走停停了约2个半小时，腿脚胀胀的，有点累了，在凉爽的店铺内安坐下来，点两碗牛肉面，两人不紧不慢地享用这么惬意的一顿午餐，本身就是一种享受！因住处就在博物馆近旁，我俩散散步就回去小憩。

15:40，吴导接上我俩，告知大家排队等了两个多小时，而进入窟内看壁画却短短不到半小时，很是辛苦！

我们会合，发现大家情绪稍有低落，看来莫高窟游客多、排队等候的时间长、参观内容又极少等因素，很是影响了团队人员的心情，就当是一段故事说笑着一带而过。

向下一个考察地点：新店台佛爷庙湾的东汉墓与西晋墓进发。

---

❶ 敦煌市博物馆. 敦煌市博物馆学术论文集［C］. 沈阳：万卷出版公司，2018.

十六 另一个世界的辉煌

新店台佛爷庙湾的汉唐墓群位于敦煌市东南的戈壁之上，是对这座历史文化名城所经历沧桑的生动而真实的反映。现在已发掘面世供游人参观的两座墓为东汉和西晋时期墓葬，其中西晋墓最为有名。

汽车载着我们很快进入沙漠之中，越向前行进，越是荒凉，不见一棵树、一片草，远处大大小小全是不同时期的坟包。

↑进入墓葬区（2018-08-08） 赵海丽 摄

16:00，汽车驶入沙漠地带的墓葬区，各家族墓地外观设计与建造风格不同，有一面墙的（像家庭院落的影壁墙），有只是竖碑的，也有既竖碑又砌墙的。因风沙大，坟包易被刮平难寻，因此，大多墓地上排垒着砖头或小石块，周边也有堆垒石块为标识的，还有的用碎玻璃来围圈。

小小的沙色建筑就是展厅兼工作人员的住处。建筑正门上方书写：国家级文物西晋壁画。右侧玻璃上贴字：佛爷地下画廊；伏羲·女娲、青龙·白虎、朱雀·玄武。左侧玻璃上贴字：尘封千年历史；子期听琴、伯牙抚琴、李广骑射。全是重点介绍性文字。无论环境如何恶劣与困难，人们都将崇美之心表现得淋漓尽致，展厅正门两侧建有花坛，绿意正浓，给荒凉的戈壁葬区带来一片生机！

↑展厅兼工作人员的住处（2018-08-08） 赵海丽 摄

这里最有名的是西晋画像砖墓的出土藏品。在一位拿着手电筒的工作人员——一位老先生和其助手的引领下，我们一行走向西晋墓的墓穴内考察。

↑考察戈壁西晋墓（2018-08-08） 赵海丽 摄

该墓始建于西晋年间，墓深11米，宽2米，以45度斜坡向下延伸，建筑风格为砖雕仿木结构，通过力学原理，靠青砖干垒而成。其结构为双室，顶部为覆斗形，顶中央镶嵌莲花砖，画像砖主要集中在高大的照墙上，一砖一画，主要内容有四神兽、李广射虎、生活世俗等七大类。虽比莫高窟壁画艺术早一个世纪，但与莫高窟壁画艺术有着共同的渊源关系。这对于探讨莫高窟壁画艺术起源具有重要意义。

主墓室的右上角有盗洞，盗墓者非常专业，取砖的位置很准，如果从其他地方取砖，我们今天恐怕就看不到这精美的砖画墓室了。主室左

↑外照墙画像砖与内室覆斗形顶莲花砖（2018-08-08） 赵海丽 摄

右两边当时摆放的是夫妻合葬的棺木，后方画像是男女墓主的画像，由于墓被盗，墓主人的确切身份无从考证，从留存的器物上推断为当时当地的大户阴氏家族。两侧为耳房，分别是厨房和卫生间。墓室四角突出的砖是灯台，当时都绘有兽面，现在只剩下西南角灯台上的兽面依稀存在，其余的因年代久远已完全脱落。这座墓室内的所有彩陶、青铜器陪葬品及棺椁里的首饰全部被盗，只剩一盏非常有价值的长明灯和部分土陶，长明灯现由甘肃省博物馆收藏，粮仓部位的部分画像砖在敦煌市博物馆展出。

考察完两座古墓，我们一行回到展厅稍事休息，也与老先生攀谈起来。老先生姓徐，山东菏泽人，已80岁有余，身体很硬朗。在敦煌戈壁大漠遇到菏泽老乡，倍感亲切，我们自然也要问徐老先生一连串的问题，什么时候离开菏泽？为什么离开老家？怎么来到敦煌？为什么已退休的年龄来到这里管护墓葬？徐老先生一一道来，自20岁参军就离开了菏泽老家，转战祖国大江南北，哪里需要就到哪里去。20世纪60年代，国家在实验原子弹时，他随部队修路通往罗布泊。1962年10月中印边境自卫反击战时，他所在部队修过碉堡。随着职务的升迁，他到过甘肃诸多地方，并在建设兵团一干就是多年。“文革”时期，他在兵团当教员管过知青工作，成为建设兵团的老领导。转业后，在地方上又工作了几年，在瓜州商业局局长职位上退休。老先生说，铁打的营盘流水的兵，几经周转，最终退休于此地，现在出来谋个闲职。敦煌考古研究院招募古墓管理员，年轻人不爱来，徐老先生虽已不年轻了，但他不愿退休后坐吃国家养老金，不服老的他最终选择来这里守护国家级文物西晋壁画古墓。老先生于闲暇时拓印了不少古墓壁画宣传资料，以供游人欣赏存念（照片背景墙上的悬挂品）。见到千里之外而来此地考察的老乡，徐老先生谈着往事兴奋不已，主动提出引领我们再去参观东汉墓，如此，我们一行又多了一份眼福。

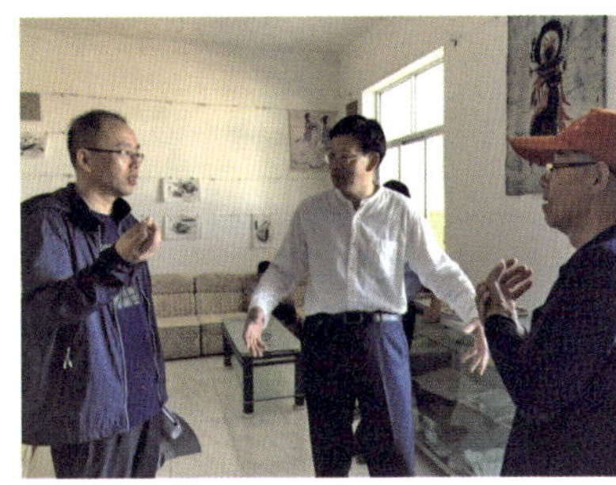

↑山东老乡徐老先生（右1）（2018-08-08） 李如冰 摄

东汉墓虽比西晋墓早，入口也有高大的照墙，但墓葬规模与画像砖的精美度都远不能与西晋墓相媲美。

徐老先生不平凡的人生经历，让我们钦佩不已。团队购买了这里摆放的图书、拓片、明信片等资料，以示资助。

↑东汉墓照墙（2018-08-08） 赵海丽 摄

返回敦煌市区，我们一行又参观了敦煌画院。讲解员将我们带到一位画家临摹榆林窟第25窟南壁《观无量寿经变》作品前，并详细讲解壁画内容：第25窟为吐蕃统治敦煌时期的代表洞窟，其南壁《观无量寿经变》是依据《观无量寿经》绘制，中间为《观无量寿经变》的主体部分——极乐世界，左右两边为该经的序分部分十六观和未生怨……

第一次听到这样轻柔、详尽的壁画故事解读，尤其是对一幅经典壁画极乐世界歌舞升平景象绘声绘色的描述，突然有一种要将之整理成文的冲动。其实壁画故事已整理成篇的内容，三天三夜也讲不完，已出版的图书也不在少数，或许这就是佛在心中的一份缘分。想到佛教在民众间的广泛传播，不外乎这种口耳相传、面授经义、庙宇弘扬等方式，短短的图画讲解这种口耳相传的形式，却让我感受到一种符号在心中留下了一点痕迹，撩起一丝涟漪。站在壁画前的感触与遐思，是人人都会有的，20世纪初的斯坦因也不例外："像这一类描写佛教净土同人天共存的画，内容是那样无微不至，画笔是那样精致，色触又是那样强烈生动，展阅之余，肃穆和平之气扑人眉宇，同时音乐上轻快流动的情绪似乎也传入画中，我们还可以欣赏得到。"[1]

晚餐是在一家清真店，设在画院内，心灵与胃口都需要滋养，这家的经营理念精准贴心。在洁净的长条桌摆上清一色的素食，慢慢咀嚼、品味，时时抬眼望望墙上挂的禅意小画，享受这样雅静的环境与文化，我们将此定义为"晚宴"，"宴"就该是这种有品位的模样。

[1] [英]奥里尔·斯坦因．斯坦因西域考古记[M]．向达，译．乌鲁木齐：新疆人民出版社，2010：203.

十七
寻找悬泉置遗址

2018年8月9日，星期四，晴。今天是河西走廊简帛出土遗址考察之行的第四天。

9:55，我们办完退房手续，离开敦煌奔往瓜州方向。

今天的主要考察地点是悬泉置遗址。宁登国老师是今天的导游，向我们每人传发了三份资料：

（1）伟大的发现：敦煌悬泉置遗址发掘往事；

（2）悬泉置遗址出土汉简情况；

（3）《元致子方书》原文。

10:00，宁老师开讲。车向东北方向行驶。白云在蓝天衬托下似丝带般飘移，又是一个艳阳高照的好天。

10:10，加油站。车的油箱密封垫坏了，只要低速运转至某一数值，就有汽油味弥漫出来，充斥在车厢内外。刚开始，我们不知怎么回事，难闻的汽油味浓得让我们不安，担心车存在安全隐患。达师傅解释，昨天途中发生因无油而抛锚的意外，返回住地后他将车开到修理厂检修，确认是车的油箱密封垫坏了，但遗憾的是全敦煌市也没找到新件更换。出行前，先金曾一再强调安全最重要，对无配件的现实也只能无可奈何，待到下一站瓜州再看看能否买到新配件。

10:30，耽误近半小时，我们继续前行。

10:35，路过新墩村。网络上的介绍只有寥寥数语："新墩村是敦煌市莫高镇的一个行政村，毗连新店台村、窦家墩村，地处要塞，社会和谐稳定，四季分明。"很快就看见了敦煌火车站。敦煌火车站站址在敦煌市莫高镇，外观大气，正大门似双阙楼造型，蓝瓦，门顶端蓝瓦色系框内"敦煌"两个大字，十分醒目。路边有宣传标语：加强文化交流，促进民心相通。

11:25，车右侧山的形状呈现与敦煌的完全不同，沙土成岩，重峦叠嶂；左侧戈壁滩，一股一股的骆驼刺植物包隆起。网络地图搜索显示，这里南靠三危山支脉火焰山，北临西沙窝盐碱滩。公路与铁路线平行向前延伸，并且此地高速往返的道路是分开修建的，形成三股平行线。车行驶在高速路上，跑起来汽油燃烧得充分，车内就闻不到汽油味，让我们放心不少。

11:40，进入绿洲。路过第三道高架桥时，登国在读《趣味简牍》一书中关于《元致子方书》的译文。登国讲解结束后，大家展开讨论，关于过所、驿传……

11:42，标识牌出现在眼前：离瓜州仅有1公里。经过一个卖瓜果处，有着非常简易的房舍与临时搭建的棚子（后来才知道，此是甜水井服务区），咨询路人，才知道悬泉置遗址离此地只有4公里远，因修路的缘故，开往悬泉置的高速出口被封了，我们需要改变路线。先金决定先直接开到瓜州吃午饭，再回过头来寻找。临近瓜州地界，出现几座高架桥。

先金评议登国老师的讲解准备充分，资料翔实，接着针对悬泉置，建议大家扩展思考以下几个问题。

1. 围绕文学思考

突出点：

（1）简牍量大，发现文学内容，不受日本传统的文学概念影响；

（2）文学与社会生活历史事件的掺杂。

几个点：

（1）驿、置在文学传播中的作用（文学流、文化流）；

（2）信札文学（当时信的格式及形成过程，信传播过程，文化含量研究要透）；

（3）文体与法的文学（法律文学，其文学性不高，放大就是事件，如夸父逐日是想象事件，想象力的再加工，百姓接受想象流传等）。

2. 从文学角度视野再发现简牍

（1）事件；

（2）人物；

（3）文本；

（4）现场感。

3. 文学教育

丰富文学生活，有故事文学世界，有文学再加工，再挖掘，再建构文学场，为他人建立文学世界。记录过程是基础，各种发现、事件，法律案件，就是很好的文学现实。

11:56，车经过瓜州南收费站。

12:00，吴导说，离瓜州县还有18公里。

12:38，见路边有一家小饭店“乡村人家面馆”，我们停歇下来。巧的是，这里是瓜州县南岔镇十工村村委会。

12:41，手机收到瓜州县旅游局发布的公益广告：世界遗产圣地，醉美丝路瓜州，草圣故里灵秀，玄奘之路雄奇，魅力瓜州欢迎您！

我看见村委会附近干活的工人，想咨询当地的一些民俗等信息，他们都摇头说不是本地人，不清楚；再问一位正在开店的大娘，似乎她的戒备心也很强，不愿多说些什么。我注意到过往的拖挂卡车很多，说明经济发展还行。小店门口支着遮阳伞，伞下放着桌椅，先金和我在此处休息一会儿，看看书。苗院长等人在小饭店内歇息，几位女老师到另一头露天市场买瓜去了。路边餐店，过往人员少，一下子来了我们一行人，店主夫妇俩都忙不过来了，辛苦并快乐地干着活。女老师们直接上手刷碗洗盘，个个都是上得了厅堂，下得了厨房。

↑十工村村委会（2018-08-09） 宁登国 摄

↑上得了厅堂、下得了厨房的女老师们（2018-08-09） 赵立伟 摄

午餐是拌面。我们想象中的拌面就是一人一份，面和菜拌在一起的，而此地一份拌面是菜和面各一盘（套餐），12个人就是12份，24个盘子和碗一个挨一个，多得摆不开。

13:38，吃完拌面，我们一行向敦煌市方向返回，继续寻找悬泉置遗址。

13:45，上高速，标识牌告知，这里是广至乡南岔镇。

14:31，又一次经过甜水井服务区指示牌。车辆横跨大桥驶向甜水井服务区方向，上了土路。寻找悬泉置遗址可真不容易。手机导航告知到了，车开到戈壁滩上，没有路了。戈壁滩上本就没有路，所说的"路"就是一条条的沙沟。在能见范围内没有发现遗址，遭遇不顺，但大家的勇气不减，在前开道的先金与登国兵分两路继续寻找。先金带一路人行走在阴暗的沙沟谷底，登国独自攀上烈日下的山崖。天上烈火般的太阳直射戈壁，地上滚烫的沙漠烘烤，天地就似一个大烤箱或桑拿室，对于每个人都是一场考验。

眼见登国不停向山峰顶端攀爬，家宇随后也向上攀行，快到半山腰了。大家都知道上山容易，下山艰难。开始手机还能联系上，快到山顶时就没了信号，手机通不了。天太热，他们都没带水，又联系不上，我们几个有点着急了，尤其是赵立伟老师，也向岩坡上急奔，边跑边喊家

↑一片生机的沼泽地（2018-08-07） 蔡先金 摄

宇和登国赶快下山。

我们三人站在原地眼见登国一点一点地向下移，在向我们靠近，心

↑起伏的火焰山（2018-08-09） 宁登国 摄

中安稳了不少。一家三口会合后返回沙沟；很快，先金、戴永新、刘雯三人也走出谷底，大家会合了。虽然费尽气力也没有找到悬泉置，却让我们团队人员更有凝聚力，登国说："心中有目标，脚下有动力！"

经询问了解到悬泉置遗址的准确方位，我们发动车，经过甜水井服务区，在沙地上与高速公路平行向前行驶（瓜州方向）。

15:53，我们来到甜水井墩烽燧遗址，此处是计划外的收获。因为一直在寻觅，见到一处古遗址，我们都兴奋不已，下车考察，看遗址刻碑介绍，并拍下遗址周边现状。我注意到，此烽火台用芦苇、红柳和沙砾叠压筑成，我们站立之地周围的沙石颗粒大，而烽燧坍塌下来的泥土很细，遥想当年建造这处烽燧的材料还是经过精心选制的。甜水井墩烽燧遗址周围50米内还分布有4座烽燧。

这里离悬泉置遗址只有4公里了，希望就在眼前！

↑甜水井墩烽燧遗址（2018-08-09）蔡先金 摄

没有任何选择，必须继续前行，好在手机有信号导引，戈壁滩沙石很硬，车子可正常行驶，在靠近火焰山的山根底下行进着。远远看见似有太阳能板，在烈日下闪闪发光；不久就见到太阳能板附近有一栋房子。我注意到临近路的一个拐弯处，左右各有3个水泥方柱，高不过半米，作为文物保护桩，起路标指示作用，亦告知此路到底。周边的戈壁上滩骆驼刺团团簇簇。

刚才还在车上阅读着登国发的《伟大的发现：敦煌悬泉置遗址发掘往事》，文中介绍，当年考古工作者寻找新发现的文物点（当时，那里没有名字，更没有悬泉置这个称呼），在戈壁荒原中经历了三次跋涉，最终找到了悬泉置遗址。我们此程也是千难万险方见“庐山真面目”。

↑守护（2018-08-09） 赵海丽 摄

悬泉置遗址位于安敦公路甜水井道班南侧1.5公里处的戈壁荒漠中，地处祁连山支脉三危山山前沙砾冲积扇上，海拔1700米。其东有鱼离置，西有遮要置，南通悬泉谷悬泉水，北与疏勒河流域汉代长城烽燧遥遥相望，为汉唐年间安西与敦煌之间往来人员和邮件的一大接待、中转驿站。这里东去安西56公里，西去敦煌64公里。该遗址是公元前2世纪至公元3世纪汉代设立在丝绸之路上接通中原与西域诸国的重要驿站遗址。

悬泉置创建约在西汉武帝元鼎年间，前后使用400余年。1990—

1992年，甘肃省文物考古研究所在该遗址发掘出土35000枚简牍，其中有字者约23000枚，其内容涉及汉代中央到地方以及邮置系统的各种文书、簿籍、信札、日书、历谱、医方、相马经以及佚书等。其中纪年简约占总数的1%。最早者为汉武帝太始三年（前94年)，最晚者为东汉和帝永元十三年（101年)，以昭帝和王莽时期者为最多，年号基本可连续。部分简牍提供了丝绸之路的详尽路线走向和沿途国家及地区的历史资料。悬泉置大量简牍的问世，对我国古代西北地区的政治、经济、军事、法律、中外交流、民族关系、邮驿制度、水利建设、农业耕植、农艺技术、畜牧养殖、粮食储运及管理的研究奠定了雄厚的资料基础，其学术价值具有深远的意义。原简现藏于甘肃省简牍博物馆。发掘简报、概述及部分释文发表在《文物》2000年第5期上。

↑俯视悬泉置展示图版（2018-08-09） 赵海丽 摄

↑悬泉置复原图模型图（2018-08-09） 赵海丽 摄

悬泉置遗址，因出土的汉简上书“悬泉置”三字而定名。其名取之南侧山中的悬泉水。据出土简文记载，西汉武帝时称“悬泉亭”，昭帝时改称“悬泉置”，东汉后期又改称“悬泉邮”，魏晋时曾废弃。唐以后复称“悬泉驿”，宋以后又废置，清代又称“贰师庙”“吊吊水”。

悬泉置遗址是一座方形小城堡，门朝东，四周为高大的院墙，边长50米，西南角设突出坞体的角楼。坞墙系用长、宽、厚分别约40厘米、20厘米、11厘米的土坯垒砌而成。坞内依西壁、北壁建有不同时期的土坯墙体平房3组12间（内含一个套间），为住宿区；东、北侧为办公区房舍；西南角、北部有马厩3间；坞外西南部建有一组长约50米，呈南北向的马厩3间。坞外西部为废物堆积区。

悬泉置遗址的考古发掘，在我国考古史上第一次发现了汉代驿置机关遗址，被评为1991年度和“八五”期间全国十大考古发现之一。2001年，该遗址被公布为第五批全国重点文物保护单位。

16:00，真正的悬泉置遗址到了。守护者史老师夫妇热情地接待了我们。

史老师高高的个头，黑黝黝的肤色，一看就知是长期风吹日晒所致。他五十来岁，身强力壮的体魄，一脸憨厚质朴，一看就是个实诚人。他告诉我们，作为守护者，他在此处工作了8年，对这里的一切了如指掌。他的住处离遗址有点距离，我们一行在他的引领下走向悬泉置遗址。遗址的外围就是简易的铁丝网圈围着，锁就是我们平时自行车上的铁链锁，似乎与我们想象中的守护这么重要的古遗址该是铜墙铁壁般牢固不同，一切都是再熟悉而又简单不过了。

打开小小的铁网门，史老师一马当先，宁家宇小朋友紧随其后，第一个跨进悬泉置围栏内。团队成员快速跟上史老师的脚步。通过长长的石子（从别处运来的）路，大家逐渐拉开了距离。我将所看见的物品一一拍下来，包括这里沙土制成的垃圾桶，生怕错过些什么。

↑简易铁网门（2018-08-09） 蔡先金 摄

走过石子路，就进入了遗址参观路线。为方便游客参观，考

↑走进悬泉置（2018-08-09） 吴龙 摄

古工作者想得很周到，沿着遗址建了一圈防腐木栈道，沿线有多处标识宣传牌，每个牌上都有地形图与文字讲解。

"邮"，《说文》曰："邮，境上传书舍也。"《尔雅》曰："邮，驿也。"应劭言："汉改邮为置。置者，度其远近之间置之也。"汉简中能见到的邮驿机构名称有置、驿、传舍、厩、邮、亭和骑置。在邮驿系统中，服役者有戍卒、官徒、邮人或驿骑。置的最高长官是丞，丞下设有置啬夫（佐）、厩啬夫（佐）和厨啬夫（佐）。元帝后不见"置丞"，仅见置啬夫（佐）和厩啬夫（佐）。推测较大的置（如悬泉置）或驿是设有实库的。

汉代从长安至敦煌共有置80余处，汉敦煌郡有置9处、亭60个、邮2处。"置"是一种邮驿名称。在古代，步递曰邮，马递曰置。悬泉置的行政级别相当于县级，负责沿途一切重大事务，县府则侧重于后勤供给。

当走到出土简牍最多的坞外西部废物堆积区时，我们放慢了脚步，简牍出土地是我们考察的重点。简牍以木质为主，竹质极少，按形制可分为简、牍、觚、两行、封检、削衣等6种。简牍文字的字体有正规的隶书、草书和半隶、半草的草隶体；还有习字者所书的小篆和楷体字。简牍文书大多数编绳腐朽，多已散乱，有比较完整的册子50余个。编册完整者多为细绳编联，分两道和三道两种。有先编后书者，也有先书后编者。

↑近距离接触（2018-08-09） 宁登国 摄

遗址出土的大量简牍文书生动地记载了过往人物活动情况，保留了大量西域各国使者途经悬泉置的有关记录。

“少酒薄乐。弟子谭堂再拜请。会月廿三日，小浮屠里七门西入。”[1]区区一简24字，前11个字字体稍大，后13个字稍小。该简弥足珍贵，佛教沿丝绸之路由西域传入敦煌的最早记载非它莫属，该简也是迄今所见汉文最早的请帖。

《康居王使者册》为传世文献中所鲜见生动记载和反映中西外交风波的典型例证。该册有简7枚，两道编绳犹在，字迹清晰，内容完整。长度均在23厘米左右，前4枚宽度在1厘米左右，后3枚中间削成脊形，称两行，两种不同形状的简编为一册，木质为柽柳。

简4—10：

康居王使者杨佰刀、副扁阗，苏薤王使者姑墨、副沙囷即贵人为匿等皆叩头自言：前数为王奉献橐佗入敦煌［关，县次购食至酒泉，昆归官大守与杨佰刀等杂平直肥瘦。今杨佰刀等复为王奉献橐佗入关，行道不得，］［食至酒泉，酒泉大守独与小吏直畜，杨佰刀等不得见所献橐佗，姑墨为王献白牡橐佗一匹，牝二匹，以为黄，及杨佰刀］等献橐佗皆肥，以为瘦。不如实，冤。

永光五年六月癸酉朔癸酉，使主客谏大夫汉侍郎当移敦煌大

[1] 郝树声，张德芳. 悬泉汉简研究［M］. 兰州：甘肃文化出版社，2009：186.

守，书到验问言状。事当奏闻，毋留，如律令。

七月庚申，敦煌大守弘、长史章、守部候修仁行丞事，谓县：写移书到，具移康居、苏薤王使者杨佰刀等献橐佗食用穀数，会月廿五日，如律令。/掾登、属建、书佐政光。

七月壬戌，效谷守长合宗、守丞敦煌左尉忠，谓置：写移书到，具写传马止不食谷，诏书报，会月廿三日，如律令。/掾宗、啬夫辅。（Ⅱ90DXT0216②:877-883）[1]

全文四部分共293字。主要讲康居王使者和苏薤王使者及贵人前来贡献，在酒泉评估贡物时，酒泉太守徇私舞弊，白骆驼成了黄骆驼，如此发生了纠纷，康居王使者将其控告至中央，汉王朝不护短，不褊狭，秉公调查处理，妥善化解了一场因地方官吏舞弊引起的外交纠纷。

《过长罗侯费用簿》记载了这里的职官人员于元康五年（前61年）正月，接待第五次过往悬泉置、去乌孙国商讨和亲事宜的长罗侯常惠使团（率军长史、军候、司马、都田佐等70人）的情况，即悬泉置接待食宿的人数和消耗的食品数量等情况。

悬泉置出土的关于西域的资料主要见于过所文书和乘传驾车簿等文书中。这些文书均详细记载了过往人员的数量、身份、任务、去向等，连外国宾客亦不例外，是研究西域关系史的重要资料之一。从昭帝以后的简文来看，经常来往于汉廷且关系密切的有：婼羌、楼兰、且末、小宛、精绝、扜弥、渠勒、于阗、莎车、疏勒、温宿、姑墨、龟兹、乌垒、渠犁、尉犁、焉耆、危须、狐胡、车师、卑陆、乌孙、皮山、蒲犁、大宛、大月氏、罽宾、康居等。[2]

---

[1] 郝树声，张德芳. 悬泉汉简研究［M］. 兰州：甘肃文化出版社，2009：197.

[2] 何双全. 简帛［M］. 兰州：敦煌文艺出版社，2004：233.

该遗址出土的题为《使者和中所督察诏书四时月令五十条》（又名《四时月令五十条》）的简，作于汉平帝元始五年（5年），为我们所看到的诏条中极为特殊的一例。该诏条出自F26、F27房内，最初写在室内墙壁上，后因墙壁坍塌而成碎片，出土大小不等的残块203块。大部分为长期涂抹多次书写的多层墙壁墨书，少部分为一次书写。经整理复原，F26:6比较完整，长222厘米、宽48厘米。用黑宽线勾出边框，中间用红色分隔号分栏，然后书写文字，共101行。

悬泉置出土了帛书10件，均为私人信札，题目《元致子方书》由整理者所拟。该帛书出土时折成16折，受潮后墨迹浸洇，正面字下可看出浸染的反体字影。帛书长34.5厘米，宽10厘米，黄色绢帛，墨书隶体，共322字。抬头一行6字，落款一行18字；正文8行，每行29—43字不等，原始编号Ⅱ90DXT0144③:611。该帛书是目前所见两汉出土文献中"所见字数最多、保存最完整的汉代私人信札实物"[1]。《元致子方书》信札全文[2]如下：

元伏地再拜请：

子方足下善毋恙，苦道子方发，元失候不侍驾，有死罪。丈人、家室、儿子毋恙，元伏地愿子方毋忧。丈人、家室，元不敢忽骄；知事在库，元谨奉教。暑时，元伏地愿子方适衣、幸酒食、察事，幸甚！谨道：会元当从屯，敦煌乏沓（鞜），子方所知也。元不自外，愿子方幸为元买沓（鞜）一两，绢韦，长尺二寸；笔五枚，善者，元幸甚！钱请以便属舍，不敢负。愿子方幸留意，沓

---

❶《中国文物精华》编辑委员会. 中国文物精华［M］. 北京：文物出版社，1997：237.

❷《元致子方书》帛书信札全文引自：郝树声，张德芳. 悬泉汉简研究［M］. 兰州：甘肃文化出版社，2009：259-260. 笔者据《悬泉汉简研究》录文自行句读。

（輅）欲得其厚，可以步行者。子方知元数烦扰，难为沓（輅）。幸甚幸甚！所因子方进记差次孺者，愿子方发过次孺舍来报，次孺不在，见次孺夫人容君来报，幸甚！伏地再拜。子方足下！

●所幸为买沓（輅）者，愿以属先来吏，使得及元，幸甚！元伏地再拜再拜！

●吕子都愿刻印，不敢报，不知元不肖，使元请子方，愿子方幸为刻御史七分印一块，上印曰“吕安之印”。唯子方留意，得以子方成事，不敢复属它人。

●郭营尉所寄钱二百买鞭者，愿得其善鸣者，愿留意。

自书：所愿以市事，幸留意留意，毋忽异于它人。

该帛书大约写于西汉中后期[1]，现藏于甘肃简牍博物馆。针对《元致子方书》，在来甘肃河西走廊之前，笔者曾写过一篇论文《悬泉帛书〈元致子方书〉所涉及人物关系》。论文摘要内容如下：以甘肃敦煌甜水井悬泉置遗址出土的西汉帛书《元致子方书》为文本，根据信札内容分析了人物之间的关系。围绕关于“知事在库”、“丈人、家室，元不敢忽骄”、家眷随从戍边、“从屯”现象普遍等方面展开论述，推测“元”为都尉、候官以及置或驿的库吏人员。由信札结尾等处文字的书法风格与正文有别，明确该信札由代笔所为，论述了代笔者的身份与作用。

悬泉置出土了一枚木简，长23厘米，宽0.8厘米，简上抄录《论语·子张》篇残文，原始编号为V92DXT1812②：119。简上文字与传世本《论语》的文字略有小异，在版本学和校勘学上有一定价值。《论语》残文的发现，为研究儒家学说在河西的传播提供了重要依据。

---

[1] 马啸. 汉悬泉置遗址发掘书学意义重大［J］.中国书法，1992（2）：45–49；胡平生，张德芳. 敦煌悬泉汉简释萃［M］. 上海：上海古籍出版社，2001：188.

悬泉置出土的部分里程简，连同20世纪70年代出土的居延汉简里程简（又称“传置道里簿”）弥足珍贵，构成了汉代长安至敦煌的里程表，清晰地记载了汉代丝绸之路驿传设置和行程路线。

东段线路：从长安出发，沿泾水河道西北走，经平凉、固原绕过六盘山，在靖远过黄河，再穿过景泰和古浪到武威，经河西四郡出敦煌。

羌中道路：从长安出发，沿渭水河道西行，经宝鸡、天水、临洮，而后进入青海，横穿柴达木盆地，从索尔果里到婼羌。

两条东、西平行的道路中间，还有两条支线，可以南北互通。一条是临洮到兰州，沿今312国道进入武威；一条是经青海扁都口到张掖。

东段线路是官员、使者和商旅的首选，只有当这条路线受阻时，人们才选择羌中道路。直到汉平帝元始四年（4年）羌人才献出青海湖一带而成立西海郡，所以整个西汉时期羌中道几乎无法通行。即令选择渭水西进，到了临洮也得向北经金城进入武威。

悬泉汉简证明汉代丝绸之路涉及的西域胡商与物品交流都是真实存在的。丝绸之路是中国与西方各国文明相互交流的通道，伴随丝绸之路交通和贸易的繁荣，中西方之间的物种得到了广泛的传播，西域地区的苜蓿、葡萄、石榴、核桃、黄瓜（胡瓜）、胡麻、胡椒、胡萝卜、胡荽（芫荽）、蚕豆、西瓜、大蒜、棉花等物种陆续传入中原，极大地促进和丰富了古代中国的物质文明。同时，它也见证了中西方以丝绸为媒介缔结的深厚友谊，正是在这个意义上，“丝绸之路”又称为“对话之路”“友谊之路”。2014年6月22日，悬泉置遗址作为中国、哈萨克斯坦和吉尔吉斯斯坦三国联合申遗的“丝绸之路：长安—天山廊道的路网”中的一处遗址点而成功列入《世界遗产名录》。

我们考察遗址后，又回到室内看展，守护者史老师夫妇居住的“家”，既是一般人家，又是小小博物馆，门厅四周墙面上张贴着介绍与宣传图板。热情好客的女主人切好西瓜让我们解渴。吃瓜，交流，合

↑胜似亲人（2018-08-09） 赵立伟 摄

影。我们边吃瓜边看展，边与史老师夫妇聊起来。史老师告诉我们，他们夫妇俩在悬泉置遗址工作8年间，平时很少有人来，像我们一行这么多人来此考察的更是少见。人多热闹，人气旺盛，也给这个小小驿站之家带来了欢乐。因我的手机照片空间有限，就对正在拍照的季芳老师说：多拍点，收存一些资料。

我们看展板，似乎就是与阴阳两隔的古人对话。听听那《细君公主歌》：

吾家嫁我兮天一方，远托异国兮乌孙王。
穹庐为室兮旃为墙，以肉为食兮酪为浆。
居常土思兮心内伤，愿为黄鹄兮归故乡。

再来看看纪录片《河西走廊》第三集诠释了这里曾经发生的许多故事……

↑前行的脚步（2018-08-09） 蔡先金 摄

围绕写着“悬泉置遗址”五个朱红大字的巨石，有一种终于相见的亲切与爱恋，近距离依偎，吴导为我们按下快门，定格下我们的身影。野外风大，在耳边呜呜作响，有帽子被刮掉的，有帽檐被吹翻的，也有用手紧拉帽檐的……但任何困难都阻挡不了我们前行的脚步。

17:20，我们与史老师夫妇挥手告别，原路返回到甜水井服务区，再上高速。

下一个考察地点是破城子遗址和锁阳城遗址。车上大家还是很兴奋，宁家宇小朋友背诵古诗（小家伙好厉害，大脑就似电脑般，一首首古诗词脱口而出）；老师们谈着儿时干农活的经历，后来努力学习参加高考等许多往事……

↑悬泉置遗址（2018-08-09） 吴龙 摄

十八
“丰收”与“常乐城”

18:07，路牌指示：您已驶出疏勒河自然保护区。瓜州县1公里。

18:35，进入绿洲。显然这里的土壤已改良得接近东部中原，种植的庄稼、蔬菜与花卉种类繁多。《敦煌》写卷“万顷平田四畔沙，水流依旧种桑麻”，至为典型地描写了这种在荒漠上耕作文明的精神。此情此景，想起儿子蔡则可于几年前临摹梵·高的一幅作品《丰收》，后来作为礼物送给我泉州的老同学。

↑丰收（油画） 蔡则可临摹作品

斯文·赫定在《丝绸之路》中曾言：“我想象着一幅幅感人至深的画面和热气腾腾的生活情景，憧憬着技术进步将给这片土地带来的灿烂前景，幻想着人的创造力将得到空前的发展，使人为之目眩。”[1]

18:41，见到人家了，是个村落，不知何名。有大片的玉米地。

18:44，不觉间到了常乐城（破城子），我们自然停车，做一番考察。

破城子遗址位于瓜州县锁阳城镇常乐村西，在我看来村与遗址就是一沟之隔，地理坐标为北纬40°18′，东经95°54′，海拔1292米。当地人历来惯称“破城子”为“常乐城”，如此有反差的名字，我更喜欢“常乐城”之名，无意间与“丰收”有了和谐与关联。城东、南、北三面为耕地，自瓜州到锁阳城镇公路，从该城址西侧由北向南穿过，也正是因为这条公路穿过此处，所以我们毫不费力地找到了（其实也是偶遇）破城子遗址。

↑丰收（2018-08-09） 赵海丽 摄

在破城子遗址处遇到一位老者，三轮车上拉着红枸杞、黑枸杞、谷物、草药等货物，言买点物品便能进去考察，对于我们一行来说，这一条件当然不是难事。

↑校长与老者（2018-08-09）
赵立伟 摄

遗址自外到内有几处所谓门的口，有的是原门，也有坍塌而形成的豁口，很难辨别明了。老人身后就是一个小口，我们走了进去。

破城子遗址内城空间之大让我们惊诧不已。

❶［瑞典］斯文·赫定．丝绸之路［M］．江红，李佩娟，译．乌鲁木齐：新疆人民出版社，1996：217．

↑倩影（2018-08-09） 蔡先全 摄

据资料介绍，常乐城平面呈长方形，南北长250.6米，东西宽144.7米，面积3.6万余平方米。城墙夯筑，夯层厚0.12—0.14米，墙基宽4.5—6米，顶宽1.5—3.2米，高4.8—7.5米，四角筑角墩，门向北，门外筑瓮城。东、西二垣各设马面3座，每座间隔约70米，马面顶宽8米。

城内上层为唐代文化层，厚0.76米，内含水波纹白陶、灰陶片、花纹砖及“开元通宝”钱币等；下层为汉代文化层，厚0.90—1.20米，内含绳纹、水波纹灰陶片、夹砂红、褐陶片和烧骨。北墙外有南北长18米、东西宽15米的大型夯土台，俗称“望月台”。东墙外有汉代砖室墓，出土绳纹灰陶罐、瓮、灶、纺轮、铜镞、铁器等。如没有详细的资料介绍，我们已很难想象这里城内上层为唐代文化层。

城的外围为第四纪全新世沉积黄土，东城墙外紧靠冲沟，南墙外紧靠水渠及通往村庄、学校的便道；西南50米有通往锁阳城镇东巴兔村的公路。东南与踏实汉墓群、汉新沟古城、唐舍利塔（阿育王寺）相望，南与榆林窟、下洞子石窟相望，西北与汉八楞墩相望，正北与汉冥泽相望。可见“常乐城”为三足鼎立之形胜区，地理位置十分重要。城址保存较好，对研究河西汉唐史有重要价值。2006年5月25日，国务院公布该处为第六批全国重点文物保护单位。该城周边的古遗址，我们已没有时间一探究竟，按计划赶往锁阳城是当务之急。

↑破城子出入口（2018-08-09） 赵海丽 摄

↑破城子内城（2018-08-09） 蔡先金 摄

十九
锁阳城锁不住沧桑

19:00，从常乐城出来，经过一段草原区域，路牌警示：按《草原法》保护草原资源。我们不仅经历了有路灯的新农庄，还见到了蔬菜大棚，让我们吃惊不小，也分外欣喜。小苑农场也有一番清新……

沿路，刘雯为大家讲解“锁阳城遗址”。

巍然屹立的锁阳城遗址始建于西晋，兴于唐朝，在汉代是敦煌郡冥安县治所，西晋为晋昌县，隋为常乐县，唐为瓜州郡。今隶属于甘肃省酒泉市瓜州县。它位于河西走廊西端，集古城址、古佛寺、古渠系、古垦区、墓葬群为一体，是一座历经了1700多年的古代城池，保存有中国古代最先进的军事防御体系和农业灌溉水利体系，是目前国内保存最完整的州郡级城市样本。

锁阳城遗址的主城为长方形，南北长470米，东西宽430米。除主城外，还有4个瓮城，城的四周还筑有若干用以加固城郭的马面。此城久已废弃，但城垣仍然存在，高约9米，宽约5米，全为黄土夯筑而成，十分坚固。一条南北走向的墙把全城分成东西两部分，东城较小，约1.7万平方米，据说是当年驻军将领及其家属的驻地；西城较大，约16.5万平方米，据说是驻扎士兵的地方。全城东西长565米，南北宽468.72米，总面积27.49万平方米。城周围建有关厢，关厢前面地带宽阔，是养马、练兵的场所。关厢外西北角有小土堡两个，是关押战俘和处罚士卒的地方。城内布满沙丘、积炭堆、瓦砾和断垣残壁，长着红柳和沙生植物。西城内有一口深约1.5米的水井，水深1米左右，传说这口井是唐代薛仁贵西征途中被困在此城时挖的。井旁有两棵老柳树，传为唐人所栽。城西北角有一高大点将台，点将台旁有一大堆积炭层，传说是唐代哈密国元帅苏宝同占领此城时铸造兵器和起炊的遗址。

提前联系景区负责人，特别安排王导当我们的讲解员（正值下班时间，占用了她的休息时间）。王导告诉我们：要了解锁阳城古遗址，先得认识锁阳。锁阳是一种药材，能补肾、益精、润燥，对瘫痪和改善性机能衰弱有一定的作用。

锁阳城，原名苦峪城，建在安西县城东南约75公里的荒滩上。之所以改名为锁阳城是有故事的：唐代名将薛仁贵奉命西征，一路顺利，可是打到苦峪城后，中了埋伏，被哈密国元帅苏宝同围困在城中。唐军虽然多次冲击，仍然冲不出重围，只能固守苦峪城。一天天过去了，城中粮草快要断绝，老将程咬金杀开一条血路去长安搬救兵，薛仁贵号召将士节衣缩食，并亲自带人挖草根树皮充饥，以待援兵。有一天，薛仁贵发现城周围田地里生长的一种植物，名叫锁阳，味美甘甜，可以食用，便命令将士挖出来充饥。这里遍地都有锁阳，将士们挖吃锁阳一直坚持到程

↑远观锁阳城遗址（2018-08-09） 蔡先金 摄

咬金搬来救兵。后人为纪念锁阳解救全军性命一事，也有因物而名之意，就把苦峪城改为锁阳城。

↑卧虎（2018-08-09） 蔡先金 摄

锁阳城地处荒野深处，登城远眺，南面荒漠一片，远处祁连山峰洁白明净；北边，田野中大大小小的水泊湖池闪闪发光；西面，广阔的草原绿草如茵。城周围天阔地广，苍茫幽远，塞外风光尽收眼底。

当你登上锁阳城高大的城墙极目远眺内外城池，会有一种茫然缥缈的感觉。这里曾经的人声鼎沸，炊烟袅袅，皇朝更迭，空城御敌，战马嘶鸣，将士出征，大漠孤烟，长河落日……一切都留存在古人的诗文里，依附于散落在戈壁荒漠的古物上，是流淌在血液里的记忆和想象。

夕阳下的锁阳城最美，似鎏金涂抹，我们于锁阳城上留影，人与景交融，瞬间成永恒。

观光车在锁阳城的古道中穿行，经过红柳密丛至城郭外围，此时再看大漠余晖，更是美景无限。

在锁阳城东约1公里处，有一片土塔林，被当地人称为塔尔寺。据

↓等观来往（2018-08-09） 赵海丽 摄

史料记载，塔尔寺遗址为一处大型佛教寺院遗址，是唐、五代及宋元时瓜州地方官员及百姓进行祭祀的祠庙遗存，分布面积约1.5万平方米，考古推测为唐至西夏时期（7—13世纪）遗存。遗址区分为外围院落和内部寺院两部分。其中外围院落东西长约175米、南北宽约126米，南、北、西三面尚存墙基。内部寺院呈南北向长方形布局，长85米、宽41米。整体格局自南向北沿中轴线依次为山门遗址、大殿遗址、大塔和小塔群，中轴线两侧遗存包括对称布置的钟楼、鼓楼建筑基址以及其他一些附属功能用房的房址。塔尔寺遗址区现屋宇无存，只有一座高14.5米的大塔，另有五座小塔，均用土坯砌成，表面白灰涂抹。塔顶为覆钵式结构，底径约11米、残高8.5—9米，塔形庄严雄浑，十分壮观。塔尔寺门南向，东西两侧分置鼓楼及钟楼各一座、僧房数间，院墙

↑锁阳城上（2018-08-09） 宁登国 摄

↑庄严屹立（2018-08-09）蔡先金 摄

↑ 俯瞰众生（2018-08-09）戴永新 摄

正方形，面积1万平方米。据《大唐西域记》载，高僧玄奘法师赴印度取经路过瓜州，在此讲经说法半月有余。

王导带团做讲解多年，她说了一个故事，一次旅游团中的一位旅客脾气很差，一路上谁也没有他咋呼，好似看什么都不顺眼。但当他走到塔尔寺的大塔跟前，突然躬身下跪，一拜再拜，好似一位虔诚的佛徒。之后，就再也没听到他说一句话。还有她向我们展示了手机上的一张照片，是昨天夕阳西下时佛塔上所现一抹佛光，太美了！此时，无论我们怎么拍，都不见了佛光，可能是因为时间不对，太阳马上落山了。

1992年，赵朴初先生在锁阳城参观考察后，为该城保存的完好程度和深厚文化内涵所感动，欣然提笔写下了“安西一路树荫荫，留得瓜州作别名；济润焦枯生万物，西来始识雪山尊”的佳句。王导突发奇想，建议我们也写写诗文以抒情怀。

考察完毕在返回的观光车上，先金作诗一首，我借来王导的话筒，朗诵与大家听：

孤城怀古

蔡先金

站在孤城上，太阳不下山；
光阴一时凝，佛塔几点现。
一行逆旅客，走在两山间；

眼看大荒野，心装千万年。

王导很高兴，说："我做讲解的游人团队中，还没有谁参观完了，就能赋诗的。"她将我朗诵的诗录了下来。

21:18，离开锁阳古城。或许受到先金赋诗情绪的感染，团队成员们也诗兴大发，戴永新老师创作一首《锁阳城有感》。

锁阳城有感

戴永新

雪山远眺蓝天边，一片残垣风鸣间。

玄奘西度千万里，佛光普照遍人间！

21:36，汪梅枝老师作诗一首发至群中，我和杜季芳老师也随之附上。

瓜州有感

汪梅枝

踏迹寻古东来客，拜佛求经西去僧。

锁阳城里遇乐导，塔尔寺前见真情。

阳关抒怀

杜季芳

八月酷暑访敦煌，行者无疆逐梦想。

阳关道上今日过，情怀无边向远方。

↑踏迹寻古东来客（2018-08-09） 蔡先金 摄

谒锁阳城有感

杜季芳

夕阳朗照谒古城，万千感慨荡胸中。

繁华纵然已落尽，怀古幽情乃永恒。

锁阳城上

赵海丽

大漠边隘设重防，你来我往丝路畅。

大浪淘沙留遗迹，锁阳城上话沧桑。

曾看过这样一句话，“走在一起是缘分，一起在走是幸福！快乐的信号是传递无休止的”，用在此处再合适不过了。

22:02，进入瓜州县市区。

瓜州县隶属酒泉市，原名安西县，2006年8月改为现名，地处河西走廊西端，东连石油城玉门市，西接敦煌市，南北与肃北蒙古族自治县毗邻，西北与新疆哈密市相接，自古以来就是东进西出的交通枢纽，古丝绸之路的商贾重镇，其历史悠久，文化底蕴深厚，文化遗存丰富。

22:30，入住融金洲海大酒店。

当办好入住手续后，我们向酒店服务人员要了一份瓜州地图，想了解一下这里的历史古迹与民俗风情。先金对中国共产党党史较为熟悉，当他看到“红西路军安西战役纪念馆”就在此城，立即决定明早安排参观，接受一次红色教育。

二十
红西路军安西战役纪念馆

2018年8月10日，星期五，晴。今天是河西走廊简帛出土遗址考察之行的第五天。

6:50，大家直接到二楼餐厅。

7:30，我们按规定时间出发。第一站是参观红西路军安西战役纪念馆。

↑长风当歌（2018-08-10）赵海丽 摄

红西路军安西战役纪念馆位于瓜州县县城南渊泉公园，占地面积7万余平方米，建筑面积3700平方米，布展面积2260平方米。纪念馆主要由主体展馆、纪念塔、纪念广场、李卓然墓和蘑菇台军事会议纪念馆组成。在

“西路军最后一战”纪念广场中心，立一块巨石，上书“长风当歌”，气势宏伟。

常青松柏簇拥的纪念塔巍然耸立，顶端的党旗最为耀眼。

红西路军安西战役纪念馆的主展馆外形设计为祁连山形象。馆内建筑分为上下两层，布展主要以红西路军安西战斗为核心，集中展示了红西路军在祁连山爬冰卧雪、受冻挨饿，强攻安西城、突围王家屯、鏖战白墩子、血战红柳园，以及穿越风沙戈壁、挺进新疆的战斗历程。通过声光电、沙盘实景、雕塑、图片、亲笔书信、回忆录、实物等方式，追忆那些艰难的岁月，重温那段光荣的历史。

↑纪念塔（2018-08-10）赵海丽 摄

↑红西路军安西战役纪念馆（2018-08-10）赵海丽 摄

中国工农红军西路军革命精神彪炳千秋。西路军所属各部队，是经过中国共产党长期教育并在艰苦斗争中锻炼成长起来的英雄部队。在极端艰难的情况下，在同国民党军队进行的殊死搏斗中，西路军的广大干部、战士视死如归，创造了可歌可泣的事迹，在战略上支援了河东红军主力的斗争。西路军干部、战士所表现出的坚持革命、不畏艰险的英雄主义气概，为党为人民的英勇献身精神，是永远值得人们尊敬和纪念的。

于纪念馆入口处，我们向工作人员索要资料，她递给我们2本书：

（1）《安西战斗流落红军的西征情怀》。该书由几名红军后代的记述和老红军、有关人士的片段回忆组成，从不同侧面再现了流落、失散红军西征中的亲身经历和所见所闻，对研究丰富西路军西征史具有一定的参考价值。

（2）《挺进新疆的中国工农红军西路军》。该书由五部分组成：一是红西路军挺进安西；二是众心同归营救红军；三是幸存将士新的使命；四是忠勇志士功勋当歌；五是追求理想矢志不渝。

纪念馆展板介绍“红西路军西征概况”如下：

第二次国内革命战争时期，即1936年11月，西渡黄河的中国工农红军第四方面军总部及所属5军、9军、30军等2.18万余人，占当时红军总数的五分之二，遵照中央和军委命令组成西路军，挺进甘肃河西走廊，开始了创建革命根据地的艰苦征战。由于同国民党军的力量对比过于悬殊，后援不足情况下，西路军仍坚持孤军奋战，于祁连山兵分后，李卓然、李先念率领的西行支队摆脱了敌兵的围追兜剿，挺过了30多天爬冰卧雪磨难，终于在1937年4月16日走出祁连山。进入安西境内，分别在蘑菇台、十工村进行了短暂的休整。为了取得给养，遂以疲惫之师，4月24—26日，在安西县城、王家屯庄、白墩子、红柳园子，西行支队同数倍于我的国民党马家军进行了最后一战。钟立彬、刘雄武、陈茂生等100余名指战员血染疏勒河水，抛骨戈壁沙场。余部400余人昼夜兼程西进星星峡，在陈云等人的迎接下，回到了党的怀抱。此间红西路军战死7000人，歼敌5.5万人，顺利完成上级给予的所有任务。西路军将士浴血奋战，惊天地，泣鬼神的英雄壮举，在中国革命战争史上写下了悲壮的篇章！值得骄傲的是红西路军走出了113位开国将军。

从整个纪念馆的建筑，沙盘实景、展板布局、内容安排、雕塑图片等方面，足见当地民众对中国工农红军西路军的敬重与缅怀之情。

李卓然夫妇合葬墓位于西路军最后一战纪念塔南侧，由墓、墓碑、祭文三部分组成。在墓前整块淡红色花岗岩石上雕刻祭文，墓地四周翠柏绿荫。

李卓然于1935年冬至1936年9月任红四方面军政治部副主任。1936年10月任政治部主任。1936年11月至1937年3月任红军西路军军政委员会委员兼政治部主任。1937年3月西路军余部成立西路军工作委员会，负责政治领导工作。与李先念等带领西路军余部到达新疆。

李卓然同志于1989年11月9日病逝。孙毅将军主动上门，为老战友题写了“淡泊名利、襟怀坦白”八个字。这八个字用在李卓然身上，恰如其分。按照遗愿，将其部分骨灰安葬于他曾浴血奋战的河西走廊，1990年8月修建了李卓然墓。2006年12月13日，李卓然夫人鲁陆去世，其子女决定按照父母遗愿将父亲剩余的骨灰和母亲的全部骨灰送瓜州安葬。

墓石的一面镌刻着：

在这里
安睡着我们亲爱的
父亲——李卓然 母亲——鲁陆
他们把自己的一生
毫无保留地献给了祖国和人民
献给了他们深深眷恋着的这片土地
李卓然 1899年11月10日（农历） 1989年11月9日
鲁 陆 1924年12月28日（农历） 2006年12月13日
子女夫婿携孙
……
2008年4月4日刊立

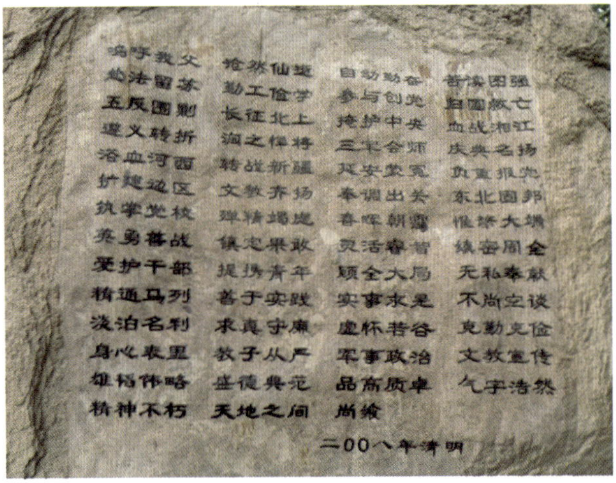

↑祭文（2018-08-10）杜季芳 摄

墓石的另一面是洋洋洒洒的韵文颂词：

鸣呼我父 怆然仙逝 自幼勤奋 苦读图强

赴法留苏 勤工俭学 参与创党 归国救亡

五反围剿 长征北上 掩护中央 血战湘江

遵义转折 润之悍将 三军会师 庆典名扬

浴血河西 转战新疆 延安蒙冤 负重报党

扩建边区 文教齐扬 奉调出关 东北固邦

执掌党校 殚精竭虑 春晖朝霭 惟系大端

英勇善战 镇定果敢 灵活睿智 缜密周全

爱护干部 提携青年 顾全大局 无私奉献

精通马列 善于实践 实事求是 不尚空谈

淡泊名利 求真守廉 虚怀若谷 克勤克俭

身心表里 教子从严 军事政治 文教宣传

雄韬伟略 盛德典范 品高质卓 气宇浩然

精神不朽 天地之间 尚飨

二〇〇八年清明

关于安西县简牍的出土情况，1913年至1915年4月，斯坦因在第三次中亚探险中，除了在敦煌汉塞烽燧遗址中掘得汉简，又在安西、酒泉两县境内采得汉简105枚，其出土地点大部分属于汉代酒泉郡西部都尉和北部都尉。图版和释文见1991年中华书局出版的《敦煌汉简》和甘肃人民出版社出版的《敦煌汉简释文》。

1990—1998年，安西县在文物普查中于长城烽燧遗址中采集木简近百枚。原简藏于安西县博物馆。安西县博物馆未在我们此行计划内，我们参观完红西路军安西战役纪念馆后，怀着对红军战士的崇敬之情，又踏上了下一站的考察之路。

↑阅读祭文拜谒李卓然（2018-08-10）杜季芳 摄

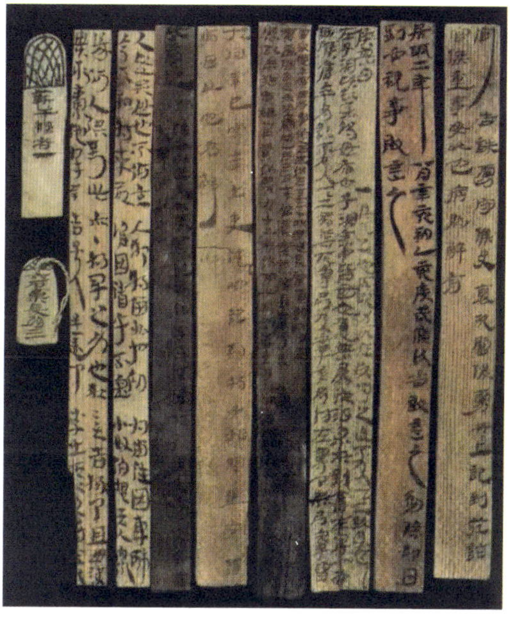

↑敦煌汉简（2018-08-10）赵海丽 摄

二十一
榆林窟

9:00，我们一行向榆林窟进发。莫道敦煌石窟美，壁画佳作在榆林。接近榆林窟时，路两旁景色优美，终于可以看到成片的树林了，而且道路通畅，行驶平稳。

↑榆林窟外景西崖（2018-08-10）蔡先金 摄

榆林窟又名万佛峡，位于瓜州县（原安西县）城南76公里处榆林河谷两侧的砾石崖壁处，因河岸榆树成林而得名。1961年，榆林窟被国务院公布为首批全国重点文物保护单位。

1907年夏季，斯坦因一行到过万佛峡，《斯坦因西域考古记》中有这样的记载："我后来爬过大西河流过第二重支脉所成的峡谷形山谷之后，来到一处风景如画的石窟寺，平常称此为万佛峡，至今还是香火很盛。万佛峡的性质和年代同千佛洞很相近，只没有那么多。这里也有很好的壁画，可见在中国本部边境上唐代佛教绘画美术流行的一斑。"[1]

榆林窟从洞窟形式、表现内容、艺术风格和绘画形式等方面来看，与敦煌莫高窟有着不可分割的联系，被称为敦煌莫高窟的姊妹窟，是敦煌石窟艺术体系的重要组成部分，历来被国内外学者所重视。其开凿年代已无文字可考，但从洞窟形式和壁画有关题记推断，当开凿于隋唐之际。现存唐、五代、宋、西夏、元等朝代洞窟43个，其中东崖32窟、西崖11窟，壁画约5600平方米，彩塑270余身。榆林窟的价值主要表现在壁画上，有精美的佛和菩萨画像，有场面宏大的佛教故事画，有种类繁多的花卉禽兽，有极为精致的装饰图案，可谓灿若瑰宝，蔚为大观。

此时的榆林窟，远眺东西崖壁，伟岸挺拔，让人顿有神圣之感。崖壁间沟壑内泉水潺潺，岸边树木茂密，又使人心生诗情画意。

↑榆林窟外景东崖（2018-08-10）蔡先金 摄

[1]［英］奥里尔·斯坦因. 斯坦因西域考古记［M］. 向达，译. 乌鲁木齐：新疆人民出版社，2010：205.

我们的讲解员是一位年轻小伙子，他引领我们参观考察了11、13、17、19、21号五个窟。洞窟里面是黑的，讲解员打开特制的小手电筒引领我们入窟，他从造像或壁画产生的历史背景、绘画色彩的技术运用、工匠名谁、供养人等方面来展开讲解，还时不时对画像的局部作重点介绍。

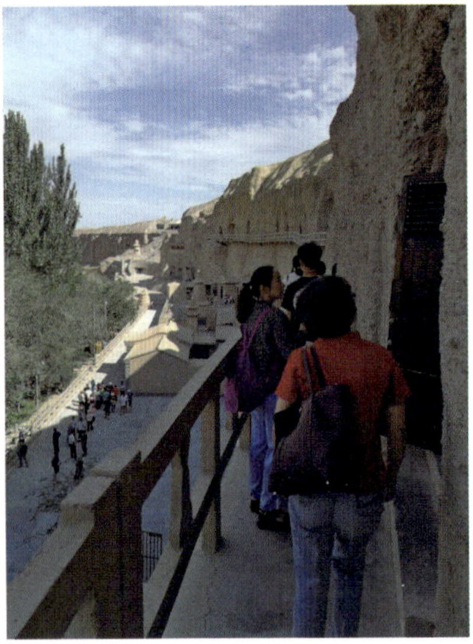
↑参观洞窟（2018-08-10）蔡先金 摄

我们一行有幸看到了著名的第21号窟“水月观音”。在此，也重点介绍一下此窟特点。此窟是历经1300余年的唐代洞窟，但现在窟内所见的全部都是宋代壁画。观世音菩萨头戴宝冠，舒坐于大莲花上，上身半裸，斜挎披巾，下着团花锦裤，左臂闲适地搭在拱起的左腿上，抬头仰望一弯新月，月的周围是云卷纹饰。观世音菩萨身后是绿色大圆光环，几枝翠竹摇曳，意境深邃静谧。此为沙州回鹘时期仅有的几身观音之一。

这个洞窟最具特色的是覆斗形殿堂、方形藻井、莲花、壁画颜色等几处。关于覆斗形殿堂石窟，顶部是一个方形藻井，四周是斜坡面，这种建筑既是仿照古代天圆地方的墓葬形制，又可使洞窟顶部的压力通过四个斜坡转移到四周墙壁上，起到很好的抗震减压作用。壁画中的藻井是敦煌图案中的精华，我们看到各个窟的顶部，尤其顶部是藻井形的，其上的壁画多保存完好。由于它高踞石窟顶部，受风吹日晒的剥蚀较少，也免除了许多人为的破坏与盗劫，故其色彩、纹样较为完整。窟顶的藻井，在中国古代文化中的真正意义，既是代表混沌世界的出口，又是极乐世界的入口。从北凉时代起，敦煌石窟藻井图案就变化多端，从四方交错套叠的斗四形，到中心方井四披帏幔的华盖形，经历一千余年的不断创新，在局促有限的窟顶壁面上，显露出画工们无穷的智慧。藻井四披是由简到繁的帏幔，从线描组合上可以看出各尽创意、各具匠心，为我们民族图案的构成留下了重要的参考。

此窟壁画也是保存较好的一例，人物面色、衣衫、背景等处依然鲜亮。团队成员在莫高窟和榆林窟看到的一些壁画人物的脸都是黑色的，这是因为含铅的颜料变色，或者是一部分颜料中包含了容易变色的成分，在一定湿度条件或紫外线照射下，就会发生变色。壁画所用颜料中，红色有土红、朱砂、铅丹、密陀僧；绿色有氯铜矿、石绿；白色主要为滑石、硬石膏、石膏、白垩、高岭石和云母。我们所看到的人物脸色变黑，大部分可能是某些红色和白色颜料，历经千百年后就变成了黑色。

而第21号窟人物脸色几乎没有变化，这与洞窟前部长长的甬道有关，甬道就像是一个洞窟的温度和湿度保持器，能够让洞窟保持一种恒温恒湿的状态。

无论是雕塑造型，还是绘画纹饰，莲花都是敦煌佛教装饰纹样中的重要题材。第21号窟也有观世音菩萨舒坐于大莲花这一传统莲花元素，这是一种净土信仰的展现。我国春秋、战国时代的诗歌里就有吟咏莲花的，在铜器铸造上也有莲花的造型，可见在中华民族审美的传统中，莲花早就是人们喜爱的花卉之一。佛教从天竺传至西域，再入中土，莲花成为佛教的象征；加以大乘净土宗的流行，《妙法莲花经》的传播更增加了莲花的神圣性。在敦煌莫高窟，从北凉到元朝，窟窟都有莲花，莲花成为装饰石窟的主要纹样素材。研究莲花的样式，已成为判断敦煌艺术时代的重要依据之一。

在参观听讲中，我对“经变画”这一概念有了新认识。由于古代的佛经是用梵文译出来的，梵文奥涩难懂，于是古代的高僧就将梵文经变绘成图画进行宣教。那些看不懂梵文和汉文的劳苦大众，通过看图画就能了解其表达的内容，进而理解佛经的主题。如此佛教就通过这等浅显易懂的方式，让大众接受和口耳相传。佛教在普罗大众中的传播，经变的作用也是十分重要的。

在洞窟里听着讲解员详尽的讲解，再看着墙面、窟顶保存千年的壁画，感觉要比敦煌石窟完整，让人流连忘返。讲解员最后的结束语尤其让我们印象深刻："你能看得见多久的过去，你就能看得见多远的未来，向死而生！"他的讲解除了榆林窟的壁画，也给我们以人生终极思考，这是每个人都不能回避的问题。

11:50，我们一行离开榆林窟。沿着榆林河行驶了十几分钟，驶离榆林河后，两侧山丘起伏，远离峡谷沟壑，逐渐地也就看不见了水，不知榆林河拐向了何方。

12:14，交过路卡后，就算驶出榆林窟景区了。可能榆林窟海拔稍高，我耳朵有点闷闷的感觉，打个呵欠，耳朵通畅就好了。

13:00，走到哪儿，就吃到哪儿，不分时间，不讲地点，有了精神食粮，当然也不能少了物质食粮。今天我们的午餐又是牛肉面——"马有布牛肉面"。甘肃的几种牛肉面我们快尝遍了。这家小店的经营理念让我们赞同：不求千人来一次，但愿一人来千回。可见小店老板对自家的牛肉面是多么自信，他一定是凭借着多年的口碑和用心调制的美味，打造出了一个好品牌。如此，我们做学术者也应该有这样一种"用心打造和执着坚守"的精神！

13:38，继续向嘉峪关进发。汪梅枝老师讲解嘉峪关。主要内容：

（1）嘉峪关的得名及建关原因；

（2）嘉峪关的建筑形制；

（3）嘉峪关建造过程及防线营造（强大的防御体系使之有"天下第一雄关"之称）；

（4）明清时期嘉峪关在丝绸之路上的作用（职能的演变）。

14:43，路牌标示：桥湾1公里 G215 下一出口玉门市48公里。

14:45，远处看到一排排风力发电机擎天而立、迎风飞旋，与蓝天、白云相衬，蔚为壮观。风很早就被人们利用，主要是通过风车来抽水、磨面等，而现在，人们感兴趣的是如何利用风来发电，满足日益增长的民众生活和经济发展需要。

15:00，路标显示：玉门市22公里，清泉86公里，嘉峪关146公里。汪梅枝老师的讲解结束。大家仍有兴致，在车上唱起歌来。

16:25，赵立伟发送《映山红》歌词。每个人都看着手机里的歌词亮开嗓子高歌。

16:36，经过黑山湖高速收费站。

17:00，嘉峪关到了。

二十二
嘉峪关

嘉峪关，始建于明洪武五年（1372年），因建在嘉峪关西麓的嘉峪山上而得名，它比“天下第一关”山海关早建九年。这里地势险要，南是白雪皑皑的祁连山，北是连绵起伏的黑山，两山之间，只有15公里，是河西走廊西部最狭窄的地方，被称作“河西第一隘口”。

英国人斯坦因一行到达嘉峪关时曾描述：“嘉峪关为一城堡形，千百年来，中亚来的旅客沿着长城行走到了此关，便算是蹈上了真正的契丹的门阀了，无论欧洲或是中国的书籍和地图都把长城画作环绕着肃州大腴壤的西端，止于南山的脚下，以为古代保护甘肃北边的长城即止于是。但是这一段长城古到什么程度，很难令人相信，据我在敦煌沙漠所发现的古代边墙遗迹来看，我以为长城还应该延展到安西或安西以外的地方。”[1]

---

[1] ［英］奥里尔·斯坦因. 斯坦因西域考古记［M］. 向达，译. 乌鲁木齐：新疆人民出版社，2010：206.

后者美国人华尔纳来到嘉峪关，也曾留下笔记：

> 我们到达了嘉峪关。中国的万里长城在这傍山而踞，在有城墙护卫的小镇上终止了。在北京以东有山海关，长城在这里延伸到太平洋岸边。两个关隘由长约一千五百英里的城墙联结，它们与基督教一样古老。设关的目的是抵御来自北方的入侵者。但在守卫者不够强大的时期，它挡不住来犯者的长驱直入，以至于让忽必烈在北京的龙椅上安坐下来。[1]

17:20，我们一行到了嘉峪关停车场。停车场正面竖立一个大宣传屏，虽已近傍晚，但停车场内仍是车水马龙，人影攒动。团队人员下车后，达师傅去寻找停车位。我们走向嘉峪关入口处，道路弯弯曲曲的。

17:30，冯胜大将军雕像后面的清澈湖水呈现在我们眼前，湖名为“九眼泉湖”，有水之处就是人杰地灵之域，让疲惫的我们心情又活跃起来。《秦边纪略》记载：“初有水而后置关，有关而后建楼，有楼而后筑长城，长城筑而后可守也。”

↑九眼泉湖（2018-08-10） 汪梅枝 摄

沿着坡度上行的路来到关口，关口上建筑房檐书写“天下雄关”，气势夺人。进入关城后，一条长廊斜向前方，两侧墙面绘制历史人物故事，形象逼真，似乎将你拉回到古时的场景中。

关西的大草滩，黄草平沙，地域开阔，素为古战场，关东是丝路重

---

[1] ［美］兰登·华尔纳. 在中国漫长的古道上［M］. 姜洪源，魏宏举，译. 乌鲁木齐：新疆人民出版社，2013：100-101.

镇酒泉，紧靠关东南坡下，有著名的峪泉活水，“九眼泉”冬夏澄清，终年不竭，可供人马饮用，并可灌溉良田。这些优越的自然条件和险要的地理位置，是在这里建关的主要原因。早在汉代，就在距关城北七里的石关峡口设有玉石障，依山凭险，设关防守。据史料记载，明代以前，这里一直是“有关无城”。嘉峪关建筑由内城、外城、罗城、瓮城、城壕和南北两翼长城组成，全长约60公里。长城城台、墩台66座，堡城星罗棋布，由内城、外城、城壕三道防线组成重叠并守之势，形成五里一燧、十里一墩、三十里一堡、百里一城的防御体系。现存关城总面积3.35万余平方米。

我们一行先来到外城，关口与南北两翼长城相连，泥土墙仍巍峨耸立，摸摸它的肌肤，雨浸不透，风摧不倒。我们在此留影，也沾染些许强盛与不朽之气。

↑讲长城故事（2018-08-10）
宁登国 摄

内城墙上建有箭楼、敌楼、角楼、阁楼、闸门等，共14座，关城内建有游击将军府、井亭、文昌阁，东门外建有关帝庙、牌楼、戏楼等。戏台是清乾隆五十七年（1792年）嘉峪关游击将军袋什衣主持修建，系当时守城官兵、城内居民及过往商旅的娱乐场所。其形制为典型的中国传统古典戏台。由木制屏风把前后台分隔开，屏风正中央绘制“八仙”人物图。顶部为中国传统图案“八卦图”，两侧是一组风情壁画，内容是寺庙的和尚及风尘女子的故事。这些绘画内容在其他戏台上是非常少见的。戏台两侧石墙竖框内书写：“离合悲欢演往事，愚贤忠佞认当场。”对联高度概括了古往今来人间世事的演义变化及戏曲演出场所的功能作用。台前上檐顶之牌匾：义正乾坤。如今，关城戏台装饰一新，表演仍可继续。

会极门楼坐北向南，因会极门而得名。门楼为悬山顶前出廊结构，城墙通道从门楼前廊下穿过，门楼南北长2.58米，东西长3.78米，高4.67米。

不知是何时何人用心编撰了感人的“击石燕鸣”这个故事，口耳相传下来，又用文字记载，以享后学，因此，今天我们能够读到它，并为故事的主人公动容。相传在嘉峪关关城住着一对非常恩爱的燕子，每日形影不离。一天，燕子双双出去觅食，傍晚城门快要关闭时，雌燕先飞入城中，后到的雄燕却被关闭的城门撞死了。雌燕看到撞死的雄燕，非常悲痛，终日悲鸣不已而死去，从此这里就发出“啾啾”的燕鸣之声。于是人们在出关时都会来这里敲击墙壁，要是能听到“啾啾”的燕鸣声，则表示此次出行能平安回来。将军出征打仗时，他的家人也会击墙问卦，祈祷将军能平安归来。

在西瓮城门楼后檐台上，我们听到“长城最后一块砖的故事”。据说，当初明朝修建嘉峪关关城时，工程管理是比较严格的，对于该工程的预算，有一套严格的监督和审查程序，以防止有人虚报材料，

↓关城（2018-08-10） 蔡先金 摄

从中牟利。业务能力强的建筑师易开占被委派负责长城工程的技术工作，如此使朝廷派驻的监事官很难钻空子中饱私囊。所以监事官就想找个机会整整易开占，要求他修嘉峪关长城所用的砖，一块不能多，一块不能少。易开占通过精密的计算，得出了嘉峪关这一段长城所需要的砖的数量。结果施工完成之后，多出一块砖来。监事官跑来质问易开占，为什么没达到他的要求。易开占告诉他，多出来的这块砖叫"定城砖"，是神仙放在这儿的，不能动，如果动了的话，城墙就有可能倒塌。监事官上报朝廷参了易开占一本，说他预算数据有误。朝廷收到报告之后，反而嘉奖了易开占，而"定城砖"这件事也就传开了。"定城砖"真正神奇的并不是这块"砖"，而是这种难能可贵的工匠精神。

美国人华尔纳也曾记载过这个故事，"工匠们准确地计算了全部工程的用料数字。最后整个工程结束时，只剩下了一块砖。这块砖被后人安放在西瓮城门楼后檐台上，可望而不可取，以示对当时工匠的纪念"[1]。

站在嘉峪关城楼上向远处眺望，该处位于河西走廊中部，东连酒泉、西接玉门、背靠黑山、南临祁连的咽喉要地嘉峪塬西麓建关，修建了城墙、关隘、城堡、烽火台等军事防御体系。1372年，大将军冯胜在平定河西班师凯旋途中，带兵在这里驻扎之时，最先吸引他的定是嘉峪山下的泉水。罗城初建于明弘治八年（1495年），由肃州兵备道李端澄主持修建。光化门建于明正德元年（1506年），由时任肃州兵备副宪李端澄主持修建。长城第一墩，于明嘉靖十八年（1539年）由肃州兵备道李涵监筑。断壁长城和悬壁长城是嘉峪关西长城的重要组成部分，于明嘉靖十九年（1540年）由肃州兵备道李涵监筑。明朝经营了

[1] ［美］兰登·华尔纳. 在中国漫长的古道上［M］. 姜洪源，魏宏举，译. 乌鲁木齐：新疆人民出版社，2013：101.

200多年，至明代万历时期有60里长城和边墙，近70座墩台，多座军事营堡（卯来泉堡、嘉峪关、寺营庄子、野麻湾堡、新城堡等），是明国家西端防御体系。其最大特点就是充分利用得天独厚的讨赖河峡谷、黑山、新城草湖天险，长城、墩台、营堡倚凭天险而设，在这个狭小的区域有如此众多的国防设施和军事工程，世界罕见，充分证明这里曾经何其重要。嘉峪关防线是世界上利用天堑最经典的国防工程。在河西和中亚范围，再也找不到这样一个地方，适合建立最低成本、最高效率（戍守成本最低）的国家防御工事。强大的防御体系使嘉峪关拥有“天下第一雄关”之称。正如于右任在《嘉峪关前长城近处远望》中之感叹：

天下雄关雪渐深，烽台曾见雁来频。
边墙近处掀髯望，山似英雄水美人。

“关照”之称渊源已久。“关”的本义为门闩，引申为关塞；“照”即出入关塞的通行证。其作用相当于现在的“签证、护照”。夏、商、西周时期，称为“牙璋、圭璋”；春秋、战国、秦汉时期称为“封传、符节”；唐代称为“通关文牒、过所”；宋代演变为“关引、符牌”；元代则称为“公验、堪合”；到了明代首次出现了“关照”一词；清代则有了现代意义上的护照，并且沿用至今。据史学家考证，明代的嘉峪关正是“关照”使用的最初地点。由于嘉峪关地处咽喉要塞，史称边陲锁钥；也曾是丝绸之路的海关，中西往来的国门，因此出入嘉峪关的手续，必须持有“关照”方可通行。“关照”的种类很多，谪官、遣犯、客商、僧侣、使节等各持有不同的“关照”。明代文学家戴弁有诗曰“明月虏使闻鸡度，雪霁藩王贡马来”，形象地描述了当年通商通贡 “闻鸡度关”的热闹场面。发展到今天，“关照”已被“签证”所代替，但其历史价值及一语双关的语汇价值是不可替代的。

出了关就是一望无际的戈壁沙漠，内外两重天。我们都站在关口外沿的水泥路面上向远处眺望，再向前就没有路了。出了关只有回头路，再向前不知将走向何方，游人们抓住这最后的时光拍照留影。

傍晚时节，夕阳西下，在关内拍的照片，多是逆光，黑漆漆一片。一旦出了关就不同了，太阳光线下的拍摄效果也好。

↑敢问路在何方（2018-08-10）宁登国 摄

汉代玉门县的地盘是酒泉北部、东部、西部3个都尉府的防区，花海一带正处在西部和北部都尉府的交界处。千年沧海桑田，昔日的烽燧已被黄沙掩埋，昔日的硝烟已被时代荡涤得干干净净。1977年8月，酒钢公司的几名员工在花海镇一处汉长城遗址参观游玩，其中一名员工俯身系鞋带时发现几根像筷子一样的东西，上面隐约有字迹，他将东西交给了当地的文物工作者。一批珍贵的汉简出土了，一座汉代烽火台的遗址被发现了。距离较近的嘉峪关市文管所当即派人去清理了遗址，获得简牍91枚。经整理，甘肃人民出版社于1984年出版的《汉简研究文集》中刊载了《玉门花海烽燧遗址出土的简牍》一文，发表了这批资料。这批汉简是酒泉郡北部都尉的文书档案。尤其珍贵的是一枚写满字的木觚。木觚长37厘米，用弯曲状木棒削制，7面。每面都有字，连续抄写212字。分属两个不同的内容，前半部分133字，写的是遗诏；后半部分是一封书信。从觚的用途、书写的字体及内容看，这枚觚完全是练字之作，不是正式文件。通篇有错别字、遗漏字，书法也欠佳。这枚觚引发学者的争议，如文字的隶定、遗诏的时代、谁的遗诏等，这些问题至今仍未完全解决，成为一个有待破解的历史之谜。原简现藏于嘉峪关长城博物馆。图版和释文亦见1991年中华书局出版的《敦煌汉简》。

我们几人路过嘉峪关长城博物馆，本想进去看看，但时间较晚，工作人员已下班。博物馆正大门及前庭院内洁净美观。大门两侧对联：纵览江山千万里，定格长城三千年。横批：中华之魂。气势了得！再看院内花架上鲜花簇簇，大门台阶右侧绿草葱葱，给人以极好的印象。当时只是随意停留，并不知晓馆内收藏汉代简牍91枚。如果早有了解，我们会首选参观该馆。即便如此，我们还是与之有缘，留影于此。

↑嘉峪关长城博物馆（2018-08-10） 蔡先金 摄

返回沿途小景处处皆是，片片小树林，餐厅入口处的花环，弯曲的石质小径，历史故事雕塑……路两边花坛的形状各异，植株的花色多彩纷呈，花团簇拥，徜徉其间，甚是美好。

19:36，嘉峪关考察结束后，我们一行又向金塔县城出发。虽然长途中参观的脚步不停，大家劳顿有加，但收获满满，兴趣不减，情绪高昂。

20:49，不知是谁的提议，团队成员在苗院长的指挥下，用手机在网上挑选了一个适宜于朗诵的诗文版本，开始了集体接力（按照座次）诗朗诵：《记得吗 你的祖先名叫炎黄》。

我以《诗经·蒹葭》开始朗诵第一句；苗院长接上“当我登上那古老的城墙……”；巩老师……

朗诵完，车内寂静着，许久没有一个人发声，在情感之中感叹徜徉着，不能自拔。大家再一次感受到团队的力量，整个车厢里弥漫着庄重和谐的气氛。

21:06，我发送由张澜澜演唱的电视剧《贞观长歌》主题曲至群中。因为前几年看过电视连续剧《贞观长歌》的部分内容，尤其喜欢这首歌，每次音乐声起，配上电视画面，一代君王站在大漠之上，“面对冰刀雪剑风雨多情的陪伴，珍惜苍天赐给我的金色华年。看铁蹄铮铮踏遍万里河山，我站在风口浪尖紧握日月旋转，愿烟火人间安得太平美满”。每人对画面与曲调的感受不同，而我每每听来，内心总有一种驿动，感叹“英雄侠胆与儿女情长”，国君与臣民，父母与儿女，快乐与无奈，天地间唯有“大爱无边”（我取的曲名）。

21:25，来到酒泉市金塔县城。金塔县县城东南5里处有一座古塔叫金塔，县名由此而来。入住酒店。

21:28，宁登国老师通知：21:35大家来二楼北京厅就餐。

晚餐时，大家说起《贞观长歌》这首曲子好听，校长说：“我给填个新词，作为我们的队歌，怎么样？”他说到做到。餐后，大家各自回房间休息，而他并未休息，已在为我们的队歌填词了。我将原词给他作参照，题目已拟好为《行者无疆》。

我休息得早，不知他写到几点……

二十三

秋雨喜降 行者无疆

2018年8月11日星期六，雨。今天是河西走廊简帛出土遗址考察之行的第六天。

早起，先金还在改歌词，随后定稿，发与我阅。

7:16，我将《行者无疆》发送至群中。

当今的金塔县隶归酒泉市管辖。金塔以“航天第一港”“汉简第一多”“神光第一奇”“机场第一大”“胡杨第一美”“水库第一早”而著称。该县东西长250公里，南北宽400公里。东、北与内蒙古额济纳旗毗连，西与甘肃嘉峪关、玉门、肃北接壤，南与酒泉市和张掖地区的高台县为邻。金塔县位于河西走廊西部丝绸古道沿线，总面积1.88万平方公里，总人口15万人。金塔历史悠久，文化灿烂，是神舟故乡，航天摇篮。酒泉卫星发射中心，是我国航天事业的发祥地，是我国建设最早、规模最大的运载火箭和卫星综合发射场，代表我国航天技术最高水平的神舟飞船就是从这里升空的。它曾经创造了中国航天史上“十一个第一”，是名副其实的“中国航天第一港”。

汉代时期金塔有“一关三城”，即肩水金关和东、西大湾城、地湾城。“一关三城”历史上是河西地区的北部屏障，出入居延的门户。它与周边沿河林立的城堡烽燧，共同构成了汉代以黑河为天堑的居延军事防御体系。

今天我们要去地湾城、肩水金关和大湾城。地湾城和肩水金关距县城约122公里；大湾即破城子（不同于瓜州县“常乐城”的破城子），距县城115公里。

8:06，我们整好行装出发，沿着酒航路向金塔的东北方向行驶。金塔县离航天城179公里。

8:10，下雨了，我们遇上了甘肃难得的喜雨。久旱遇甘霖，给这片干涸焦灼的土地送来给养与清凉。这份意外的眷顾对我们一行甚为重要！如此我们也自认为是一群喜气之人。车开动时，小雨是淅淅沥沥地下着，很快就下得大了，风吹雨滴击打车窗，如同放鞭炮般发出噼噼啪啪的声响。赏雨，听雨。雨线如注，滴滴答答；雨滴如珠，哗哗啦啦。雨声不断，为车鸣伴奏。多想能够及时抓拍定格，这样沙漠戈壁之中，与初秋的喜雨邂逅，也不失为一种别样的浪漫。出城后，雨水越发急切，并伴有电闪雷鸣。即使是再大的雨，我们也很享受！

8:20，大家学唱填了新词的曲子，暂将之作为我们的队歌，伴着雨声车鸣吟唱，别有情趣！

行者无疆

蔡先金

走大地 向远方

又见敦煌

今日来 昨日去
拜谒简帛遗场
走天下 有梦想
阳关通畅
世俗脱 心境好
哪管戈壁苍茫

情怀大无边
汉唐气象
千年流沙一瞬间
等观来来往往
纵横千万里
长乐未央
弱水三千一瓢饮
安处是吾乡

走条路 有方向
河西走廊
太阳飞 大风扬
无悔无惧无疆
问自己 谁做主
初心力量
一贯之 有守望
大学人生高尚

情怀大无边

汉唐气象
千年流沙一瞬间
等观来来往往
纵横千万里
长乐未央
弱水三千一瓢饮
安处是吾乡

这首词气势磅礴，荡气回肠，大手笔也。温家宝总理曾写过一首名为《仰望星空》[1]的诗，表达出一种浪漫的情怀，实际上他在告诉人们要为自己的一生种下一颗叫作诗意的种子。德国大哲学家海德格尔喜欢阐释荷尔德林的诗："人充满劳绩，但还诗意地栖居在大地上。"心中要有诗和远方。"心中有远方，何愁没有风景观赏，就像那陶渊明，在东篱下悠然见南山风光。……在灵魂的家园，捧起一颗心，向着太阳，向着远方，向着你选择的方向。"[2]凑巧的是，在飞机上读到2018年7月的《读者欣赏·甘肃民航》杂志推出敦煌主题名家美文栏目《花雨》，旨在以文会友，一起携手，一路同行，助力"一带一路"建设和文化博览会。让我们沿着古老的丝绸之路，走向敦煌，走向未来，走向人类不懈追寻的诗与远方。

2016年，先金写了一本以《行者守心》为书名的小小诗集。现如今人们忙忙碌碌，谁人还去写诗？哪位还去享受诗意？在诗集的序"写在前面的话"中，他曾言：

[1] 温家宝总理在2007年9月4日的《人民日报》上发表题为《仰望星空》的诗作，希望学生经常地仰望天空，学会做人，学会思考，学会知识和技能，做一个关心国家命运的人。

[2] 蔡先金. 行者守心［M］. 济南：山东人民出版社，2016：111.

诗，是我心灵休憩的小站，也是休闲的枝条上开出的透明小花。世界如此忙碌！在这忙碌的世界中，我还能偷得片刻闲暇，过上一种短暂的具有诗意的精神生活，这是多么美好的一件事情啊，又何乐而不为呢？一直干燥的天气，总希望来上一阵小雨，小雨一来，何不快哉！

凡为栖居，皆有诗意；凡人所在，皆有诗心。写诗，其实没有那么高尚与伟大；读诗，也并没有那么敦厚与风雅。我们每个人都可能是诗人，在平凡中显示出非凡的意义；我们每个人都可以是读诗的人，在一般日常生活世界中享受到诗的审美。你我都可以做一名无名的诗人，也可以做一位有名的读诗人。无名诗人的诗可以很鲜活，有名的读诗的人也同样可以很愉悦。鲜活的是诗人的生活，愉悦的是读诗人的感觉。你是诗人，只是你愿意不愿意将你的诗句说出来或写出来而已，那可能是一个非常好的诗句。你是读诗人，只是你喜欢不喜欢在何时何地朗诵诗句而已，那可能是一场悦耳动听的诗会。每个人都具有生命力，每个人都具有欣赏美的权利，这些力量早已压过了很多著名诗人的诗句。当每个人说出的话语，只要值得玩味，值得阅读，就有可能是美妙的诗句！写诗，如此而已！读诗，如此而已！每个人生来就是一首诗，意味无穷。我们既然要诗意地栖居在这个星球上，那么就应该去做一位真心的具有生活诗意之人吧！一旦有了诗意，生活就会大不一样；一旦成了一位“现实版”的诗人，每天的生活就可能会灿烂辉煌。但愿这些挂在时间边缘上的点缀性诗句，能够呈现出些许生活的熠熠光辉！但愿这个世界道心伴诗心！大道之行也，天下诗意盎然！[1]

[1] 蔡先金. 行者守心［M］. 济南：山东人民出版社，2016：1.

我一直认为先金有“诗人的心，学者的魂”。今天的《行者无疆》，竟无意间成了《行者守心》的姐妹篇。这是一位学者多年来既仰望星空，又脚踏实地的心路旅程。诗人聂鲁达曾说：“吟唱诗歌不会让我们劳而无功。”换个角度，换种思维，我们就能发现一个全新的诗意世界。

8:30，雨小了。车经过一丁字口，继续往额济纳旗方向行驶，眼前的绿洲渐渐清新起来。

8:35，巩聿信老师讲解河西三关、一关三城，以及地名的影响力与诗歌的传播有关等内容。

8:57，巩老师讲解近尾声时，车驶过鼎新收费站，下了高速，进入省道。

二十四
黑河与弱水

9:00，当看到“黑水桥”（也称示范桥）时，有人喊：“弱水到了！”我们刚唱了“弱水三千一瓢饮”，就到了“弱水”边。

位于河西地区南侧的祁连山融雪在河西境内形成石羊河、黑河和疏勒河三大河流56条脉流，千百年来孕育着河西地区文明。“弱水”自古以来便是漠南、漠北往来的重要通道。弱水与黑河相交融而不可分离。黑河（又称黑水）是中国西北地区第二大内陆河，也是甘肃省最大的内陆河。其发源于祁连山北麓的八宝山，从赵家峡流出，流向戈壁，经大墩门，流入额济纳旗居延海，总长度800多公里，弱水是它的总称；亦有弱水是黑河自金塔县的鼎新以下到额济纳旗湖西新村段的别称一说。在《尚书·禹贡》中有这样两条记录：第一，“弱水既西”；第二，“导弱水至于合黎，余波入于流沙”。王世舜先生（聊城大学文学院教授，已退休）译注《尚书》，认为“弱水既西”指弱水在今甘肃北部。据胡渭《禹贡锥指》，弱水出山丹卫西南穷石山，东北入居延津，其下流不知所归。先生认为，弱水《说文》作“溺水”，穷石山即今之祁连山，山丹卫即今甘肃山丹，弱水由山丹向西北流经张掖、高台、金塔，在金塔境内汇北大河而流入额济纳河，最后汇入居延海（全长800余公里）。[1]对“导弱水至于合黎，余波入于流沙”的诠释是“把弱水疏通到合黎，下游流入沙漠地带”。[2]

由上文论述知弱水是指古水之名，且远不止此意，它还指古代神话传说中所称的险恶难渡的河海。《海内十洲记·凤麟洲》曰：“凤麟洲，在西海之中央，地方一千五百里，洲四面有弱水绕之，鸿毛不浮，不可越也。”犹言爱河情海，《红楼梦》第九十一回：“任凭弱水三千，我只取一瓢饮。”苏曼殊《碎簪记》：“余曰：‘然则二美并爱之矣。’庄湜复叹曰：‘君思弱水三千之义，当识吾心。’余曰：‘今问子，心所先属者阿谁？’曰：‘灵芳。’三千，喻其多。”

黑河自古就是重要水域、军事重地。汉武帝时从居延海往南，沿着黑河水边修筑烽火台，形成居延边塞之军事屏障，直至张掖郡，全长约250公里。如甘肃境内最大的烽火台直径9米的大墩，就在这一边塞线上。

此处的大墩东守黑河，西望沙漠。大墩烽火台下，一座叫“茨茨营”（边长约10米）的古建筑在沙漠里孤独屹立。继续北上，又有河边的“茨茨墩”，守望着黑河。

黑河在金塔县内的流程非常有特点，呈环抱之势，故称为黑河环流。黑河之水流经赵家峡、大墩门两大峡谷和鼎新镇、航天镇2个乡镇及空一、空二等3个基地，河床横贯全境，流水长度150公里。黑河流经途中，烽燧遍布，绿洲连绵，麦浪滚滚，沿途有沙溪、峡谷杏

[1] 王世舜，王翠叶. 尚书［M］. 中华书局，2012：75.
[2] 王世舜，王翠叶. 尚书［M］. 中华书局，2012：80-81.

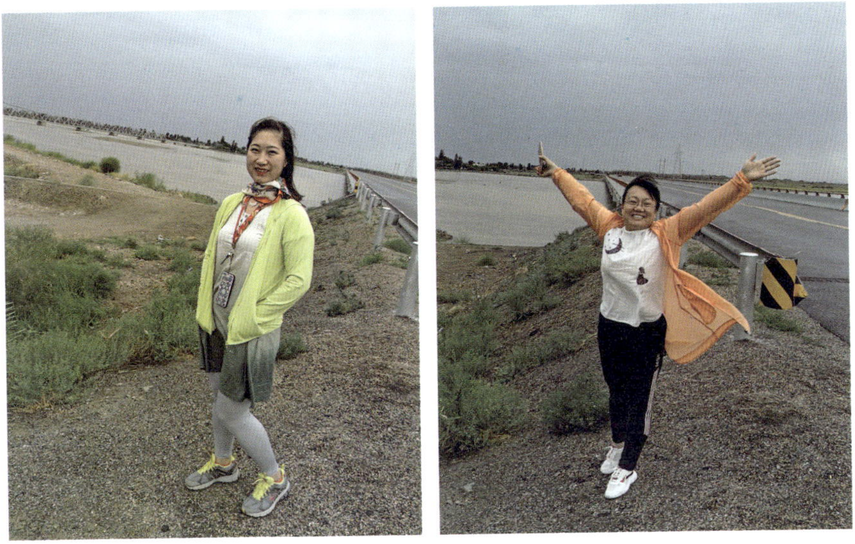

↑微风轻拂（2018-08-11） 蔡先金 摄

林、玉龟出海、候鸟翩跹、金狮望月、九天仙女等多处美景奇观。如今，高铁也横跨其上，为黑河增添了厚重！

此时，雨停了，河边风很大，刮得衣衫飞扬，即便如此，也挡不住我们见到黑河的快乐。

黑水桥边拍照，留下这千载难逢以弱水为背景之瞬间。登国边与立伟合影，边言：“弱水三千，吾只饮一瓢，就认准了这一瓢啊，哈哈！”笑声朗润，回荡在弱水桥畔！

↑伉俪（2018-08-11） 蔡先金 摄

上车继续行进，又开始下雨，老天很眷顾我们这些远道而来的人，雨也有了节奏，怕是为我们的一片赤诚感动了吧！

9:30，过航天村。

9:38，航天小镇到了。有通往机场的路。进入酒泉火箭发射区域，警示禁止拍照，大家自觉遵守。远处的山顶雨后竟泛着一缕神光，在浅蓝色的天宇下，在戈壁滩的映衬中，格外耀眼。

有人居住就有绿荫。随着车子行进，发现公路与铁路线是平行向前延伸的。在车的左侧，铁路边的枕木隔一段堆放一些。又见有人扛着铁锨在巡路。按手机导航告知，去肩水金关一定要过铁路，但铁轨两侧有拦挡，且上了锁。我们寻到附近的绿地营房，大铁门锁着。砖砌两个门楼柱子，刻了一副对联：

上联（粉红底色）：以点为家铸忠诚

下联（粉红底色）：扎根戈壁斗风沙

横批（大红底色）：传承红色基因 担当强军重任

好在铁门是铁栏式样通透，靠近大门种植两棵龙爪槐。院内恰巧有一位军人走过，就与他打了招呼，咨询一些信息，言他们原是有钥匙的，近期找不到了，此处不是他们的管辖区，由离此不远的另一哨所负责，需要打电话联系人来开锁（前几日一直开着，不知为何又锁

↓弱水河畔（2018-08-11） 吴龙 摄

上了）。这里离肩水金关还有8公里，步行太远了，一定要车过铁路才行。交谈一会儿大家就熟了，还认识了几位山东老乡呢，看来，到此地当兵的山东籍战士不少。很快也就清楚，这个小小的营地肩负着一段军用铁路的运行安全任务。听他们说，这里有5个月没下雨了，今天的雨是此地本年度的第二场雨，也是入秋后的第一场雨。

10:30，我们一行穿过铁路，又继续向前行驶8公里。

二十五
地湾临望肩水金关

现在所言的居延遗址主要泛指分布在内蒙古自治区额济纳旗和甘肃省酒泉市金塔县境内，包括始建于汉武帝元狩二年（前121年），废弃于东汉末年的张掖郡居延都尉、肩水都尉府所辖8个塞的城障、烽燧和塞墙等遗址群，由此构成了东北斜向西南，全长约400公里的交通要道和军事屏障。

↓在戈壁荒漠中挺进（2018-08-11） 赵海丽 摄

10:40，我们的车行到戈壁滩上，司机怕沙土软，车轮一旦陷进沙土地里驶不出来会误事，我们只好下车步行。

一下车，车内空调的凉爽立即变得遥远。很快我们一行就进入一望无际的戈壁，在这空旷寂寥的戈壁荒漠中，唯有我们在行进着，大家五颜六色的衣着显得尤为突出。

据资料介绍，此地四周是砾石戈壁，属于典型的温带干旱气候，降雨稀少，蒸发量大，夏季炎热，冬季寒冷，四季多风。地表有稀疏的骆驼刺、白刺等耐旱作物。我们走过一片沙土地，又穿行一片遍铺着碎石的戈壁滩，推想古代这里一定是河床底部，因为脚下显露出的小石子，不但颜色漂亮，而且光滑细润，手感好，适宜把玩。大家兴致颇高地挑选几枚，每每获得特别称心的，都会互相交换欣赏。雨后的天空云卷云舒，遮不住湛蓝的底色，苍穹大地之间，我们变得星星点点，显得何等渺小，但心中的憧憬与目标伟大。

当代学者罗新曾记载美国作家、哲学家、超验主义代表人物梭罗（Henry David Thoreau，1817—1862年）在《瓦尔登湖》中的言论："只有我的双腿迈开时，我的思想才开始流动。"并发出自己的感慨："对我来说，走路时所进入的那种沉思状态，能够带来极大的愉悦，似乎比深度睡眠更使我头脑清醒，比听古典音乐更让我心情平静。而且只有在这个时候，我们称之为大自然的那个存在，才真真切切地与我的视觉、触觉、味觉、听觉发生联系，让我意识到自己是大自然的一部分。""每次旅行都是朝圣"。他还记述了作家唐·乔治（Don George）以此言为题写的一篇文章言："朝圣，你不必旅行到耶路撒冷、麦加和圣地亚哥，或其他那些知名的圣地，只要你怀着敬畏和好奇去旅行，以天生的、珍贵的生命感受力去感触每一个时刻、每一次遭逢，那么，无论去哪里，你都是走在朝圣的路上。”❶在这里我们不但朝圣了计划中的简帛出土遗址，也体验了征服沙海的快乐，收获了各式各样千载难逢且历史悠久的戈壁石。

为赶走一直行走的单调沉闷，也为给队伍带来一些快乐元素，戴永新老师自拍一张，感觉甚好，她告知我们摆个合适的姿势，就能拍出以天空为背景、天地之间伟岸的大“我”。戴老师示范跳起的瞬间，被赵立伟老师抢拍到了，果然效果极佳。

↑欢跃（2018-08-11） 赵立伟 摄

↑天地间（2018-08-11） 杜季芳 摄

“用身体丈量大地”，如此，为我们在戈壁滩上行走增添了几分情趣与快乐，也赶走了疲惫的侵扰。

10:50，我们一行终于走到了目的地——地湾城。

遗址处竖有碑刻介绍，竖碑正面：居延遗址A33障。背面文字：“居延遗址——A33障，又称地湾城，蒙古语称‘乌兰都日博勒金’，位于东风镇宝日乌拉嘎查西南67.7千米处，坐落在额济纳河东岸，由障城和坞院组成，障城设在坞院的东侧，平面呈正方形，边长22.5米，基宽5米，残高8米，墙体夯筑、障门设在西墙，坞在障城的西南侧，

❶ 罗新. 从大都到上都——在古道上重新发现中国［M］. 北京：新星出版社，2018：37，53-54.

坞门在南墙靠东。1930年，中瑞西北科学考察团在此试掘18个地点，出土汉简2000余枚和三件帛书，同出的有木器、竹器、芦草器、角器、料器、陶器、铁器、铜器、皮革、笔、纸和织物等。1973年，甘肃省博物馆对该遗址进行了清理发掘。保护范围：遗址本体向四周延伸200米为保护范围，保护范围四周以外延伸100米为建设控制地带。军地共建文物保护工程。”

这里是汉代肩水候官的驻地，大约建于汉武帝元狩二年（前121年）。瑞典考古学家贝格曼将此处标为A33，“地湾，一个毫无特色的地名却以出土大量汉简而闻名于世”[1]。

↑肩水候官遗址（A33 地湾）（2018-8-11）蔡先金 摄

1927年1月，年方24岁的瑞典青年贝格曼刚从大学考古专业毕业，进入研究机构。一个意外的电话，竟改变了他的命运。那时，瑞典著名的探险家斯文·赫定正在筹备他一生中最大的、历时最久的一次中亚探险，并与中国同行共同组建了中瑞西北科学考察团。贝格曼没有放过成为考察团成员这个难得的机会，在中国西部度过了一生中最美妙的青春岁月。1927—1934年，作为考古学家，贝格曼三次往返于中国西北迄今为止最大规模的多国、多学科的科学考察。第一次是1927—1928年；第二次是1929—1931年；第三次是1933—1934年。行程数万里，靠骑骆驼或步行，一半行程是无人定居区。在此期间，他发现了300处古迹、遗址。其中，“居延汉简”和“小河古墓”成果丰厚，影响颇大。1930年4月27日，

[1] 张德芳. 地湾汉简概要［J］. 中国书法，2018（10）：90-97.

贝格曼无意中在额济纳旗的汉代遗址波罗桑齐捡拾到第一枚木简。从此，他就成了“汉简迷”。在遍及额济纳旗的汉代烽燧，每到一处贝格曼就匍匐在地面，凝视着每一个沟坎，寻找这种写了字的木板。在当地人叫作“穆德布林”的遗址，他竟一次获得了4000枚汉简，远远超过他的前辈斯文·赫定、斯坦因等人数十年间在罗布泊、尼雅、疏勒河流域所得的总和！据张德芳考证：“1930年，中瑞西北科学考察团成员贝格曼（Folke Bergman）在居延地区的近三十个地点掘获汉简一万零八百多枚。其中甲渠候官遗址（俗称破城子）出简四千四百二十二枚，地湾出简二千三百八十三枚，大湾出简一千三百三十四枚，金关出简七百二十四枚，除此四地所出八千八百六十二枚（按：8863枚）外，其他地点都是些零星所出。”[1]

地湾遗址，地理坐标在北纬40°35′1.4″，东经99°55′45.27″。南距甘肃省金塔县航天镇34公里，东北距今卫星发射中心直线距离50公里。如今，遗址障城犹在，历经千百年风霜雪雨仍巍然屹立。视其外

↑肩水候官外观（A33 地湾）（2018-08-11） 蔡先金 摄

[1] 张德芳. 地湾汉简概要[J]. 中国书法，2018（10）：90-97.

观，似与小方盘城遗址有几分相像，西墙面开设进出口。

在肩水候官遗址出口附近，我们展开随身携带的横幅，戈壁滩上秋风拂面，大家簇拥在一起，脸上洋溢着快乐，拍照留念。这张照片成为我们河西走廊之行的经典瞬间。

↑肩水候官（A33地湾）留影（2018-08-11）宁家宇 摄

↑相伴（2018-08-11） 戴永新 摄

这里就是肩水候官遗址了。根据汉简的记载，两千多年前这里就是肩水都尉府下属之肩水候官的驻地（其组织机构见表1），一座西北边塞通往居延地区的军事要塞。在出土的居延简牍中我们时时能见到“肩水候官”字样。

表1 肩水候官组织机构

机构名称	职官	职责	简文
候官	候	候官的最高长官	三月癸酉大煎都候婴齐下厌胡守士吏方承书从事下当用者如诏书／令史偃（《疏》:42）[1] 十二月癸丑大煎都候丞罢军……（《疏》:147）[2]
	丞	候之副职	
	掾与令史	主管具体事务	
	书佐	文书之类	

地湾出土的汉简最初释文是由劳干、何双全、张俊民和张德芳等

[1] 林梅村，李均明. 疏勒河流域出土汉简［M］. 北京：文物出版社，1984：36.
[2] 林梅村，李均明. 疏勒河流域出土汉简［M］. 北京：文物出版社，1984：41.

↑肩水候官内部（2018-08-11）
宁家宇 摄

↑肩水候官入口及西墙体（2018-08-11）
蔡先金 摄

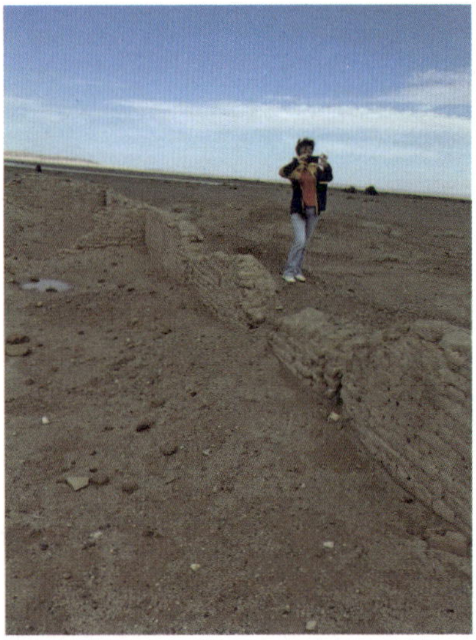

↑肩水金关城墙遗迹（2018-08-11）
蔡先金 摄

学者于20世纪90年代中期及以前完成的。进入21世纪以后又重新整理并正式发表了这批材料，书名《地湾汉简》。该书收录了甘肃省文物考古研究所于1986年集中对地湾遗址进行考古发掘所收获的汉简。全书完整刊布了原简的彩色图版、红外图版以及释文。其资料来源主要是肩水候官的各类原始文书档案，记录了这一地区的政治、经济、军事、典章制度等各方面的情况，如日常勤务的日迹记录、邮件传递记录、守御器簿、戍卒被兵簿、钱出入簿、吏受奉名籍、谷出入簿、吏卒廪名籍、出入关的记录等。

走进肩水候官，内部空空如也，当年的一间间房舍已无踪影。墙体夯筑，夯土与芦苇等植物掺杂、层层堆砌的黄土墙体围成高高的城障，墙体坑坑洼洼、沟沟坎坎，似伤痕累累般。我们在肩水候官遗址出口外侧拍了照片，在内部背景墙体也拍了一张。

大家分散开来，查看地基与墙面，以及四角。古人为保护古遗址墙体，排水等设施早已安置妥当。

靠近西墙入口处，我抬眼望去，看着坐落在戈壁荒滩中的地湾，凭吊肩水候官的历史，回望这里曾经的故事。这里是边塞官兵曾经的家，贩夫走卒、迁客骚人、传书快马驿憩之地。她重要过，荣耀过，辉煌过，但沧海桑田，洗尽铅华后，她在浩瀚苍穹、天地混沌中，了无所依，枯萎、干裂、燃烧。如今肩水候官的墙体，每一寸肌肤都已见斑驳，陈朽、凹凸不平，甚至千疮百孔，但姿态仍旧厚实挺拔，精神坚守不屈不挠，她仍以特有的魅力吸引着南来北往的游人墨客。

↑居延遗址（A32 烽燧）（2018-08-11）
吴龙 摄

距东地湾不远处就是肩水金关。在汉代，这里是河西走廊出入居延地区的必经之地，与玉门关和阳关的功能相仿，凡是南来北往者，无论是人员，还是车马物品，都要在此接受出入关之检查。远远望去，哪有肩水金关身影？唯剩下一个不大的凸起的土包，一圈防护栏护卫，当时壮观的古建筑都坍塌了，名副其实的废墟一堆。

↑肩水金关故址（A32）（2018-08-11）
吴龙 摄

站在古遗址之上，可以想见如能倒回两千多年前的汉朝，这里是何等的壮观与辉煌。

仅从遗址平面图上看就有如关门、关墙、坞墙、烽燧、堡屋、篱笆、虎落等诸多设置。在遗址现场细细观看，关城的关门和东西一段城墙的遗迹仍隐约可辨。

从这些遗迹中，我们能遥想其当年的盛景，金戈铁马，人流车流络绎不绝，人声鼎沸的劳作号子……他们是谁？做着什么工作？老家在哪儿？立下什么战功？我们多想接触他们，认识他们，了解他们，与他们对话。

↑肩水金关遗址留影（2018-08-11） 吴龙 摄

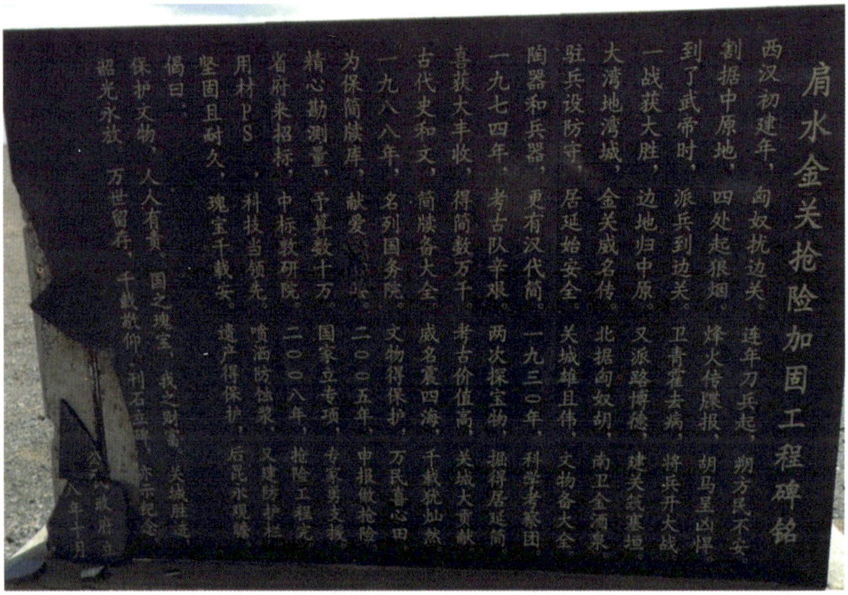

↑肩水金关抢险加固工程碑铭（2018-08-11） 蔡先金 摄

赵立伟等几位老师已在废墟中考察多时，她走过来，递给我一些陶瓦片。这是汉代的陶瓦吗？如果是，那就太弥足珍贵了。我随后走过去，遍地寻找起来。

蔡校长、苗院长、刘雯、宁家宇等走得离我们很远了，正在向河边

↑近观黑河（2018-08-11） 蔡先金 摄

走去。地湾遗址往西70米处，就是著名的黑河；而肩水金关位于“双城乡东北约34.6公里的黑河东岸100米处”[1]。他们不愿放过近观黑河这一机遇。黑河流水汩汩汤汤，岸边芦苇碧碧丛丛。古代关口常常建在水边，便于满足商旅与士兵的日常生活和作战需求，以及运输驼队、马匹等牲畜的饮用水和草料供给。

12:50，地湾与肩水金关考察结束。

[1] 吴礽骧. 河西汉塞调查与研究［M］. 北京：文物出版社，2005：160.

二十六
大湾遗址

车沿着酒航路原路返回，又行驶了7公里，我们很快进入大湾城遗址考察。

大湾城故址，系汉代肩水都尉府所在地。古时大湾地有东西两城，

↓走向大湾（2018-08-11） 赵海丽 摄

依山傍水，遥相对峙，历来为兵家金戈相争之地。

经过半个多小时的行走，遇到一段正在修建的路基，还要徒步走很远的戈壁荒滩。在风沟起伏的戈壁中，脚下的沙地上长着梭梭树，似鼓起的一簇簇小沙丘，虽稀疏却随处可见，远观已蔓延成片。烈日炎炎下，无边的戈壁沙漠被烤得滚烫，这坚韧的梭梭树丛，迎着热浪顽强地生长着，不规则地蜿蜒着，给沙漠带来了生命的活力。我们一行在梭梭树的陪伴下，终于见到了挺立两千多年的汉时肩水都尉府治所的真面目。

碑正面：居延遗址A35城。背面：居延遗址—A35城址，俗称大湾城，蒙古语称为塔拉因都日博勒金，位于东风镇宝日乌拉嘎查西南77.4千米处，坐落在额济纳上游东岸。城址平面呈长方形，东西长360米，南北宽240米。墙体夯筑，基宽4米，残高9米，门设东墙，加筑瓮城。外围有废弃墙体和房屋残迹、窑址、烽火台、古代田渠等遗迹。1930年，中瑞西北科学考察团试掘了A35城的16个地点，在其范围内共出土汉简1500枚，同时出土的器物有木器、竹器、葫芦器、芦苇器、石器、陶器、铜器、皮器和丝织物等。此外，出土有西夏文的印版文书和西夏文的丝绸各一件。保护范围：遗址本体向四周延伸200米为保护范围，保护范围四周以外延伸100米为建设控制地带（军地共建文物保护工程）。

汉塞军事防御系统的最高建制中最高长官都尉就工作生活在这里。从汉代边塞防御体系都尉、候官、部、燧的建制来看，“燧”作为最基层的防御单位，有燧长和二至三名戍卒，并在这一地点建有候望、驻守用的烽火台和小坞。由六至九个燧组成一“部”，有候长和候史，主要负责其辖区的候望防御事务。“部”之上为“候官”，负责汉塞近百里地段的防御。如甲渠候官有“部”十个，约八十个“燧”，吏员百余人。“候官”之长称候，秩六百石，几个“候官”归一“都尉”，并设有都尉府（见表1）。[1]

表1 肩水都尉府组织机构

<table>
<tr><th>机构名称</th><th>职官</th><th>职责</th><th>简文</th></tr>
<tr><td rowspan="6">都尉府</td><td>都尉</td><td>都尉府的最高长官</td><td rowspan="6">敦煌玉门都尉子光丞万年/谓大煎都候写移书到定部甲面☐☐言到日如律令卒史山书佐熢昌（《疏》:203）[2]
十一月壬子玉门都尉阳丞罗敢言之谨写移敢言之/掾安守属贺书佐通成（《疏》:524）[3]</td></tr>
<tr><td>丞</td><td>都尉之副职</td></tr>
<tr><td>掾</td><td>管理行政事务</td></tr>
<tr><td>属（守属）</td><td>专管烽火系统的督烽掾</td></tr>
<tr><td>卒史</td><td>4人，主兵马</td></tr>
<tr><td>主簿、书佐</td><td>主簿管理文档；
书佐负责文书之类</td></tr>
</table>

现在我们看到的是东大湾城，大湾城遗址已圈围了金属网护栏。当我们站在金属网护栏外侧的空地远观，第一次和这座遗址目光接触，就是一个巨大的冲击，觉得她竟然是那么的抢眼，既壮观又鹤立鸡群的身姿，已经压倒一切，一把抓住了我们。据资料记载，汉代的肩水都尉府地址——东大湾城，由外城、内城和障三部分组成。外城仅剩部分残缺墙基，宽约2米，东南角存有一座烽台，高约10米，基座边长约5米。内城位于外城的东北部，东西约190米，南北约140米，有残缺墩台、房屋和墙基遗迹。城门在东墙偏南部分，门外有瓮城，门内北侧有马道，可直达城头。障位于内城的西南部，城头有矮堞遗址，高约8米，障外瓮城边有一道南北向的浅壕遗迹。城内外存有多处房屋遗迹，城周围戈壁滩上有明显的古代田渠遗迹。尤其外城东南角存有一座烽台高

[1] 中国简牍集成编辑委员会. 中国简牍集成（第5册）［M］. 兰州：敦煌文艺出版社，2005：2.
[2] 林梅村，李均明. 疏勒河流域出土汉简［M］. 北京：文物出版社，1984：44-45.
[3] 林梅村，李均明. 疏勒河流域出土汉简［M］. 北京：文物出版社，1984：65.

约10米，基座边长约5米，历经千年仍似一位美少女亭亭玉立，透着典雅的时代气质；又似一把出鞘的宝剑，透着霸气的勇猛威严，直刺天空。我们一行惊叹于这座层层叠叠历史积淀的遗址建筑体量是何等的壮阔，比肩水候官遗址大得太多，漂亮极了！是你看一眼就不会忘记的那种，也就是说我们正在获得的是一种他人无法想象的精神震撼、收获、安慰，甚至是一种特殊的愉悦！

我们没有看到过比这更完美的刚柔相济！

居延汉简的出土是由中瑞西北考察团开启的，由地湾、肩水金关、大湾的碑记已略知一二。

由瑞典贝格曼、伯林、贝歇尔、霍涅尔、约翰逊和中国陈宗器带领的中方人员

↑肩水都尉府（A35 大湾）遗址（2018-08-11） 蔡先金 摄

↑喜悦（2018-08-11） 李如冰 摄

↓大湾遗迹（2018-08-11）蔡先金 摄

组成的19人中瑞西北考察团（第二批），于1929年10月1日，从北京出发西行，考察工作一直持续到1931年5月。其间，1930年4月27日，在博罗松治汉代烽燧遗址中发现了第1枚汉简，从此拉开了第二批中瑞西北考察团挖掘汉简的序幕，此后，在北到额济纳河下游的索果淖尔和嘎顺淖尔，南到金塔毛目（今鼎新）的广大地区，不放过每一处遗址，进行了大规模的发掘。经过一年的工作，在30多个地点共获得汉简11000余枚。其中额济纳旗的破城子（A8）、金塔县的肩水金关（A32）、肩水候官（A33）、肩水都尉府（A35）等遗址中出土最多。

这些汉简于1931年5月运到北京，存放在北京大学，由双方学者进行整理。在前人整理的基础上，1934年，又组织有关专家对汉简进行文字考释。整理工作还未完成，1938年，为免战火，原简被转移到香港，在香港进行了拍照。香港沦陷后，又将之转运到美国，后又运至台湾，现藏于“中央研究院”历史语言研究所。

1972年9月，甘肃省文化厅批准建立居延考古队，从南至北往返5次，考察遗址50余处，采集汉简约800枚，其他文物100余件，实现了自1930年以后中国人第一次全面调查居延古遗址的目的。1973年9—11月，居延考古队开始对肩水金关（A32）和破城子（A8）的障内进行全面发掘。1974年6—11月，除了继续对破城子全面发掘外，还对第四燧P.1也进行了发掘，共获得汉简21000余枚，其他文物2000余件。1976年9—10月，居延考古队又一次对额济纳河下游开展了普查，考察遗址80余处，采集汉简100余枚。1980年8月，何双全等人在破城子障东墙缝中发现晋太康元年木简1枚。

1986年6—8月，甘肃省文物考古所对金塔县的大湾城（A35）进行了全面发掘，出土汉简1000余枚，结合贝格曼在这里挖出的汉简，研究断定A35为肩水都尉府的办公署地，与相距不远的肩水金关互为辅依。大湾城故址文物研究价值极高，1981年9月，该遗址被甘肃省人民政府公布为省级文物保护单位；1988年1月，又被国务院公布为全国重点文物保护单位。

据统计，新旧居延汉简总数约为33000枚，其中台湾地区藏11000枚，甘肃藏21000枚。总体看其出土地点很分散，涉及30多个具体小地点，但因遗址规模的大小、级别的高低，以及保存状况的不同，各点所出的汉简也是千差万别、各具姿容的。汉简多出土于都尉府以下各级单位的遗址中，其中烽燧有20多处、部3处、候官5处、都尉府2处、关口1处。出简最多的是甲渠候官和肩水金关。

额济纳旗的破城子，金塔县的肩水金关、肩水候官、肩水都尉府这4个地点出土的汉简，超过居延汉简总量的90%（见表2）。另外，在甲渠候官第四部（P1）出简262枚，在卅井候官次东燧出简173枚。这样，从燧到部，从部到候官，再到都尉府、关口，5个不同级别、不同性质、不同作用的单位都出土了汉简。为了区别贝格曼的发现，将甘肃省文物考古所发现的汉简叫作居延新简，原简现藏于甘肃简牍博物馆。

居延地域出土的汉简，从形制上看，有简、牍、觚、检、缄、签、

表2　居延四个地点出土汉简情况统计

时间	数量（枚）	合计（枚）	出处
1930年	5216	12931	甲渠候官（俗称破城子，A8）
1973—1974年	7715		
1930年	850	11850	肩水金关（A32）
1974年	11000		
1930年	2383	2383	肩水候官（地湾，A33）
1930年	1500	2615	肩水都尉府（大湾，A35）
1972年	15		
1986年	1100		

梼、符、削衣等；从材质上看，有松、杉、胡杨、红柳、竹等。从简牍内容看，分为22大类，百余种原始文献，其中不乏精品。1930年，在肩水都尉府和肩水金关各发现1枚；1974年，在居延甲渠候官发现了17枚，都是烽火品约。这19条品约是居延（17条）和肩水（2条）两个都尉府为各自防区制定的报警规定，让我们知道了发布报警信号的条令规定内容，而不用到古人的诗词，如唐王维“大漠孤烟直，长河落日圆”；宋范仲淹“四面边声连角起。千嶂里，长烟落日孤城闭”；明高岱“贺兰烽火接居延，白草黄云北到天”；清曾钧“塞上传烽严斥堠，湟中荷锸息貔貅”等文献的零星记载中去猜想烽火明灭的状况。这些简牍为研究居延塞的建筑、建制、职能、作用及运作情况等一系列问题提供了丰富的建筑实物和文字记录等原始资料，让我们尤其对一些专用名词有了较为系统的认识。

（1）烽。烽火台上使用的信号物之一，由木杆、滑轮、绳索、筐篮、可燃物共同组装成的一套设备。具体操作为在烽火台上竖高杆，杆头安横木，安滑轮，将装有可燃物的筐篮系在滑轮上，使其能上下升降，无事时放下来，有事时点燃升起，以示有警。

（2）烟。即狼烟，狼粪之烟。相传狼烟遇风不斜，可直线上升。唐代温庭筠《遐水谣》：“狼烟堡上霜漫漫，枯叶号风天地干。”李商隐诗云：“鸡塞谁生事，狼烟不暂停。”

（3）表。《周礼·春官》郑玄注曰：“表，谓徽帜也。”即信号旗。

（4）苣。用柴草或苇扎成的草把子。

（5）积薪。垒叠成堆的柴草垛子。

这5种物品是示警和点燃信号用的基本物资。烽、烟、表白天使用。烽要升高示警，烟要在烽火台中施放，表要在城堡头上举动，是根据不同情况互相配合、互相交叉使用的。苣、积薪是晚上使用的，根据不同情况同时或交叉使用。

（6）堠。《正韵》曰："土堡也。"堠就是土楼。

（7）坞。《说文》曰："小障也。"一曰"庳城"。坞就是围墙。

烽火信号就是在这两个地方施放。

总之，所谓烽火品约（烽火制度条令），则是起用以上诸种要素的具体办法。

关于居延防线区域出土汉简的整理成果的公布发表，经历了一个漫长的历程。张德芳先生考述，1936年，西北科学考察团将余逊和劳干两人的释文用晒蓝纸印刷成册，世称"晒蓝本"，这是居延汉简最早的释文本。所憾只有释文而无图版，且释文也只有3055条，只是全部居延汉简的三分之一。全面抗战爆发后，汉简被运往香港，运往美国。当年参加整理的人员也随单位的南迁而分散各地。只有劳干一个人随着中研院史语所在先迁长沙，而后昆明，再迁李庄的过程中，利用沈仲章在香港所拍反体照片重新又作了释文，并于1943年和1944年，在四川南溪石印出版了《居延汉简考释·释文之部》和《居延汉简考释·考证之部》。1949年，又在上海商务印书馆用活字印行了《居延汉简考释·考证之部》。1957年，在台北印行了《居延汉简考释·图版之部》。1981年，台北出版了马先醒的《居延汉简新编》。1998年，又出版了史语所编的《居延汉简补编》。[1] 中国科学院考古研究所于1959年编辑出版了《居延汉简甲编》，包括2555枚汉简的照片、释文和索引；1980年，又编辑出版了《居延汉简甲乙编》。谢桂华、李均明、朱国照于1987年出版了《居延汉简释文合校》。中国简牍集成编辑委员会于2005年出版了《中国简牍集成（标注本）》第五册、第八册。日本学者永田英正著《居延汉简研究》上、下两册，于2007年由广西师范大学出版社刊行。马怡、张荣强于2013年出版了《居延新简释校》。

[1] 张德芳. 居延汉简及其相关的人和事［A］//张德芳，孙家洲. 居延敦煌汉简出土遗址实地考察论文集. 上海：上海古籍出版社，2012：7-8.

废墟中的陶瓦片，再一次引起了我们的关注，大伙儿散开拾捡了一些。我看着手里的一枚陶残片，猜测它原属于一个碗，还是一个盛物的陶罐？它的原型是什么模样？谁曾经拥有过它？曾经摆放在哪里？是否为主人爱不释手之物？我们传递着仔细打量并热烈地讨论，将收集起来的陶瓦片带回聊城大学国学院是大家的共识。

14:40，考察完大湾，我们继续往额济纳行进。

这时，我的手机收到额济纳旅游局发送的欢迎信息："探黑水古城、访丝绸北道、观航天发射、赏壮美胡杨、品国宝汉简、游边境口岸，览居延碧海、大漠童话，额济纳欢迎您！"短短数语，道出额济纳拥有的丰厚资源，古遗址与航天城，地上自然美景与地下国宝汉简，让艳阳下长途跋涉而辛劳不堪的我们备感体贴与暖心！丝绸歌咏与大漠童话，我们来了，值了！

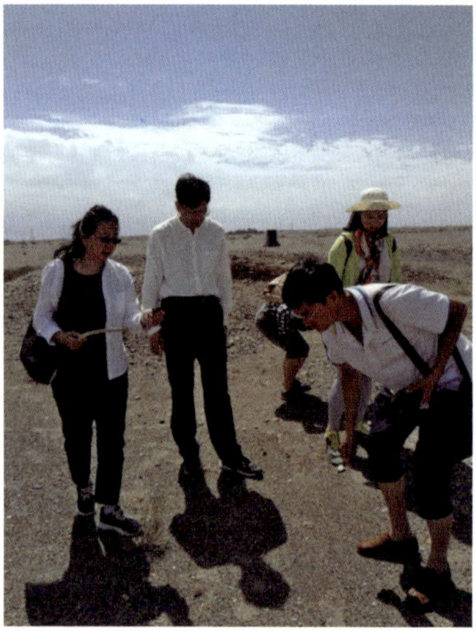

↑陶瓦（2018-08-11） 赵立伟 摄

15:20，我们按原路返回时，又一次必须通过双轨火车道，没想到的是铁轨两侧的围栏又被上了锁。赶快与刚才留下手机号码的军人联系，不一会儿他就从营房走出来，告知刚才没联系上保管钥匙的军人，言可以带我们去找他。于是，几位团队老师下了车在原地等候，军人坐上我们的车去离此不远的另一处哨所。大约过了十多分钟，拿钥匙的军人也开了一辆车跟随过来。围栏终于被打开了，又是一次在麻烦与等待中的通行经历。考察中我们知道古人出入关口不易，而今天这小小的铁路也是不小的拦路虎啊！

今天我们团队的这两次火车道进出的经历，竟也演绎了一幕"入关"与"出关"的故事。

二十七
沙尘暴来了

16:10，我们车行到一处加油站，买了点食品。先金与小家宇在观景，家宇说："远处有烟。"先金言："是雪山吧。"我看了一眼，说："是沙尘暴吧。"我也就随意这么一说，一会儿可就了不得了，只见黑黑一团向左侧远处的山峰包抄过去，达师傅说："真来沙尘暴了！"刚刚还是烈日炎炎，天高云淡，戈壁滩上没有一丝风。因隔得远，我们都怀着侥幸心理，即使是沙尘暴，离我们还远着呢，或许我们车开得快点就能摆脱它吧。

16:30，扬起的黄沙在快速流动，远处的天色似灰似黄，不祥的沙雾愈加密布，眼看着沙尘暴像恶魔一样，逐渐向我们的车包抄了过来。车上的我们都傻了，因为除了吴导与达师傅，我们谁也没见过如此凶猛的沙尘暴，狂风夹杂着沙粒冲向我们。车里可能我是最不淡定的，大声说："达师傅，我们往回开，快！往回开呀！"达师傅不急不慌地说："往回开也来不及，沙尘暴跑得比车快。"车内顿时安静了下来，大家都在静观，眼看着沙尘暴向我们围了过来。

达师傅说必须停车，打开双闪，靠路边停下来。一刹那天似黑幕遮挡住了我们的视线，几米之外就看不清楚了。此时在路上行驶易出交通事故，是很危险的。我们的车打着双闪停下来，随之后面也有一辆停了下来，似乎像人在困难时希望周围同伴多点儿一样，车子聚集在一起，一同抗衡沙尘暴更有力量。此情景让我想起冬天的狂风暴雪，我们拿它一点儿办法也没有。

↑沙云（2018-08-11） 蔡先全 摄

↑包抄（2018-08-11） 戴永新 摄

16:35，戴老师发送一张照片，此时沙尘暴离护路铁丝网还有些距离。

一会儿，这团妖魔就越过铁丝网，直逼我们。大漠无边，狂沙大作，沙粒敲击着车窗噼里啪啦地响。车里的我们观望着，内心充满恐惧（程度不同而已），沙尘暴包围了我们，不知下一秒钟会发生什么，车窗的玻璃会被袭击破碎，还是车会被掀翻？这一幕不在我们团队考察预想范围之内，是大家从未有过的经历，是出发前做梦也想不到的事。正

↑汹涌（2018-08-11） 宁登国 摄

↑肆虐（2018-08-11） 蔡先全 摄

如美国探险家华尔纳所言：“我简直不习惯这种情景，狂风袭来，总有一种不知所措的恐怖的紧张感。”[1]我们确实在漫天肆虐的黄沙中体验着惊心动魄！

车沿路边停下等待沙尘暴经过，足足40分钟。

在此地区，沙尘暴的侵袭司空见惯。1908年5月27日，法国伯希和一行在离开千佛洞返回敦煌时，就遇到了一场极大的沙尘暴，许多沙丘就在他们眼皮下形成了。[2]

1927年5月20日，瑞典探险家斯文·赫定一行开始从内蒙古乌兰托向额济纳行进，行程万里，主要是无人定居的戈壁沙漠。1927年9月12日中午，已临近额济纳，当考察队员正在戈壁荒漠行走时，卷腾的尘风从西北而来，飞沙飒飒地横扫于沙漠之上。风的速度每秒19米。灰黄色的烟雾在地平线上飘荡，满天乌黑朦胧，看着一阵阵的细尘在沙面上漂流。[3]

1927年11月，当斯文·赫定一行贯穿额济纳河与哈密间的沙漠时，又遇到了他们前所未有的一次沙尘暴袭击。

尽管对人类来说，沙尘暴是令人惊恐和厌恶的灾难，然而科学研究证明，沙尘暴如同洪水、地震和火山喷发一样，是大自然万物消长中的一环。在地球上百万年的时间表里，沙尘暴从未停止过，亦永无消歇。

传世文献中早有对沙尘暴的描写，如《汉书·五行志》记载：“成帝建始元年四月辛丑夜，西北有如火光。壬寅晨，大风从西北起，云气

---

[1] ［美］兰登·华尔纳. 在中国漫长的古道上［M］. 姜洪源，魏宏举，译. 乌鲁木齐：新疆人民出版社，2013：55.

[2] ［法］伯希和. 伯希和西域探险日记1906–1908［M］. 耿昇，译. 北京：中国藏学出版社，2014：510.

[3] ［瑞典］斯文·赫定，沃尔克·贝格曼. 横渡隔壁沙漠［M］. 李述礼，张鸣，译. 乌鲁木齐：新疆人民出版社，2013：12.

赤黄，四塞天下，终日夜下着地者黄土尘也。”[1]

出土简牍中亦见对汉代沙尘天气的记载。1913年7月至1916年3月，斯坦因第三次来到中亚考古探险，他在甘肃敦煌的哈拉淖尔湖岸的汉代烽燧西南侧遗址灰堆中获得一批简牍，斯氏编号T.22d021，甘肃省考古研究所编号38号，这批简牍现藏于伦敦大英图书馆。其中木简上写有一首开篇为“日不显目兮黑云多”的诗歌（亦有学者认为是汉赋）。1931年，张凤负责影印《汉晋西陲木简汇编》之时，曾命名这首诗简为“风雨诗木简”，这就是该枚敦煌汉简及其简文诗名称的由来。[2]劳干、李零、许云和等学者对《风雨诗》的释文作了考订。释文并句读如下：

日不显目兮黑云多，月不可视兮风非（飞）沙。

从恣蒙水诚（成）江河，州（周）流灌注兮转扬波。

辟（壁）柱槙（颠）到（倒）妄相加，天门俫（狭）小路（露）彭池。

无因以上如之何，兴章教海（诲）兮诚难过。（敦·2253）[3]

该简长24厘米，宽26厘米，就形制来说，属两行。简文共八句，以诗歌的形式描述了沙尘蔽日的情形，尤其是前二句“日不显目兮黑云多，月不可视兮风非（飞）沙”，描述了沙尘暴来临，黑云压顶，狂风大作，沙土飞扬，日月不见之状。该诗通篇押韵，用韵极为工整，均押歌部韵，具有很强的咏唱性。

---

[1] 班固. 汉书·五行志［M］. 颜师古，注. 北京：中华书局点校本，1975：1449.

[2] 张凤著录为51：19。张凤. 汉晋西陲木简汇编［M］. 上海：有正书局，1931.

[3] 甘肃省文物考古所编《敦煌汉简》释文编号2253. 图版编号壹陆玖。参见甘肃省文物考古所. 敦煌汉简［M］. 北京：中华书局，1991.

汉简《风雨诗》虽然发现于敦煌，但其创作背景或创作地未必是敦煌，有学者推断由于该诗流传颇广，方才出现在河西边塞之地。该诗到底创作于何地，这与对该诗内容之解读是有关系的。现有一种解读认为，该诗创作地为甘肃天水，其主要依据是《风雨诗》中出现的“蒙水”“天门”“彭池”等水名与山名。

（1）“蒙水”。李零认为此乃河水名，在崦嵫山下。[1]许云和认为：“崦嵫山汉称邽山，即今天水市区西北凤凰山，自古被尊为秦州镇山，蒙水即发源于凤凰山的罗玉河，洋水则是穿市区而过的藉河。”[2]

（2）“天门”。许云和据此认为此天门当指汉天水郡冀县天门山。《甘肃通志》卷五“伏羌县”：“天门水出天门山，东流入渭。”“天门山在县南里许，县之主山，三峰耸峙，有两穴如门，中有湫池。”

（3）“彭池”。肖从礼认为“彭池”即指天门山中庞大的“湫池”。《慧琳音义》卷十四“湫水”注：“湫者，即有龙池水也，或在深谷摧山，壅水以为龙池。或在平原川泽，但有龙池水，即号湫。”《水经注》卷十七载，汉天水郡治之北城有这种“湫池”，池中有白龙，风雨兴焉：“北有蒙水注焉，水出县西北邽山，翼带众流，积以成溪，东流南屈径上邽县故城西侧，城南出上邽。故邽，戎国也，秦武公十年伐邽县之旧。天水郡治五城，相接北城，中有湖水，有白龙出是湖，风雨随之，故汉武帝元鼎三年改为天水郡。其乡居悉以板盖屋，诗所谓西戎板屋也。濛水又南注藉水。《山海经》曰：邽山，蒙水出焉，而南流注于洋，谓是水也。”[3]“路彭池”，即“露彭池”。

---

[1] 李零．简帛古书与学术源流［M］．北京：生活·读书·新知三联书店，2008：374.

[2] 许云和．敦煌汉简《风雨诗》试论［J］．首都师范大学学报（社会科学版），2011（2）：84.

[3] ［北魏］郦道元．水经注疏［M］．杨守静，等疏．段熙仲，等点校．南京：江苏古籍出版社，1989：1493-1494.

路、露古通用。《诗·邶风·式微》“胡为乎中露”，马瑞辰《毛诗传笺通释》：“露、路古通用。中露疑即中路也，《列女传》引诗正作中路。”《荀子·富国》“都邑露”，王先谦《集解》引卢文昭曰：“露，元刻作路，古通用。”露，泄也。从“壁柱颠倒妄相加，天门狭小露彭池”两句诗对仗看，前句中“妄”为动词，后句中“路”亦应为动词，而非名词。

如此推论《风雨诗》产生于甘肃天水，而传播于敦煌。[1]

1998年，敦煌市博物馆为配合小方盘城抢险加固工程，对城堡南面一小部分区域进行了考古调查，共获汉简130枚，其中一枚簿册文书反映了汉代小方盘城或周边经历沙尘暴洗礼的情况，简文如下：

> 二月廿三日乙巳卒十九人作簿，其一人削工，一人治席，一人门府门，一人治革，一人守库，一人治苇，二人养传马，二人治府上清，二人治外围，二人治内围，五人除司马丞舍屋上沙。（Ⅱ98DXT2②:28）

该简为胡杨材质，就形制而言属牍。簿册明确记载了汉代玉门关戍卒值守的分工，其中“五人除司马丞舍屋上沙”，其余工作仅一人或二人，从一个侧面说明此地曾经受过强烈沙尘暴的袭击，由此足见当时沙尘暴规模之大。

汉代敦煌极端沙尘天气在悬泉置汉简中同样也有宝贵记载：

> 悬泉地热多风，涂丘干燥，毋急其湿也。……
> （Ⅱ90DXT0211②:26）

---

[1] 蔡先金．简帛文学研究［M］．北京：学习出版社，2017：300-304.

二月中送使者黄君，遇逢大风，马惊折死□

（Ⅱ90DXT0215④:71）

送使渠犁校尉莫府掾迁，会大风，折伤盖□十五枚、驭赵定伤

（Ⅱ90DXT0215④:36）

第一枚记载“悬泉地热多风”的自然状况；第二、三枚记述遭受沙尘暴时人员与马匹的受伤情况。此外，考古工作者何双全先生曾记述：“（悬泉置）遗址发掘时，在西部灰区堆积中，我们在划分地层时发现，第一层与第二层之间和第二层与第三层之间均有厚1厘米细沙层分布，并隔断文化层之间的联系，每层厚30—40厘米，推测为大风沙暴所致，这两层文化层为王莽至西汉成帝时堆积，由此可以断定公元20年至前20年间，曾有两次特大沙尘暴袭击过悬泉。”[1]可知科学发掘以及简帛的出土均证明了汉代河西走廊区域频繁经历沙尘暴与造成伤害严重之事实。

↑两重天（2018-08-11） 赵海丽 摄

16:42，能见度稍好，达师傅发动了汽车，慢行。

16:47，下起雨来，雨点较大，敲击着车玻璃啪啪地响。能见度越来越好。

16:50，不见沙，但有风，太阳高照！在40分钟内，我们见证了说变就变的两重天，一天经历诸多景观：秋雨、弱水、过铁路、寻地湾、肩水金关、大湾遗址、沙尘暴……

---

❶ 朱建军，赵玉琴. 简牍材料所见两千年前敦煌地区大风与沙尘暴［N］. 光明日报，2021-05-24.

一切都是最好的安排！试想，如果我们在戈壁跋涉中遇到沙尘暴，我们该如何行为？就地卧倒匍匐一隐蔽处，手拉着手共渡难关，任凭狂风沙石来袭！

17:00，经历了沙尘暴，为平复大家的情绪，转移一下注意力，我们一行朗诵并学唱《行者无疆》。

17:26，雨又下大了，我们还行进在航天专用水泥路面上，左右两侧阴阳两重天。

二十八
又见校友

18:20，我们终于到了住宿地——额济纳旗俪雅商务宾馆。宾馆门口一位员工正在冲洗地面，想必刚才的沙尘暴也给这里覆盖了一层沙土。入住后我注意到房间的窗台上的确有细细的薄层沙粒。看窗外雨过天晴，街道与树木被雨水洗刷得洁净清新。

额济纳旗隶属于内蒙古自治区阿拉善盟。地处中国北疆，位于内蒙古自治区最西端。面积11.46万平方公里，境内多为无人居住的沙漠区域。

额济纳也是我一直都想去的地方，和大多数游客一样，我仅知道这里的胡杨很有名，秋天的胡杨林最美！而此行让我记住了，在中国典籍中有一个更响亮的名字：居延。居延是汉代西北塞防的重要枢纽，有最典型、最周密的要塞城障、防务系统。唐诗中居延几乎成了边塞的代名词，“单车欲问边，属国过居延”“居延城外猎天骄，白草连天野火烧”，这些诗句流传千年，脍炙人口。而出土的居延汉简已深入我的内

↑住宿地（2018-08-11） 蔡先金 摄

↑沙尘暴过后的额济纳（2018-08-11） 蔡先金 摄

心，强有力地吸引着我的目光，催促我西北之行的坚实脚步……

18:30，在大厅集合吃饭。餐间，大家围坐在一起，边吃边谈论着一天的收获与感想。

聊城大学文学院2006级毕业生李伟同学，在额济纳旗（含策克口岸）海关工作已有8年。在文学院分管学生工作的戴永新老师与他联系上，他早早来到俪雅商务宾馆大厅等候我们。

李伟是聊城冠县人，大学毕业后曾任职于当地行政机关，后考取国家公务员并成为策克口岸的海关工作人员。他高高的个子，黑黝黝的脸庞，显得干练而精神。老师们说他在学校读书时，就是一位用功读书、积极参加班级集体活动、表现出色的好学生，又因为毕业时积极报名参与边疆建设而为学院领导和老师们所熟知。如今，他已成长为一名有责任、有担当的海关口岸负责人，业务上的核心骨干力量，也是一位爱心无限的丈夫和两个孩子的父亲（二宝很快就要出生）。

师生相见分外亲切！相互问候，热情地交谈，离别8年了，有很多话要说。一阵寒暄叙谈后，很快谈到中心议题——明天考察的内容、行程及时间安排等事宜。李伟同学谈了自己做的初步方案，使团队老师们心里有了底。考虑到老师们辛苦了一天，李伟同学匆忙告辞，让老师们早点休息。

21:30，当地气象局发布黄色预警：6小时内阿拉善盟东部、巴彦淖尔市大部、鄂尔多斯市南部、呼和浩特市北部、乌兰察布市北部、锡林郭勒盟东北部、赤峰市南部、通辽市中部和南部，可能发生雷电。

23:04，宁登国老师通知：明天8:10一楼集合，参观额济纳博物馆。

二十九
额济纳河

2018年8月12日，星期日，晴。今天是河西走廊简帛出土遗址考察之行的第七天。

早起，到室外呼吸一下新鲜空气，太阳冉冉升起，昨天的雨水冲刷掉所有的污秽，空气是洁净而明亮的。经过宾馆前的温图高勒路，到对面的健康主题公园（也称额济纳旗公园）走走。该园位于达来呼布镇滨河路、胡杨街、居延街交会处，占地32万平方米，园内分布着天然胡杨及沙生灌木，大漠中的花园美景，赏心悦目。

走进公园不远处，就是一大片胡杨及沙生灌木。当东方第一缕阳光照进公园，或许因为昨日的雨水冲刷，这些灌木格外嫩绿，天空彩虹高挂，为绿色映染上彩妆，令人愉悦，特别是在初秋之际的太阳越来越高时，伴有沙生灌木叶子上晶莹透亮的露珠化作水汽升起，均匀地涂抹到胡杨及沙生灌木上，偶见闪着水滴的蜘蛛网。栈道向公园里延伸，指引着先金和我前行的方向。栈道树荫下偶见几位晨练者，给这一带的空气注入了某种轻松和充满活力的元素。

↑胡杨与彩虹（2018-08-12） 蔡先金 摄

公园与额济纳河相邻，即黑河流经额济纳地段，被称为额济纳河。额济纳河顺流而下，湍急涌动。发源于祁连山的额济纳河自南向北进入额济纳旗，流经280余公里，在尾闾三角洲地区形成京斯图淖尔、苏泊淖尔、嘎顺淖尔三个湖泊。

斯坦因于1914年春到过额济纳河流域。他说：

1914年春间到过额济纳河流域一次。蒙古极南端这处地方的地理情形，引起我的注意，那里同罗布盆地的性质相似，历史方面也不相上下。此地在以前曾先后归属于甘肃游牧民族大月氏人以及匈奴人所管辖；大月氏即是后来的Indo-Scythians，匈奴人则屡次西徙，严重地影响到中亚欧洲以及印度的历史，这都是后话。额济纳河谷地方因为大自然所给予水草的方便，自古以来要从蒙古草原向沿着南山北麓而为联络中国与塔里木盆地以及中亚腹地大官道的沙漠田入寇侵略，就以此处为最容易。[1]

斯文·赫定于1927年9月28日也曾到达额济纳河："它在我的心目中是地球上最壮观，最可爱的一条河。"同行队员贝格曼对额济纳河也充满了深情："（1930年5月10日）在松杜尔老海关，晚上我们围着篝火坐在一起，喝茶，抽烟，聊天，倾听着仅有的几张古典唱片和风刮上树梢的沙沙声。月亮沉下天际，夜晚气候格外凉爽，使人感到快乐就在天宇深处。我又一次来到了额济纳河！"[2]

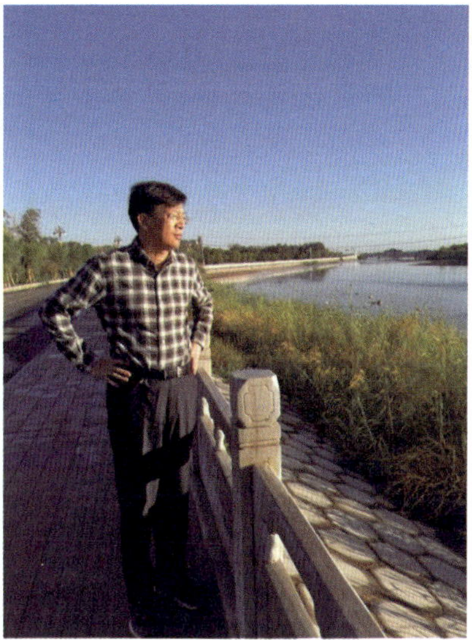

↑凝视额济纳河（2018-08-12）
赵海丽 摄

跨过不远处的一座桥，就能到胡杨林景区了。因上午考察出发的时间快到了，我们来不及看胡杨林，就从额济纳河返回到公园的林荫大道。这般大好的光阴，雨露、树木、绿植、鸟鸣，尽情地大口呼吸着清新的空气，彻底摆脱了昨日的惊恐与烦恼。

↑迎接晨光（2018-08-12） 晨练者 摄

巧遇晨练的当地人，请他帮忙为我俩拍张照片以示纪念。黑黝黝的脸庞、休闲装、运动鞋，一点儿也没影响我俩的闲情逸致。

这样美好的同行经历，人生能有几回，我俩倍感珍惜！

---

1. ［英］奥里尔·斯坦因. 斯坦因西域考古记［M］. 向达，译. 乌鲁木齐：新疆人民出版社，2010：212.
2. ［瑞典］斯文·赫定，沃尔克·贝格曼. 横渡隔壁沙漠［M］. 李述礼，张鸣，译. 乌鲁木齐：新疆人民出版社，2013：237.

三十

额济纳博物馆

李伟同学陪同我们一天的考察活动。第一站是参观额济纳博物馆。

额济纳博物馆地处额济纳旗达来呼布镇居延南路，是一座通过实物展示、场景模拟以及声光电等手段如实记录和展示额济纳地区自然环境、社会人文历史变迁为一体的多功能现代博物馆。博物馆主体建筑面积9797平方米，为地上一层、局部二层结构。展陈面积4520平方米。

↑额济纳博物馆（2018-08-12） 赵海丽 摄

讲解员带领我们进入展室，按照内设“秘境奇观”“居延春秋”“黑水流澜”“民族风情”“大漠朝阳”“双拥共建”6个常规展厅的顺序路线，开始了讲解。

“秘境奇观”主要展示额济纳旗11.46万平方公里神奇的地质地貌景观及物种，以增强人们热爱自然、保护自然的意识。

“居延春秋”展示的是额济纳地区新石器—两汉—南北朝时期的历史，以让人们了解额济纳地区早在新石器时代就有人类生息繁衍，并是东西方石器文化的连接点的悠久历史。

“黑水流澜”主要讲述额济纳地区隋唐—西夏—元时期的政治、军事、经济及民族关系史，以让人们了解黑水城作为北方草原丝绸之路上的重要地区，从社会、经济、文化繁荣辉煌走向消亡的历史。

“民族风情”主要解读了1698年额济纳蒙古族土尔扈特人回归祖国的历史和民风民俗，以让人们了解英雄的土尔扈特部万里东归的先驱——额济纳旗土尔扈特的由来，从而增强热爱祖国和民族团结的理念。

“大漠朝阳”主要呈现额济纳人民在中国共产党的领导和影响下，反抗日本帝国主义侵略和国民党军阀的压迫，争取民族解放，维护祖国统一的近代史，以让人们了解苏剑啸、周仁山、范长江等共产党人在额济纳旗秘密工作，炸毁日军弹药库，驱逐日本特务机关的历史。

“双拥共建”主要宣传额济纳旗境内的东风航天城和空军第一试验训练基地发展史和额济纳旗各族人民为了支持祖国的国防和航天事业曾“三易旗府”以及取得全国“双拥模范县”的主要成果，以让人们了解额济纳人民为祖国国防事业顾全大局，“舍小家，顾大家”奉献家园的光荣历史。

我们一行重点参观了第二部分“居延春秋”中的简帛出土与相关内容介绍，重点了解“虎落”“天田”“县索”等一些专用名词。

“虎落”一词出自《汉书》。《汉书·晁错传》记载：“要害之处，通川之道，调立城邑，毋下千家，为中周虎落。”颜师古注：“虎落者，以竹篾相连遮落之也。”王先谦补注：“于内城、小城之中间，以虎落周绕之，故曰中周虎落也。”

“天田”是一种军事设施，在防线的最前方将土整平，将颗粒比较大的粗沙、砾石推到两侧，形成两道矮墙。矮墙的中间铺上一层细沙或泥土，如果有敌人进入“天田”便会留下人、马的足迹，根据人、马足迹的多少和深浅、方向，可以判定敌人的数量和目的。候长和士兵每天早晨都要检查“天田”，作出记录，如果发现敌人的足迹，必须及时向上级报告，然后再把“天田”整平，以备第二天检查。《通典》记载天田：“阔二丈，深二尺，以细沙散土填平，每日检行，扫令净平，人马入境，即知足迹多少。”为何称其为“天田”呢？因为它平坦极似耕田，却不能用于耕种，有如天上的田。“天田”既然两侧深二尺，两侧自然会有矮墙，防止将“天田”中的细沙吹失，有保护“天田”的作用。这一做法直至唐代还在沿用。

“县索”，“县”通“悬”，悬挂；“索”，绳索。“县索”为悬挂在间隔2.5米左右立柱上的三道绳索，沿着“天田”绵延布设，其外观犹今边界上架设的铁丝网，用以阻隔人马跨越，是明显的界标。“县索”之间有柱形物“柃柱”，用以架设“县索”。居延汉简中关于“县索”的记载很多，如《居延汉简释文合校》52·20：“县索四里二百一十步。县索二里五十步币绝，反□币。”悬挂着的绳索当为一种界限阻隔标志。1999年，甲渠候官第十七燧遗址出土了一枚木简给我们提供了“县索”是如何架设的第一手资料，简文云：“……葆塞天田延袤三里七十（步），用柃柱五百一十枚，用绞千七百五十二丈。”可见“天田”“柃柱”“县索”是紧密相关的边塞防范设施。

10:30，参观完额济纳博物馆。向下一站黑水城驶去。在行驶途中，赵立伟开始讲解即将考察的简牍发现地——甲渠候官与第四燧内容（昨晚就餐时已发了相关资料）。

（1）居延的命名及地理位置。

（2）居延遗址及居延文化的含义。

（3）居延地区汉塞的简介。

（4）以居延甲渠塞第十六燧为例，介绍汉代烽燧的形制及功能。

（5）居延汉简发掘的历史回顾（1933年贝格曼、1972—1976年甘肃省文物考古研究所、20世纪80年代中国社科院考古所、1998—2002年内蒙古自治区文物考古研究所）。

（6）重点简册介绍。

（7）居延汉简的研究价值。

赵立伟老师下的此番大功夫了得，将居延地区的重要汉塞讲解得清清楚楚。

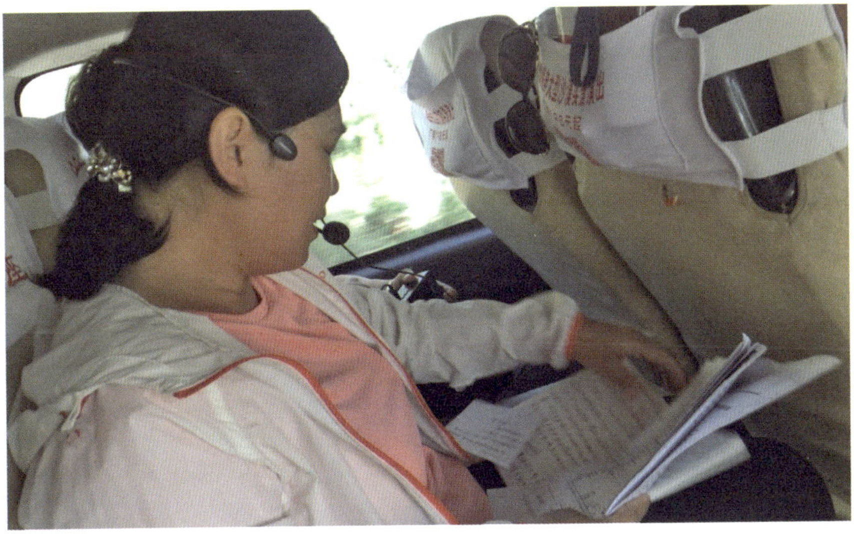

↑讲解（2018-08-12） 戴永新 摄

三十一
黑水城古遗址

10:58，我们一行进入了黑水城公园大门。

经过红城，满眼的胡杨。李伟告诉我们，因渠水改道，这里缺水，一部分胡杨树死掉了，枝干了，枯丫仍昂扬向上，宁死不屈向天争。他们每年都来这里植树。一位退休老干部为了植树造林倾注全部心血，拿出自己的退休金无偿植树多年，植树成为他人生中最重要的事情。“活着，为阻挡风沙而挺立；倒下，点燃自己给他人以光亮”，他不仅自己干，也发动家人，鼓励社会人士一块儿干，他以一位公民的爱，积极奔走宣传，唤起周围人的环保意识，带动各个地方、各个阶层、各个行业的支持者和志愿者来这里植树。在干旱的黄土、戈壁之下，寻找泉脉和生机绿洲，这是一支渊源至深的情感之脉，又是一支兴盛不竭的文化之流。

（补按：“2021年元代典籍与历史文化学术研讨会暨中国历史文献研究会第42届年会”于2021年7月9—12日在内蒙古自治区呼和浩特

市举行，会议由中国历史文献研究会和内蒙古师范大学主办，内蒙古师范大学文学院承办。会议安排大家入住宾悦大酒店。在房间存放的资料中，我竟发现了一篇介绍那位倾注全部心血植树造林的退休老干部事迹的文章，题目为《大漠胡杨——记阿拉善盟退休干部苏和》[1]。）

11:10，到达世界地质公园黑水城。黑水城与大同城相距不远。

黑水城，蒙古语称为哈拉浩特，又称黑城，位于干涸的额济纳河（黑水）下游北岸的荒漠上，位于额济纳旗政府所在地——达来呼布镇东南方向25公里处。它是草原丝绸之路上现存较完整、规模宏大的一座古城遗址。这里有秦汉时期辉煌的居延文明、西夏时期灿烂的水城文化，亦是居延文化的一部分。是现今已知唯一的一座用党项人语言命名的城市。黑水城之所以称为“黑水”，是因为黑水河流到这里，形成内陆湖，名为居延海，汉朝时，赶走匈奴后就有屯田驻兵。黑水城是西夏古都，在西夏历史上占有非同寻常的地位。西夏黑水城始建于李元昊政权时期的广运二年（1035年），当时的城为正方形，边长约240米，面积约5.7万平方米。南墙设有城门、瓮城、马面和角台等设施，是西夏十七监军司之一黑水镇燕军司的驻守之地。

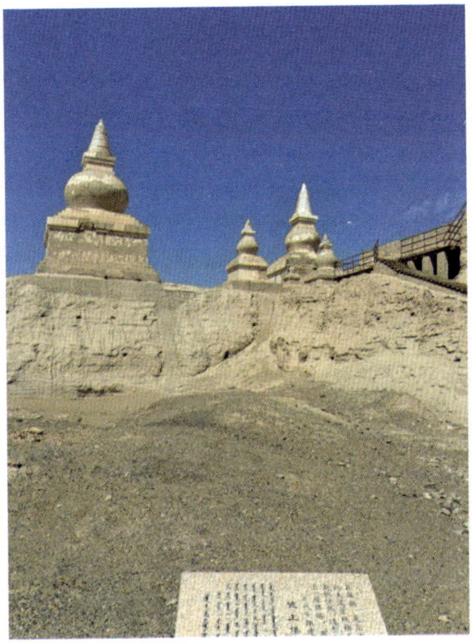

↑黑水城遗址（2018-08-12）
赵海丽 摄

1226年，北方“蒙古汗国”的成吉思汗率领大军征伐西夏，首先攻克了黑水城，并由此南下，直取西夏的国都中兴府，次年，西夏灭亡。元朝建立后，黑水城依然沿用，而且受到元朝统治者的重视。现存城墙

[1] 大漠胡杨——记阿拉善盟退休干部苏和［J］. 人民周刊·内蒙古70周年特刊，2017：159-166.

为元代扩筑而成，平面为长方形，东西长470米，南北宽384米，周长1600余米。东西两面开设城门，并加筑有瓮城。城墙西北角上保存有高约13米的覆钵式塔一座，城内的官署、府第、仓敖、佛寺、民居和街道遗迹仍依稀可辨。城外西南角有伊斯兰教拱北一座。全城面积超过18万平方米。城分为东西两部分，西城为军政官署和寺庙等宗教活动场所；东城则为吏民和军队居住区及仓库等。城东西各有一座城门，门宽4.5米。建有瓮城，瓮城门南向。城墙高11米，墙四角加厚，呈圆锥形，顶部外侧建有女墙一道。城中有一条大道贯穿东西。城东南有一座方形堡子，堡东有一座高土台，台东又建有两排房屋，外有围墙。城外是居民的宅院。虽历经700多年，黑水城仍不失当年的高大宏伟。

风沙填埋一座城市也许需要更多的时间，但在当地流传着这样一个风沙填埋城市的故事：隋朝时，有一天天气显得十分怪异，忙碌的人们虽然在心里嘀咕，但都无暇深究。在沉闷的城中往返穿梭着一个白发苍苍的老人，并高声叫卖他背的枣梨："枣梨！枣梨！"虽然老人叫卖得非常起劲，但由于他的要价太高而无人问津。天黑之后，老人出城而去。当时驻守此城的隋朝大将韩世龙闻听此事觉得十分蹊跷，百般思索之后恍然大悟："枣梨不正是早离吗？"遂果断地率领全城军民离开黑水国。果然，在人们离开不久，狂风大作，风沙从天而降，整个城池很快被沙掩埋……这一传说还有史料记载，说城池在韩世龙"去后一夕被沙掩埋"。

我们相信千年间这里风沙侵袭的故事一直在上演，至1350年前后，竟使得周围的生态环境发生了巨大变化。草木繁茂的绿洲被沙漠吞噬，变成了一片沙漠。昔日繁华昌盛的黑水城也变成了一座废城。

被沙掩埋的黑水古国遭受了一次又一次的劫难。1900年之前，俄国文物贩子波塔宁、奥布鲁切夫等想通过当地人打听黑水城去路，都遭到拒绝或被引向歧路。因为当地人心里清楚：一批批来这

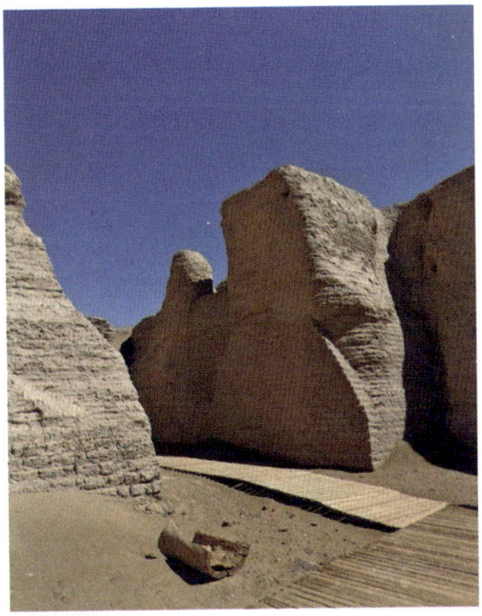
↑高墙深院（2018-08-12） 赵海丽 摄

里的所谓探险者最终目的就是要将原本不属于他们的东西据为己有。

1909年，沙俄上校、俄国皇家地理学会会员科兹洛夫以所谓的科考名义，带着全副武装的沙俄军队，打着考察野生动物的旗号前往黑水城，要求当地居民带路，也被拒绝。科兹洛夫找到了当地的蒙古王爷巴登札萨克，采取恐吓、威胁和行贿的办法，进入黑水城。4月1—13日，科兹洛夫等人在城内的官衙、民居、寺庙、佛塔遗址到处乱挖乱掘，在城西南的一座佛塔中就挖出了3本西夏文书本和30本西夏文小册子，佛塑、麻布和绢质佛画、钱币、金属碗、妇女饰物、日用器具、佛事用品以及波斯文残卷、伊斯兰教写经和西夏文抄本残卷等物品，一下子装满了10个大箱子。这批文物在王爷的帮助下，立即通过蒙古邮驿分批经由库伦运往圣彼得堡，科兹洛夫也离开了黑水城到青海展开文物盗窃。

黑水城文物运到圣彼得堡后，沙俄命令科兹洛夫回到黑水城继续挖掘。1909年6月4日，科兹洛夫仅用了9天时间就从青海重返黑水城，对黑水城展开了一次更大规模的挖掘。30多座佛塔塔身和塔基被一一刨开，围绕着黑水城的近千年的佛塔就这样在一个考古强盗手中毁于一旦。6月12日，经过9天的掠夺式挖掘后，科兹洛夫带着从数量到质量都比第一次挖掘更为丰厚的文物及文献悄悄离开了黑水城。没来得及带走的，全被他破坏掉了。

1926年，科兹洛夫对黑水城进行了第三次也是最后一次挖掘。科兹洛夫从黑水城盗掘的文献有举世闻名的西夏文刊本和写本达8000余种，还有大量的汉文、藏文、回鹘文、蒙古文、波斯文等书籍和经卷，以及陶器、铁器、织品、雕塑品和绘画等珍贵文物。这些文物文献数量很大，版本大都完整，是研究西夏王朝以及和西夏王朝同期的宋、辽、金王朝，以及元朝历史的“无价之宝”。

这批文献数量之多，为整个世界所罕见。仅仅是为这些文物整理一个粗略的目录，俄国学者不惜代价，用举国之力花费了半个世纪也没完成，可见这批文献数量之浩繁。直到苏联解体后的1996年，才逐步完成文献初步整理工作，前后花费约一个世纪的时间，到了21世纪的今天，仍在继续整理中。迄今俄国方面出版的文献13册，仅是价值相对较小的一部分，大量珍贵的黑水城文献尚未出版。

1914年夏，英国人斯坦因率其探险队自肃州至此，就黑水城内外重加探索，又发现了大量的西夏文献。

1925年，美国人华尔纳一行在黑水城连续挖掘了9天，获得了一些珍贵古物，其中包括一些壁画或壁画碎片，这些物品应当是佛教寺庙中技艺高深的专门画师的作品，其手法娴熟，线条明快，颜料纯正，着色均匀，造型优美。这些形象若非人间尤物，便是天上仙佛。[1]

黑水城是“古丝绸之路”以北保存最完整的一座古城遗址，这里出土了大量文物，如出土2万多枚居延汉简和8000多件（册）黑水城西夏文献，其中西夏时期的《番汉合时掌中珠》、彩绘双头佛和元代纸币等举世无双。20世纪80年代还发现了元代伊斯兰教徒的数百座墓葬，并出土了元代阿拉伯伊斯兰教徒的木乃伊，这是继西夏文化被发现后的又一重大发现。这些珍贵的遗址吸引着越来越多学者的目光，他们将黑水城作为研究西夏文化和早期伊斯兰文化传播的重要始原地。在中国历史文化中占有特殊地位的黑水城地区，在近一个世纪内引起学术界和社会越来越多的重视。2001年，黑水城遗址被列为国家级重点文物保护单位。

---

[1] ［美］兰登·华尔纳．在中国漫长的古道上［M］．姜洪源，魏宏举，译．乌鲁木齐：新疆人民出版社，2013：79.

近几年来，由于周边地区沙化严重，流沙从东、西、北三面侵蚀黑水城，许多遗址已埋于沙下。

文物保护工作者呼吁有关部门尽快行动起来，抢救性保护黑水城遗址。黑水城遗址的城墙西北角顶部筑有5座佛塔，保存至今，尤为珍贵，但同样面临风蚀坍塌的危险。2008年8月1日启动的黑水城遗址抢救性维修保护一期工程已于2017年底顺利结束，其中，完成了对黑水城景观大门和钢护栏的改造，拆除了原看护用土建蒙古包，修建了黑水城简易看护用房，对城内外风积形成的淤沙进行了适量清理，共清理沙阻3000立方米。同时，完成了西城墙豁口填堵、西北角登城踏道、景观平台、东西城门钢结构加固及木结构景观大门安装工程。按照国家文物局批准的黑水城遗址加固维修设计方案，黑水城遗址抢救性维修保护二期工程将在一期工程的基础上，继续对黑水城遗址东、西瓮城门内外的沙阻进行清理；实施城内保护性参观栈道铺设、北城墙豁口填堵、城外景观道路铺设以及防护栏修建工程项目。希望这些修建工程项目会不断出现三期、四期、五期……一直继续下去。

12:20，我们一行离开黑水城公园。返回县城瑞诚饭店用午餐，李伟同学特别推荐的一家特色饭店——巴盟菜。

14:28，吃完午餐。我们赶往今天的第三站甲渠候官遗址（A8，俗称破城子）。

↓似对峙巨兽（2018-08-12） 赵海丽 摄

三十二
甲渠候官遗址

寻找甲渠候官遗址，不比寻找悬泉置轻松。

李伟同学事前已做过咨询工作，我们要跨过额济纳河，进入胡杨林景区，再寻找一道“双开铁门”，就是甲渠候官遗址的入口。

李伟同学告诉我们，每年9、10月，当第一场秋霜之后，大片的胡杨树叶由绿变黄，一眼望去，阳光下金色的树叶衬着湛蓝的天空于风中婆娑起舞。我们一行正经过人们所称“大漠的一颗绿色明珠”的胡杨林景区，时序尚早，我们看不到那种深秋时神奇的自然景观和独特的人文景观。现在的胡杨林一片翠绿，显得生机勃勃。车一直在胡杨林间穿行，尽情地享受浓郁清凉的树荫。在我们的要求下，司机师傅不时将车子停下，我们一行下车，观赏覆着圆而密叶冠的各式姿态的胡杨。

寻找那处“双开铁门”，手机导航，一会儿指向一处村庄，一会儿又指向村庄附近的一处小游乐场，定位不准，走过了，又返回。我们不断地询问着，寻找着。几经周折，终于在一片“太难找了”的感叹声中，我们发现了这一小小的“关口”。所说的“双开铁门”很不起眼，稍不留意就会错过。我们如愿以偿地通过了这个简易的铁丝门关口，希望前方一片通畅。

很快我们又遇到了新的困难，戈壁无路，我们的车达不到越野车过沙地的功能，如此，只能下车步行。抬眼远眺，确实有一处似古遗址，距此至少有10公里。先金和李伟走在队伍的前列，队员们陆续跟上。今天的太阳亮度、热度，丝毫不亚于找悬泉置那天，这对我们每个人来说又是一次极大的考验。女士们个个全副武装，只露出两只眼睛，大家望见彼此，总觉得很是滑稽可笑，为这一特殊装扮留几张照片，亦为单调的沙海徒步增加点乐趣，驱赶疲倦与燥热。

1930年，甲渠候官破城子（A8）出土简牍5216枚。1973年9—11月，居延考古队开始对破城子（A8）的障内进行全面发掘；1974年6—11月，继续对破城子进行全面发掘，出土简牍7715枚，三次总计出土简牍12931枚。

↑走向甲渠候官（2018-08-12） 赵海丽 摄

走着，走着，我们一行被铁丝网围圈拦住，过不去了。李伟同学找到一处空缺较高处，我们放低身体过去。李伟同学一路做向导，校长以身作则，一直大踏步引领在前。心中有目标，脚下快如飞！

↑甲渠侯官遗址（2018-8-12） 蔡先金 摄

远远地看见小山一样的土

↑甲渠候官遗址（2018-08-12） 戴永新 摄

↑仔细查看建筑材料 （2018-08-12） 戴永新 摄

↑神采 （2018-08-12） 蔡先金 摄

丘，在几十米的前方竖立着一块碑，后刻有铭文，甲渠候官遗址到了。

据资料介绍，之所以形成这样的土丘，是因为1931—1932年及1974年，曾先后两次对此处进行发掘，挖掘出来的泥土都堆积在城墙外，形成了小山般的土丘。经过这样拉网式的挖掘，足以想象其内一定只剩下一个空空的大坑，走近土丘一看，果不其然，这个大土坑竟是汉代的一座障。据测量，大土坑是边长23.3米的正方形，深4.6米。按照古人解释，小城称作障。甲渠候官遗址周长只有93.2米，确实是一座小城。

甲渠候官遗址已破毁不堪，此地的保护也不尽如人意，遗址近处没有围栏，人们可以自由攀爬进出，当然，我们队员每前行一步都小心翼翼，生怕踩踏而破坏了墙体。我们分散开来考察。先金、登国、永新、立伟、季芳、梅枝、刘雯在遗址内，如冰和我在遗址周边。我手里拿着棍子，沿着遗址外延沟底细细观察，这是当年居延考古队考察挖掘时的遗留，太希望有一枚简牍露出马脚为我所见，在遗址内考察的人员也有着同样的期盼。从照片来看，他们与古墙壁近距离接触，考察得更为细致。

1974年，《相利善敝剑》册出土于甲渠候官遗址。共六简，每简长22.3厘米，宽1.2厘米，木质，每简一行。原有编绳三道，编绳处右侧有契口，编绳已朽毁不存。六简容字210个。规整隶书，墨色如新，原始编号EPT40:202-207。内容主要是辨识善剑的标准和方法，提出鉴定善剑的四条标准、鉴定敝剑的六条标准以及辨识善剑敝剑纹饰的四条标准，对研究汉代的金属冶炼和兵器制造具有重要意义。[1]

在甲渠候官遗址内，我们发现在脱落的土坯墙上，露出的芦苇或芨芨草像新的一样，推翻了曾认为相隔两千多年建筑材料一定是腐朽不堪的观点。这么说来，我们前几日扔掉的芦苇，也许就是汉代的植物。从建筑技术角度切入，我们就可以知道，两千多年前建筑技工已经那么的“文明”了，而今天的我们面对这座古老的遗址，实在是没有什么可以特别得意的。任何一个文明，都有它生命力非常坚韧的那一部分存在！

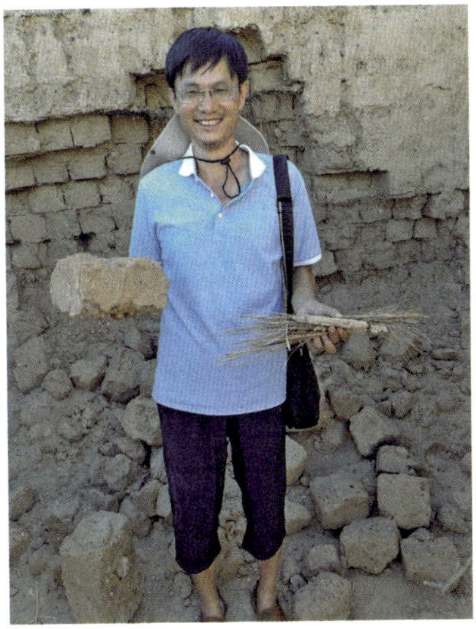
↑墙体材料（2018-8-12） 蔡先金 摄

在这寂寞的荒野，你是最美的存在，即使无人欣赏，仍会华丽绽放！合个影吧，居然有神光洒落，七彩斑斓。

宁登国老师从地上捡起一大块城墙砖，很是不忍它脱落下来，散落在地面上，如不加强保护的话，用不了多少年，遗址将成为平地的一堆泥土，

[1] 甘肃省文物局. 甘肃馆藏精品：相利善敝剑册［EB/OL］.［2019-08-14］. https://www.sohu.com/a/333842491_120207621.

后人再也见不到甲渠候官遗址了。

甲渠候官遗址的周边露着许多陶器的碎片，我窃以为这是汉代遗物，于是就捡了很多陶泥瓦片，用手绢包裹着，很小心地放进背包里；还有人捡了些落在地上砌墙用的草。大家的想法都一致，准备带回聊城大学放在国学院内做教学标本。

18:15，我们完成甲渠候官的考察，收获满满，下一站是李伟同学工作的策克口岸。

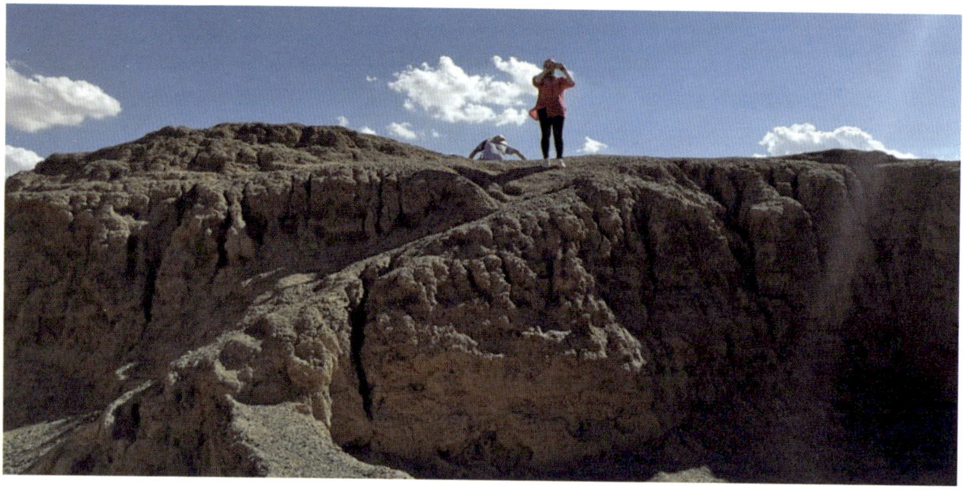

↑拍照搜集资料（2018-08-12） 蔡先全 摄

三十三
黑风口

19:12，我们一行的车经过黑风口，见路面有多处被沙子掩埋。李伟同学告诉我们，此种现象是由特殊的地质结构造成的。2016年，当地有一篇题为《额济纳“黑风口”公路沙阻严重 养护部门奋力抢通》的相关报道。文中记载，近日，在强沙尘天气的影响下，位于额济纳旗境内的策达一级公路K19-K29段再次遭遇沙阻，局部沙丘最高达到40厘米，危及行车安全，形势非常严峻。负责管养此路段的达来呼布边防养护队居延海养护站第一时间上路巡查，发现沙阻情况后，立即组织人员、机械开展清沙工作，经过两天的奋战，清理积沙一万余立方米，保障了公路畅通。

策达一级公路K19-K29段是当地有名的“黑风口”。这里存在这样一种“怪象”：当额济纳旗天气风和日丽时，“黑风口”路段却是沙尘漫天，如同天空在“下沙子”一样，公路常常被浮沙掩埋。因此，这里的清沙工作总是一年四季从不间断，清了阻，阻了再清。这样的清沙工作，居延海养护站的养护职工们每年要重复近百次，对于他们来说已是家常便饭。

为彻底解决困扰阿拉善养路人的“头疼”问题——沙阻，阿盟公路管理局年初邀请了中国科学院博士、博导及阿盟有关治沙专家赴额济纳旗，根据当地特殊的地理环境和恶劣的天气情况，因地制宜地提出了运用疏和阻的办法，从降低风速、设置高低沙障等方面做起的三项沙害治理方案，并在策达一级公路K9—K33段最严重的6公里路段进行试验。相信在不久的将来，依据科学办法、现场的实验以及养路工们辛勤的努力，必将会战胜沙阻困难，治理好公路沙害，减少公路安全隐患，减轻职工劳动强度，早日实现广大养路职工治理沙患的愿望。

19:19，雨后彩虹之美景（车子右侧天上）也被我们遇上了！不知是谁先发现的，在车内的我们顿时兴奋起来，纷纷将视线转向车外，天空挂着大大的彩色半圆弧。自西北考察以来，我已是第二次看见彩虹了，这次彩虹的色彩更艳丽。

三十四
策克口岸

策克口岸位于内蒙古额济纳旗境内，距额济纳旗政府所在地达来呼布镇77公里，东距巴彦淖尔市甘其毛道口岸800公里，西距新疆老爷庙口岸1200公里，与蒙古国南戈壁省西伯库伦口岸对应。

1992年，内蒙古自治区人民政府批准策克口岸为季节性开放口岸。2005年6月29日，国务院批准策克口岸为中蒙双边性常年开放陆路口岸，并设立边检、海关、检验检疫等查验机构。策克口岸是中蒙边境众多口岸之一，每年按季节开放4次，开始日期分别是3月1日、6月1日、9月1日和12月1日，每次20天，口岸上因此建了很多颇为简陋的铺面房。开关时，来自内蒙古自治区中部、东部，甚至宁夏、甘肃、河北等地的商人把各种货物一车车载到这里，而蒙古国的商人和牧民则运来一车车的毛皮，然后运走一车车的货物，策克一时之间成为一个人头攒动、车水马龙的大集贸市场。

2006年9月，海关总署批准设立额济纳海关。2007年8月28日，额济纳海关筹备处正式成立并进驻策克口岸开展筹建和监管工作。2008年10月，额济纳海关筹建工作完成并顺利通过验收。经海关总署批准，于11月28日正式开关，对外开办海关业务。2009年，策克—西伯库伦口岸正式实现中蒙双边性常年开放。策克为阿拉善对外开放的唯一国际通道，是内蒙古、陕、甘、宁、青五省区所共有的陆路口岸，也是内蒙古自治区第三大口岸和第四个常年开放口岸。策克口岸贸易区虽然规模不大，但已成为我国西北地区连接国内外的重要交通枢纽、商贸中心、货物集散地和资源大通道，其重要作用不可忽视。它似一颗明珠，在茫茫的戈壁滩上显得十分耀眼。

↑策克口岸（2018-08-12） 赵立伟 摄

远处就能看到策克口岸的外观，国旗迎风飘扬，格外醒目耀眼。大门右侧立柱写着“中华人民共和国”，其上悬挂着国徽。大门内的口岸建筑似展翅飞翔的雄鹰，极具特色。这里的景区由界碑、文化雕塑、联检大楼、策克口岸纪念碑等标志性景点构成。其中，互贸市场总面积1.6万平方米，主要为蒙古国客商提供商品贸易的场所，市场内设商铺27间，摊位300个，商贸大棚18座，外观设计为连体蒙古包造型，建筑造型与旅游区周围原有建筑和环境相协调，充分体现了策克口岸国际文化旅游景区特色。

参观时我随手拿了一本边检服务指南小册子，这里包含李伟同学负责的工作区域，内有中国边检机关简介、服务承诺、温馨提示、出入境旅客边防检查手续办理流程等内容。他所在的海关是全国先进海关，几乎年年受到国家表彰，是“海关中的海关”。

站在边境界碑处远眺，一览国门风光。我们这边建筑雄伟壮观，口岸园艺设计富有民族风情，树林成行，花草遍地。而对面的蒙古国，只有一排低矮的房屋建在戈壁滩上，这种景象从我们照片的背景中就能看见（我们这边是绿洲，蒙古国那边是荒漠）。昨日沙尘暴后的大雨袭击了边境，据说蒙古国海关昨晚受洪水冲击，我国边防工作人员给予了他们一定的帮助！同时，站在这里我们尤可感受到“一带一路”的发展，蒙古国开往中国拉煤的大货车排着长长的队伍等待明早入关。李伟同学说进出口贸易都很繁忙，天天如此。

我们一行庄重地站在国界碑前留影，背靠着“中国”和“中华人民共和国国徽”，我们内心充满着无限的自豪感！我们的国界碑上有这样重要的数字“572”，标识着它是中国第572个界碑；“2002”标识着立碑时间。

由于我们到达策克口岸时间晚，互贸市场大门已关闭。在一家免税小店内，李伟同学为想购物的老师提供了一些方便。

20:30，我们离开策克口岸。李伟同学引领我们来到一家蒙古包，他要以蒙古人的礼节形式欢迎母校的老师们。

傍晚的额济纳，漫天星辰。蒙古包主人告诉我们，这里的天空一直

↑策克口岸中国界碑（2018-08-12）李伟 摄

就是这样清澈。民众也是这般纯朴，家家养了很多牲畜，白天放出去，晚上回家，从来不怕丢失，这里没有偷盗之说。想起梵·高的油画《星空之夜》，那星云，像蓝色的波浪，在夜空中翻卷着，放射着光芒的星星，像一个个天眼，注视着人间，所有的悲欢离合、所有的季节更替、所有的生命轮回，都在这星空的光芒里，变成永恒！多久没有仰望清澈如海般的星空，感觉自己的渺小。在考察的漫漫长路上，很多时候感到劳顿，或短暂的沮丧无力，但我们一直在思考，去感受，更有行动，永不厌倦，体验更好！

↑欢聚（2018-08-12） 戴永新 摄

晚宴席间，李伟同学以长长的、真挚的欢迎词，将哈达一一献给老师们，以草原最隆重的方式迎接远道而来的老师们，并致以真诚美好的祝愿，让老师们品尝草原上最美味的佳肴。校长代表学校邀请李伟同学一家再回母校聊大；苗院长邀请李伟同学回母校为师弟师妹们做报告。师生畅谈，难忘异乡欢聚！

三十五

途经张掖

2018年8月13日，星期一，阴雨转晴。今天是河西走廊简帛出土遗址考察之行的第八天。

8:26，出发，离开俪雅宾馆，告别额济纳旗。今天，我们一行要折返，自内蒙古向甘肃境内行驶。

8:58，走过好长一段沙土石路，车子拐上了省道，路面平整，好行了许多。

10:20，又经过看见沙尘暴初起之地——加油站。车子加油的同时，我们购买了一些食品。

10:41，看见路标：向前酒泉；向左小树里。

10:44，看见大树里检查站（无人值守）。

11:10，进入绿洲，平房、蔬菜大棚、庄稼、玉米地……

11:36，经过鼎新镇，隶属甘肃省，种植枸杞之地。

11:44，又一次路过黑河大桥（师范桥），不远处有平行铁路桥。

12:06，到金塔北服务区。选一家小店解决午餐。店家一位12岁小男孩忙碌的身影，给我留下了深刻印象。

13:15，出发。因为去额济纳是一条支路，考察完古遗址后，我们又原路返回至金塔，再向张掖方向行驶。

13:24，戴永新老师讲解张掖的丹霞地貌。

14:17，过银达镇。

14:24，过北大河大桥。路左侧一片柳树林。前方右侧见雪山——祁连山。

14:37，过酒泉市。

14:42，进入酒泉高速收费站，连霍高速。参观考察了张掖丹霞地貌。

16:05，距张掖还有80公里。

16:22，我们又在唱歌。

16:40，距临泽县2公里。

16:43，过临泽收费站。

16:52，宿临泽县七彩宾馆。

20:09，宁登国在微信群里发用餐地点：二楼甘州厅。

22:47，宁登国在微信群里发：明天早晨6:30在一楼集合出发。

↓张掖丹霞地貌（2018-08-13） 李如冰 摄

三十六
别样的学术沙龙

2018年8月14日，星期二，阴雨。今天是河西走廊简帛出土遗址考察之行的第九天。

上午，我们自临泽向武威出发，路程229公里。小雨，大风，沙尘飞扬，能见度低，天气不是太理想。今天的考察活动我做导游，当距离武威南还有187公里时，我将提前准备好的资料分发给团队成员，并进行了讲解。

车在快速行进，我们这些有学术追求之人还在小小的车厢里工作着，说是沙龙、上课也行，读书会也罢，总之大家都在聚精会神地听着，默默地在内心构建着武威出土简帛的知识沙盘，不时就某个问题展开一番讨论。我也是充满激情放大音量，希望通过自己的讲解，让大家对武威与凉州的建置、武威简帛出土遗址的分布、简帛出土与收藏等情况有个初步的了解。

车还在向武威方向行驶，校长与团队成员畅谈“聊城大学简帛学研究中心”发展的近期与远期目标，鼓励大家人人动笔，写考察报告及考察日志，出版一期《中国简帛学》特刊，主要内容就是这次考察内容及考察收获。畅谈内容如下（根据现场录音整理）。

我们要出一期《中国简帛学》特刊，或者叫《西北简帛考古考察特刊》。

第一，写一个考察报告。大家分分工，思考一下。考察报告要写长一点儿，像个学术性考察报告，不是社会实践活动，也不是旅游报告；不是政府报告，也不是写公文，要像一个学术性报告，有点学术性，才有分量。这里面我想有这么几部分，大家可以思考一下。

前面要写我们的情况。简单说一下来龙去脉，概括一下这次学术考察活动的背景，书写一下团队是如何产生的，怎么样组建的，这么一个大体过程。

简单说一下写考察报告包含的具体内容：

一是介绍简帛出土遗址的分布情况。因为简帛出土遗址情况我们都考察到了，就剩下天水没去了，甘肃基本上跑遍了，这里面（照片等资料）我看你们都发出来了，这些图到时候都可以加进去。这个报告，图文并茂，遗址也可以画图，实在画不出来可以借用别人图，写上引文，注意遵守学术规范就可以了。我想这个报告出来肯定是很好的。

二是说一下出土遗址的保护情况。我们实地考察的遗址每一个都写一写。比如刚才说到的肩水金关，保护当中发生的这个事件，也是一个学术事件。从我们角度看是一个学术事件，从地缘来看是政治事件，从他们两边争论来看是一个利益事件，但我们的眼光是什么眼光，是学术眼光，是一个学术性事件。还有我们昨天看到的甲渠候官这个地方也没有保护，大家都照了照片，甲渠候官再长期不保护的话，估计这个遗址就没了，看的时候还是比较痛心的。还有一个也很有感触，两千多年，昨天说两千零一十七年吧，那个芨芨草和现在一模一样的，在里面一点没有腐朽，所以我们再看到文献中介绍一些简帛出土时像新的一样，就一点也不奇怪了。2000年，我在上海第一次看那个出土简实物的时候，就像新的一样，当时我就很奇怪，老怀疑它是假的，这一次我在甲渠候官看那个芨芨草，包括看那个火炬的苣草，都跟新的一模一样，这都没什么怀疑的。

三是考古背景的追述。比如到肩水金关等地方，简单说一下当年贝格曼、斯坦因这些人，同时可以再适当扩大一点儿，写一写锁阳城啊，虽然没什么出土简帛，可以写一写在里面发生的事；还有破城子啊，都可以写一点。

四是写一下看了之后的感想。首先是建议有关部门要加强保护，这是我们学术工作者的一个社会担当，再不保护这些遗迹的话，后来人就有可能再也见不到了。我前段时间老是关注西方的东西，因为在写一本书，一直在关注西方的东西，在做一个比较，西方人由于缺少厚重的历史遗迹，所以就特重视所谓的历史遗迹，甚至过了火，就可能做起历史造假的勾当。我们有这么多的历史遗迹，这么珍贵的东西，不能视之不甚惜，要具有保护意识，并付诸保护行动。其次是建议有关部门可以通过保护性开发，用文化旅游来反哺这一保护，提高区域文化建设。再次，就是我们要提倡简帛学研究，提倡学术界也关注简帛学学科领域构建及简帛的研究。这是一个学术报告，请大家思考一下。

第二，就是写简帛考古与发现的过程检讨。大家都可以写一些小文章，我认为这个检讨过程可以分为三个阶段反思。一是最初阶段，这是晚清时期的，可以说是西方人的探险和发现阶段，包括大家对斯坦因的诟病。二是中西联合科学考察阶段，这是民国时期的，我们聊城老乡傅斯年先生当初发挥了很重要的作用。三是新中国成立以后学者们的考古发现阶段。这种过程性检讨会是非常生动的，也都是学术史的一部分。我们可以写出历史感与学术感，否则，就会止于表层，没有深度。而今的简牍学不再像当初敦煌学那样艰难与伤心，陈寅恪就说敦煌学是一部中国学术的伤心史。我们大家每个人都可以选择自己研究的对象。比如，你对贝格曼感兴趣，那就可以专门写贝格曼简牍考古述评；当然也就可以写斯文·赫定简牍考古述评，伯希和简牍考古学述评，沙畹简牍研究述评，罗振玉、王国维《流沙坠简》写作述评。我们选题大小都可以，只要得当即可。大家也可以从理论层面对西北简牍出土的价值再重新估价一下。大家思考一下，看有没有更好的研究内容，可以思考。

第三，就是写学术日志。每个人都写了学术日志，肯定都不一样，没关系，每个人写每个人的，那会非常有趣的。

最后，我再说几个题目供大家思考。大家手上原来有冷学绝学的题目，我认为这些题目都有可能成为国家社科基金题目。现在我出几个题目，看谁感兴趣。第一个题目是“学术史视野下的简帛考古研究”，第二个题目是“域外简帛收藏与汉学研究”，第三个题目是“尺牍文学视野下的简牍信札研究”，第四个题目是“简帛图像文学研究”。图像文学，我说过这是一个时下流行的东西。我们刚才在榆林窟，那个导游介绍的时候，我很有感触。他说佛教这么高深的理论怎么样传播到老百姓当中去呢？我们早先只知道变文，但是这次我们知道了经变相，这个很不得了。老百姓不识字，却能观图像。我们简帛里的图像，可以延伸到画像砖，西晋墓壁画，把它们统一起来。刘雯博士论文就做“汉画像砖研究”，如此，这个研究起来就很丰富了。这个可以和冷学绝学结合起来，通过一段时间的阅读与研究，我认为我们这个团队对于简帛学研究就可以登堂入室了。如果不从外围向里面打，一开始就啃那个坚硬的内核，一啃就可能磕了牙，可能就会感到很沮丧，在那种情况下，一下跳进去，别人看也不像搞简帛学的。我想这次出来考察，可以看作我们组建团队的一个启动仪式。团队成立就是通过这样一种人类学学术考察的方式，走出我们的书斋，把我们的考古学和我们的简帛学研究结合起来，实地感触感受一下。当年的贝格曼、当年的斯坦因、当年的费格汀、当年的西北考察团，他们那批人，也是这样走过来的。当看到资料的时候，我们一点儿都不陌生，我们都走过来了，在遗址体验方面比我们在一起读多少次书，比我们在一起讨论多少次，都好得多。所以我们通过这次活动，只要你不忘记，只要你把日志写得好好的，就目前来说成果会是非常非常之大。这是我们团队成立过程当中，也是我们以往没有的一个经验。我们这是最好的团队组建方式，大家这么做，我相信几年之后，大家头上都会有一个光环，你是做什么的，我是做简帛研究的，这是没什么问题的。不要被困难吓住，实际上很多东西，只要进入了，只是走得近一点儿远一点儿的区别。目标立得很远，但我们还是需要一步一步走的，这样一本简帛学“特刊”出来之后，我相信除了我们学术界要看一下，包括像吴龙啊，那些导游们，都可以看。可能我们的这本书，大家看甘肃的旅游量非常大，一旦大起来之后，我想他们可能会翻翻这种东西，普及性的东西，你们在路上讲的这些东西，都要放到“特刊”当中去。将来导游读过这本书后再做导游就不一样了，吴龙今后也可以做导游了，而且是高级导游，教授级导游（笑），胆子就壮了。吴龙现在不敢说，我们把知识都给他，他就敢说了。这本“特刊”出版不是特别难，只要大家稍微下一些功夫，把这些拢一拢，就可以了。然后大家再琢磨琢磨我说的这些东西，在十月份简帛学会议上大家发表一下。这个团队一成立，就这么轰动，就这么能干，我想还是可以的。大家要看到希望，让简帛学界看到聊大，看到我们这个团队，看到我们做的这些内容。我衷心希望大家，回去之后稍微辛苦一段时间，投入简帛学研究中去。尤其是在我们的会议之前，我希望我们每个人都可以做学术报告，不管是大会报告，还是分会报告，要体现这些东西。我们的《简帛学刊》当中，可以分两期，每一期都要有我们团队成员的文章，如果我们不能这样做，把我们的平台都让给别人，我们搭平台，别人在演戏，我们看戏，那我们真的成看客了。我们搭平台，我们要好好地做主角，那样才可以。我就说这么多，下午再讨论的时候，我们再继续谈。

校长的一番教导与鼓励，让团员们再一次希望满满，信心倍增！

三十七
武威到了

路牌标识“武威北——500米”，很快我们的车经过收费站，武威到了。

初识武威是因老家蔡氏家族的小姑姑，她在家排行最小，最得父母宠爱。20世纪70年代，正是“文化大革命”期间，文艺宣传队走街串巷，上县下村，不辞辛劳地宣传演出，当时一位拉二胡的小伙子，看上了同队活泼多艺的小姑姑，但遭到女方家庭的反对。当时正值边塞支教，在全国各地选拔人员集训，小伙子被挑中即将远行，小姑姑不顾父母反对，为了爱情硬是跟着他远走甘肃金昌支教，这一走就是40年（两人于2015年又回到老家江苏宿迁）。他们爱上了这片古老的土地和善良朴实的人们。他们是平凡人，没有惊天动地之举，但他们的爱情故事是那般纯洁朴实。从他们那里，我初识了武威，也尝到了像他俩爱情般甜美的武威特产人参果的味道……

武威是丝绸之路上的重镇，位于河西走廊东部，位置优越，东接兰州，西邻金昌通新疆，南依祁连山靠西宁，北临银川和内蒙古接腾格里沙漠，是丝绸之路自东而西进入河西走廊和新疆的东大门。位于北纬36°29′—39°27′，东经101°49′—104°16′，处于亚欧大陆桥的咽喉地位和西陇海兰新线经济带的中心地段。武威市南北长326公里，东西宽204公里，总面积3.3万平方公里。

由于历史的变迁、行政建制的变动，尽管武威、凉州从古至今从未消失过，但这两个名词太复杂了，其含义是不同的。何双全认为："相同的名词中，隐藏着不同的历史信息，起过不同的历史作用，做出过不同的历史贡献，代表过不同的人群，反映过不同的文化、生活和社会面貌。"[1]武威与凉州就属于这样的地域名词。

凉州一词始于汉武帝分天下为十三州，西北曰凉州。据武威人士清代著名史学家张澍《凉州府志备考》载："前126（汉武帝元朔三年），改雍州曰凉州，以其金行，土地寒凉故也。"[2]朝廷置官刺史一职在此管理，其管辖范围包括今天的甘肃全境、内蒙古西北部、宁夏、青海东部等地，设有八郡。东汉的凉州区划基本上也是这一区域，但部分地域有增减，共有十郡。三国时，魏文帝置凉州，驻姑臧（今武威市凉州区），是武威称凉州之始，管辖今兰州、河西全境、青海、西宁及内蒙古额济纳旗东南，共七郡。西晋置凉州，仍驻姑臧，辖地与三国魏国基本相同。其后五凉置凉州，地辖河西走廊、青海、西藏之大部。可见历史上凉州一名，是河西走廊广大地域之总称。

武威是汉帝国为显示武功和军威到达河西而得名，为河西四郡之一，隶属于凉州刺史部之下。武威郡辖十县，以姑臧（凉州区）为治所。三国魏黄初元年（220年）十月，文帝曹丕重置凉州，辖武威等七

---

[1] 何双全. 简牍［M］. 兰州：敦煌文艺出版社，2004：53.

[2] 李元辉. 在古代，凉州与武威是什么关系？［EB/OL］.［2019-05-09］. https://www.sohu.com/a/313280348_739037.

郡，州治武威郡姑臧县，武威郡辖九县。西晋时，马隆任武威郡太守时辖七县。东晋十六国时，河西进入“五凉割据”时期，武威郡辖九县，其中姑臧县曾是“五凉”中的前凉张轨、后凉吕光、南凉秃发乌孤、北凉沮渠蒙逊的都城，可见武威辖地之重要。

其中“五凉”中的前凉一朝有墓葬发现，并有木牍出土。1985年，甘肃省文物考古研究所在武威柏树乡二畦大队旱滩坡清理了古墓28座，其中19号墓为一座夫妇合葬墓，男的叫姬瑜，女的叫正□。出土了木牍5枚，其中4枚在男棺内，1枚在女棺内。从内容看，随葬衣物疏2枚，男女各1枚；名刺3枚，属男棺。木牍上记录的内容是墓主人的身份、职位、有关记事与随葬的衣物疏等。衣物疏最后一竖行记载：“升平十三年七月十二日，凉州驸马都尉、建义奋节将军长史，武威姬瑜随身物疏令三十五种。”知男主姬瑜为驸马，死于东晋海西公司马奕太和四年，前凉第九代王张天锡太清七年，即牍文升平十三年，公元369年；其妻为公主，早逝。前凉一朝从张轨至张天锡，凡八君76年中，战事多发，权力相倾，民不聊生。该墓出土的木牍和名刺，虽然数量少，内容简单，但证明了前凉历史的真实，同时也揭示了前凉家族的某些内部情况，以及在凉州这块土地上第一次获知了前凉家族墓地的具体位置。

简帛学在对简牍帛书的分类中，根据原文提示，有一种叫“刺”的文书形式。何为“刺”？刺是用于禀报的实录文书。《文心雕龙·书记》：“百官询事，则有关刺解牒。”《汉书·外戚传》：“今皇后有所疑，便不便其条刺，使大长秋来白之。”颜师古注：“条谓分条之也。刺谓书之于刺板也。”《论衡·骨相》有载，韩生“通刺倪宽，结胶漆之交，尽筋力之敬”。亦为“名帖”也。如《后汉书·祢衡传》：“阴怀一刺，既而无所之至。”这里的“刺”犹如今之名片。文书之刺，有写在窄简上的，也有写在宽牍上的，形式多样，内容复杂，名称各异。究其本意多达18种，又因同字音异，含义又有7种，加起来有25种。如名刺、邮书刺（亦称过书刺）、入官刺、吏对会入关刺、廪食月别刺、出俸刺、表火出入界刺等。刺作为一种文书形式大量存在于简牍帛书中。如湖北鄂城水泥厂1号三国吴国墓木刺、江西南昌东湖1号晋墓木刺、江西南昌东吴高荣墓木刺、尹湾6号汉墓竹或木刺等；仅尹湾6号汉墓出土的10枚名刺说明，至少在秦汉六朝时期，官吏之间盛行递以名刺这种形式相互交往，或请谒问疾，或彼此帮忙。而居延、敦煌汉简中亦发现木刺，看来我国很早就有使用刺这种文体的习俗，远早于传世文献的记载。❶

关于“衣物疏”。“疏”，即分条记录或分条陈述。《广韵·御韵》：“疏，记也。”《汉书·杜周传》：“前生所是著为律，后主所是疏为令。”颜师古注：“疏谓分条也。”衣物疏，即陪葬衣物记录清单。❷

武威与凉州之名其后一直存在，乃至新中国成立后，在此地建立地区、县、市，都用武威一名。2001年改地区为市，则用武威市，而原武威县名改为凉州区。

关于武威郡的设置年代，《史记》以及《汉书》的纪、传、志所记武威建郡年代的不一致，引起了学者们对武威郡设置年代的广泛探讨。依据文献资料，已确定武威郡的设置要晚于金城郡，因为始元六年设置的金城郡是以陇西、张掖和天水三郡的各二县为基础的，所以在金城郡建立之前，张掖郡所辖境内东至黄河西岸，尚没有武威郡。如此，武威郡的设置时间，一定是在始元六年（前81年）以后。居延汉简公开发表后，其中一条引起了学者们的注意：

❶ 何双全．简牍［M］．兰州：敦煌文艺出版社，2004：79-80；李均明．秦汉简牍文书分类辑解［M］．北京：文物出版社，2009：416-425；张显成，周群丽．尹湾汉墓简牍校理［M］．天津：天津古籍出版社，2004：34-37.

❷ 张显成，周群丽．尹湾汉墓简牍校理［M］．天津：天津古籍出版社，2004：103.

元凤三年十月戊子朔戊子，酒泉库令安国以近次兼行大守事、丞步迁谓过所县河津，请遣□官持□□□钱去□□取丞从事金城、张掖、酒泉、敦煌郡，乘家所占畜马二匹，当传舍，从者如律令。/掾胜胡、卒吏广。（303·12）

虽有缺字，大意是酒泉库令遣掾史持传分行河西诸郡，东起金城郡，西至敦煌郡。其中没有提到应该存在的武威郡，当是元凤三年（前78年）十月武威尚未建郡的依据之一。

诸多学者对该问题有过考证，且观点不一，如日本学者日比野丈夫：元凤三年至地节三年，前78—前67年；张维华：元凤元年至神爵元年，前80—前61年；劳干：元凤三年至神爵年间，前78—前67年，或本始二年，前73年；陈槃：地节三年至元康四年，前67—前62年；周振鹤：地节三年，前67年；张俊民：地节、元康年间，前67—前62年等。[1]综上观点，陈槃与张俊民观点较为一致，确定时间范围最小的是周振鹤。因为西汉初年，东西交通的路线最早不是由兰州至武威，而是由兰州、青海经扁都口入河西走廊，这样也就决定了武威郡偏塞的情况。所以河西四郡的设立时间，应是先有酒泉、张掖；次有敦煌郡；昭帝之后，随着汉势力的巩固，最后才建武威郡。而武威的设郡，又促进了新交通线路的繁荣，即由武威、景泰至平凉驿道的开通使用。

武威古城建在姑臧（今武威市凉州区），是进入河西走廊的第一大城，也是西域、羌、胡贸易的中心。自汉武帝时期至汉末，河西地区战乱很少，人民安居，一度出现“边城晏闭，牛羊布野”的和平繁荣景象。当时武威不仅是丝绸之路上的闹市，而且是汉与西域各国经济、文化交流的中心之一。《后汉书·孔奋传》：“时天下扰乱，唯河西

[1] 张俊民．简牍学论稿——聚沙篇［M］．兰州：甘肃教育出版社，2013：7-8.

独安，而姑臧成为富邑，通货羌胡，一日四合。”古时集市贸易，一般为一日三次交易，而姑臧“一日四合”，足见商业贸易之兴盛。西域诸国的商旅经武威至兰州，再至西安进入内地者络绎不绝。他们用自己的特产换取中原的大批丝绸、麻织品、棉布、漆器和装饰品。20世纪50—70年代，甘肃武威磨嘴子汉墓群出土了一大批丝织品，其中一批是覆盖在棺柩上并题有文字的长幅幡物。长幅幡物中的七件极为珍贵。一是1959年发现于磨嘴子22号墓，位于棺盖上，年代属于东汉前期至中期的一件深赭色丝织品，长220厘米、宽37厘米。墨书1行，每字约15厘米见方，其文为篆体，今可辨8字：姑臧渠门里张□□之匛（柩）（按：“之匛”原为合文。“匛”，即“柩”）。二是1959年发现于磨嘴子4号墓，位于棺盖上，年代属于东汉前期至中期的一件紫红色麻织品，长206厘米、宽45厘米，下端残毁。墨书1行，其两旁“最上端两角画为圆券，券内隐约看出似为动物形，下部接续画虎，再下全为云纹”。墨书为篆体，今存11字：姑臧西乡阉导里壶子梁之□〔柩〕。三是1972年发现于磨嘴子54号墓，年代属于东汉前期至中期的一件红色丝织品，长220厘米、宽37厘米。上端有黑色（或深褐色）的宽缘，下端残缺。墨书1行，其上端左侧画月，内有蟾蜍；右侧画日，内有九尾狐和鸟。墨书为篆体，今存8字：姑臧东乡利居里壶□〔柩某某之柩〕。四是1959年发现于磨嘴子23号墓，位于棺盖上，年代属于东汉前期至中期的一幅长120厘米、宽41厘米，下端残毁的织物。在织物的顶端，有“一平常树枝为轴”。这是一件“淡黄色麻布”，“四周镶有稀疏赭色形似薄纱之织物”。墨书2行，其上方左右各有一直径约15厘米的圆形，左为日，内画乌；右为月，内画蟾蜍。墨书为篆体，书体纠曲缠绕，有鸟虫篆意味，疏密得当，用笔纯熟，颇具装饰风格。今存14字：【第1行】平陵敬事里张□；【第2行】伯升之柩过所毋留□。五是1959年发现于磨嘴子15号墓，位于棺盖上，已朽烂，年代属于东汉前期至中期的一件深赭色丝织品，长59厘米、宽45厘米。左上角残勒。朱书4行，其文为隶体：【第1行】姑臧北乡西夜里女；【第2行】子……宁死下世，当归冢次；【第3行】……水社，毋河留；【第4行】……〔有天〕帝教，如律令。[1]六是1956年发现于磨嘴子1号汉墓的一件“丝织残幡片”，为“深红色，上有墨迹，字迹不清，其中一片较大，残长90厘米、宽50厘米，置于棺盖上”。七是1972年发现于磨嘴子49号汉墓的一件“铭旌”。

可见，武威在丝绸之路上是一座商人云集、贸易兴隆的城市，又

↑第一件

↑第二件

↑第三件

↑第四件

（赵海丽从照片剪裁而成）

[1] 马怡．武威汉墓幡物释［A］//郑德芳，孙家洲．居延敦煌汉简出土遗址考察论文集．上海：上海古籍出版社，2012：91-96.

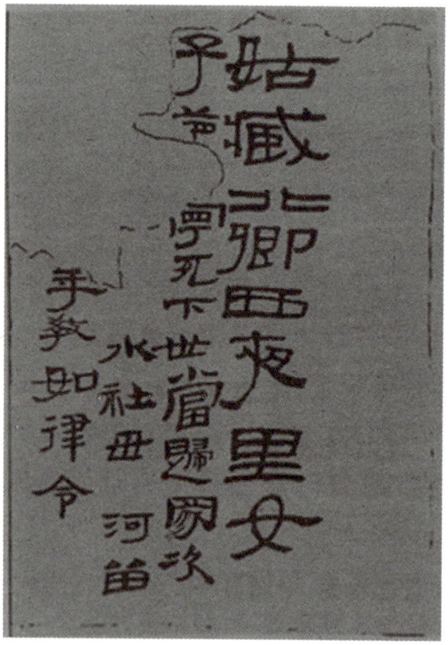

↑第五件（赵海丽从照片剪裁而成）

因凉州武威与西域各国经济、文化交流繁盛，因此民俗生活亦融众彩。如凉州麻狮舞在唐代最为盛行，无论是宫廷宴会还是庆功祝捷都以舞狮助兴。凉州舞狮从装扮看，二人合扮为“太狮”，一人独扮属“少狮”。舞动时毛随风动，表演时由多个出身于武术世家的青年男子，先演练一番流传在凉州的八步转、琵琶条子、定宋大刀等独具特色的武术套路后，随着助威的鞭炮声，和着轻重不一、急缓有别的狮舞鼓点，披红挂彩的引狮人手拿绣球，翻腾跌扑，引得狮子昂首出场。《汉书·地理志》记载，天水、陇西及安定、北地诸郡，“皆迫近戎狄，修习战备，高尚气力，以射猎为先”。“尚武”，这也是武威等地民风之特点，唐诗所谓“寺寺院中无竹树，家家壁上有弓刀”。而弓马骑射的习尚，则造就了历代“名将多出焉”的结果，自汉李广、赵充国，到唐之李世民辈，陇右名将，史书不绝，载入“廿五史”的陇籍将领达数百人之多。说到根本，这是严酷的自然人文条件磨砺、世代艰辛创业所形成。

三十八

武威尚贤孝礼

当我们到达武威市区，葛尔沼同学已等候多时。尔沼同学是今年（2018年）文学院的毕业生，家住武威市区，考入了武威市发改委，刚上班几天，就又见到了母校的老师们，大家都激动不已。尔沼同学得知校长带队、老师们要来的消息后，早已做了精心准备，为老师们安排好一天考察的路线与饮食。师生见面时已是中午，尔沼同学引路来到具有凉州特色的“福瑞苑”农家乐，四合院布局的农家乐有田园风情，很温馨。

↑农家乐（2018-08-14） 赵海丽 摄

午餐地点有K歌音响设备，队员们调出电视剧《贞观长歌》，跟着原唱熟悉曲调，唱我们的新词，使得《行者无疆》的旋律更深入并浸润内心，同时有了短暂的娱乐休息，使几天来一直在行走中疲惫的身心得以调整与恢复。武威的美味不少，如“三套车”（凉州行面、腊肉、冰糖红枣茯茶）、“沙棘三泡台”（含冰糖、杏干、红枣、春尖茶、桂圆干、葡萄干、枸杞、沙棘、玫瑰花）均为雅俗共赏之品。热情好客的尔沼同学尽其所能，以示心意，为老师们点了排骨垫卷子、面皮子、沙米粉等武威最具特色的美食。就餐时，校长询问了尔沼同学毕业以来的工作、生活情况，并向他提出了期望和要求。一是要懂得感恩，懂得奉献。二是要永远做一个正直的人，将党多年来的教育入脑入心，化成一种融入血液的力量。三是要懂得取舍，懂得舍得，只有付出，才能有获得。

↑开心（2018-08-14） 赵立伟 摄

尔沼同学有感而发：“第一次如此近距离地聆听大学校长的教诲，真的感觉用尽了自己所有的运气，感到了无比的幸福。校长的话让在座的我们都受益匪浅。对于我来说，跨过千山万水的四年，每当在夜晚想起，耳畔回荡着各位师长的话语，总是会分外不舍，总是会叹息不已，叹息岁月的蹉跎，感叹青春的美丽！”

像尔沼同学这样敬重师友、懂得礼仪贤孝，在武威有着很深的历史渊源。如1959年，武威新华乡缠山村磨嘴子发掘的汉墓，出土的古籍《仪礼》就能说明这一点。此次发掘的6号汉墓，出土了竹木简600余枚，其中完整的有385枚，残简约有225枚。除少量为竹简外，多数为木简。木简有长的和短的两种，均系松木质料。短木简有9枚，长20—22厘米、宽约1.5厘米。其内容是记述有关忌讳的文字，属于“日忌”类的残简。长简大都保存完好，长54—58厘米、宽0.8—1厘米。简上墨书隶体。每枚简上写有60—80字不等，但以60字者为多。其文字保存也比较完整，总计约27400字，较之熹平石经七经残存的文字要多近20000字。木简有四道编绳，两端各一道、中间两道。简的正面或背面编有顺序号码。经过整理，发现该批木简的主要内容是《仪礼》的部分篇章。分甲、乙、丙三种《仪礼》抄本，共有9篇。丙本为竹简书写的，甲乙两本是用木简书写的。其抄写时间推测在西汉末至王莽时期。

甲本是7篇《仪礼》，共378枚木简。《士相见之礼》第三，计16枚；《服传》第八，计55枚；《特牲》第十，计49枚；《少牢》第十一，计45枚；《有司》第十二，计73枚；《燕礼》第十三，计39枚；《泰射》第十四，计101枚。其中，只有《士相见之礼》一篇保存完整，其余6篇均有损佚，缺40余简，其他残简也为《仪礼》内容。乙本是一篇《服传》，它和甲本的《服传》是相同的抄本，只是木简稍短而狭，字小而密。丙本是抄在竹简上的《丧服》经。

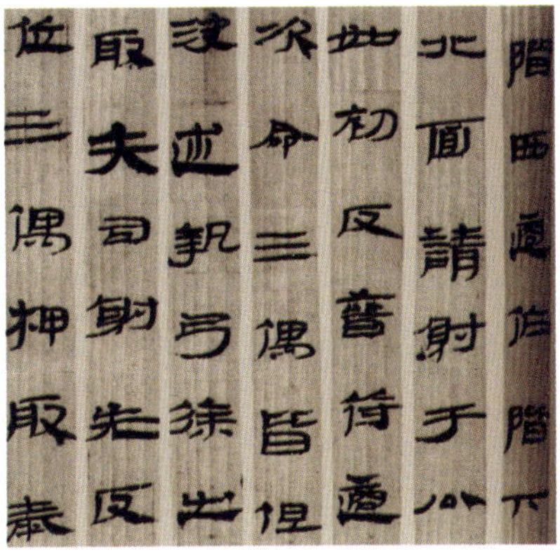

↑武威汉简《仪礼》部分（赵海丽由照片剪裁而成）

这批木简的出土在文献学的研究上有着重大意义，它是不同于大、小戴的另一个家法本子，它的篇次、章句、文字均与传世文本有所不同，推测可能是庆氏之学，是继大、小戴和刘向之后的第四种版本，也就是历史上王莽新朝的国学本。这是前所未有的大发现，代表着王莽一朝的文化风范，是非常珍贵的古文献，其简册形式也为我们研究汉代的简册制度提供了极其珍贵的资料。

简本《仪礼》出土后，甘肃省博物馆相继在《文物》《考古》等杂志上，就墓葬考古挖掘的情形，随葬出土的竹简形制，以及意义价值分析等情况，做了及时的报道，[1]引起了很多学者的关注和兴趣。又经过中国科学院考古研究所陈梦家等学者的整理释读，甘肃省博物馆和中国科学院考古研究所合作，于1964年由文物出版社出版了《武威汉简》一书，公布了这批简牍资料的图片及释文，并将研究成果公布于世。

张焕君、刁小龙著《武威汉简〈仪礼〉整理与研究》，由武汉大学出版社于2009年出版。该论著为武威汉简《仪礼》整理与研究的集大成之作。武威《仪礼》简的出土，不仅使我们看到了汉代写本《仪礼》在武威的传播与受欢迎程度，也使我们看到汉朝时，武威地域对《仪礼》的重视与诵习经书的样式。古代的武威人不但重视诵习经书，而且重视尊老养老，贤孝之风盛行。如出土有关老年保护法内容的木简就有多枚，可见于1959年秋磨嘴子6号汉墓的《王杖十简》，以及1981年9月新华乡缠山大队社员袁德礼交出的《王杖诏书令》。

《王杖十简》出土时木简由三道编绳编连，先编后写。10枚简为一完整的册书。据研究，其内容为西汉宣帝、成帝时关于“年始七十者授之以王杖”的两份诏令和受杖老人受辱之后裁决犯罪者的案例，以及墓主人受王杖的行文等。《王杖十简》的出土对于我们今天研究汉代“尊老”“养老”的制度及其具体措施有重大的史料价值，且可与《后汉书·礼仪志》所记“仲秋之月，县道皆案户比民，年始七十者授之以王杖……端以鸠饰”相印证。简文中有云“高年受王杖，上有鸠，使百姓望见之”“年七十受王杖”等，皆与《后汉书·礼仪志》记载相吻合。

《王杖诏书令》是继1959年出土《王杖十简》后的又一次重要发现。该批木简出土的情况不明，经调查与《王杖十简》出自同一墓地。

[1] 计有三篇介绍文章：甘肃省博物馆. 武威发现大批竹简［J］. 文物，1959（10）；甘肃省博物馆.甘肃武威磨咀子6号汉墓［J］. 考古，1960（5）；甘肃省博物馆.武威汉简在学术上的贡献［J］. 考古，1960（9）.

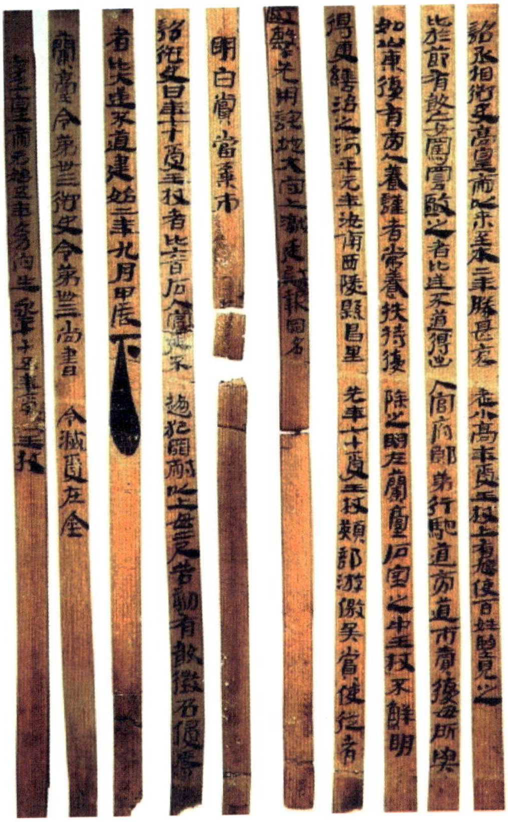

↑《王杖十简》部分（赵海丽从照片剪裁而成）

该册木简为汉隶书写，字迹清晰，每简背面署有编码“第一”至“第二十七”，其中缺“第十五”一简（惜已遗失），可见原册实有27枚。简长23.2—23.7厘米、宽0.9—1.1厘米。编绳虽已不存，但从残留痕迹尚可看出原简当有两道编绳。该册记载有关尊敬长老、抚恤鳏寡、孤独、残疾者以及高年赐杖、处决殴辱受杖者的罪犯等内容的五份诏书，简册末端有“右王杖诏书令”的尾署。

1989年8月，甘肃省武威地区文物普查队在武威柏树乡下五畦大队的旱滩坡汉墓清理发掘时出土残简，又发现与武威磨嘴子出土的《王杖十简》《王杖诏书令》相类似的有关优抚老年人的诏书残文。《王杖诏书令》《王杖十简》等一些法律条文的颁布，是汉代养老尊老社会风尚的进步，对于了解汉代敬老的制度极有价值。

武威县博物馆《武威新出土王杖诏令册》一文最早刊布了该批简牍，并对该简册的情况作了详细介绍，写定了简册释文，并对简册内容进行考证。《王杖十简》与《王杖诏书令》简影、摹本及释文，均见于1964年由文物出版社出版的《武威汉简》一书。由此可见尊礼孝老传统在武威历史悠久，似一股千年清泉，默流分润着这片古老的土地。我们就从尔沼同学身上，感受到了这种良好社会风尚的传承。

三十九
武威雷台

↑“铜奔马”旅游标识下合影（2018-08-14） 李如冰 摄

下午，尔沼同学带大家来到了武威雷台，其位于甘肃武威城区北关中路，占地面积12.4万平方米，距今已经有1700多年的历史。

据史料记载，雷台为前凉（301—375年）国王张茂所筑灵钧台，这里是古代祭祀雷神的地方，因在一高约10米的土台上建有雷祖观而得名。

武威欢迎四面八方宾客之语也颇有特色：“天马行空，自在武威。”雷台正大门为古式双阙建筑，门顶横梁上有大大的“雷台”二字。进入大门就看到了标志性建筑“马踏飞燕”牌楼雕塑。牌楼后有一条宽道通向圆形下沉式广场，两侧各六根图腾柱上挂着诗词宣传牌，再外侧就是浮雕墙，内容全与武威相关联。我将宣传牌上的诗词一一拍摄下来，准备返校后再细细品读。

我们拍照留影之后，通过“雷台观”入口，见两擎柱书写山门联：“绛云在霄威风绚彩，甘露披野嘉禾遂生”（蓝底金字）。右见“雷台汉墓”标识碑。进入二平门再左拐，前方行约百米就是1号汉墓的广场及墓口。

↑雷台观（2018-08-14） 赵海丽 摄

↑地下博物馆（2018-08-14） 赵海丽 摄

我们一行深入其中考察，请一位工作人员作讲解。虽然外面艳阳高照，墓道内还是阴湿凉爽。墓道两侧悬挂着介绍展板，听讲解的同时我们也在观看展板内容，以求了解更多汉墓文物信息。据工作人员介绍，1969年，当地农民挖战备地道，在雷台下发现了这座东汉晚期的大型砖室墓。据出土马俑胸前 “守张掖长张君” 铭文，推测为东汉时期镇守张掖的军事长官张某与其妻的合葬墓，不过也只是推测而已。此墓虽遭多次盗掘，但遗存尚多，是一座“丰富的地下博物馆”。

该墓出土有金、银、铜等器物231件，其中有铸造精致的铜车马武士仪仗俑99件，被称为“地下千年雄狮”。墓后室摆了一批铜车马仪仗队大方阵复制品。刚才在沉式广场我们所见的铜车马仪仗俑方阵（放大6倍）和这里的仪仗队一样，都是仿照文物出土时的样子摆放的，而方阵仪仗队的领衔主角就是“铜奔马”。

铜车马仪仗队大方阵的简介如下：

铜车马仪仗俑，汉代，武威市雷台汉墓出土。共计99件，由38匹铜马、1头铜牛、1辆斧车、4辆轺车、3辆辇车、2辆小车、3辆大车、1辆牛车、17个手持矛戟的武士俑和28个奴婢俑组成。主车舆车通长36厘米，马高40厘米，奴婢俑高19.5—24厘米。铜车马出行仪仗，这是迄今发现数量最多的东汉车马仪仗铜俑，气势宏大，铸造精湛，显示出汉代群体铜雕的杰出成就。

↑铜车马仪仗方阵（2018-08-14） 赵海丽 摄

“铜奔马”呈发绿古铜色，马高34.5厘米，身长45厘米，宽13.1厘米，重7.15千克，马形神兼备、气韵生动、矫健剽悍，作昂首嘶鸣、疾足奔驰状。塑造者摄取了奔马三足腾空，右后足超掠飞鸟，飞鸟回首惊顾，就在刹那间，马头上一撮呈流线型的鬃毛指向彗星一般的翅尾，显得飘逸灵动。马全身的着力点仅在一足之上。如此，既表达了奔马风驰电掣的向前动势，又巧妙地利用飞鸟的躯体扩大了着地面积，保证了奔马的稳定。“铜奔马”体形矫健，神势若飞，艺术造型优美，给人以腾云凌雾、一跃千里之感。“铜奔马”是按良马的标准塑造，它集河西走马、大宛马、蒙古马等多马种的优点于一身，特别是河西走马“对侧步”这一特征，也就是我们所说的“同手同脚”，能够大大提高战马的速度和效率，同时保障骑马人的稳定和安全。这位（也许是一群）东汉的无名工匠，以高度的智慧、丰富的想象、深刻的生活体验和娴熟精深的艺术技巧，成功地塑造了一件源于生活而高于生活、极富浪漫色彩的“天马行空”的艺术杰作，堪称青铜艺术的极品。“铜奔马”出土后，被郭沫若定名为“马踏飞燕”。1983年，“铜奔马”又以“马超龙雀”这个名称被国家旅游局确定为中国旅游标志。

1982年，故宫博物院顾铁符先生在《考古与文物》第2期发表《奔马·“袭乌”·马式》一文，指出铜奔马不是纯粹的艺术品，而是相马用的“马式”，很有可能就是大名鼎鼎的伏波将军马援创制的铜奔马的复制品，即按照相马理论“引经据典”地制作出来的。铜奔马足下所踏的飞鸟，正是马王堆帛书《相马经》里所说的千里马的标志。[1]1989年，胡平生对顾氏观点予以支持，并将陆续收集到的一些资料整理连缀成文——《“马踏飞燕”是相马法式》，其中对顾文中的一些失误加以补充、修正。文中记载：“顾文有一句话欠妥，他说古代的马式后来影迹全无，‘隋唐文献中就从来没有人提到过它’。其实并非如此，《全唐文》及《古今图书集成》皆收有王起、吕镈的《万年县试金马式赋》与纥干俞的《铜马赋》，都是唐代记铜马式的文章。”[2]胡平生在文中摘引三篇赋的部分内容。

王赋云：“先贤铸金之英，为马之形……始其模既全，体将具，思求绝尘之貌，是假在熔之铸。踊跃其液，渥洼之形未出；扑灭其烟，浮

---

[1] 马王堆汉墓帛书整理小组. 马王堆汉墓帛书《相马经》释文［J］. 文物，1977（8）：17-22.

[2] 胡平生. “马踏飞鸟”是相马法式［J］. 文物，1989（6）：75-83.

云之姿已露。……其状惟肖，其仪孔昭，仰沛艾以龙翥，若骖驔而鹿超。推秣勿施，异乘黄之伏皁，絷维罔及，殊赭白之来朝。翼翼雄姿，煌煌壮观，恒引耀以错落，每腾精而半汉……”

吕赋云：“马以行地致用，式乃范金取规。表骐骥以立则，拟形容而可知。合诸法象，遵彼权奇。卓尔趫姿，想从革而乍见；骇兹殊相，疑轶尘而载驰。毫发尽似，纤秾不差，诚骏骨之倜傥，亦巧心之云为……写逸态以全能，制兰筋而巧附。瞳双镜而可鉴，颧两月以合度。谓天骥之呈材，乃良金之所铸。取则不远，其象孔昭。常矫矫以示象，特昂昂而建标。骎衮在目，飞黄立朝……所以稽乎骥德，垂此作式。指半汉以成规，岂驽骀之可惑？……”

纥干赋云：“昔伏波资越铜之具，皇汉得天马之度。盖以张戎容，程国步。允称其德，怀致远之无疆；既授于师，必命工而所铸。象物惟肖，利人则深。……克绝奔踶，邈无玄黄。虽齐力齐毫，用每亏于典礼；逮如龙如鹿，形既造而昭彰。美成式之不替，信改铸之有常。奚绝尘之足比，庶出水而同方者哉！……”

胡平生除了摘引以上三篇赋的部分内容，也考证了王、吕为同时而作，大概在二人中进士后不久。纥干赋“以铸金象形用求良骏为韵”，不知与王、吕所说同是一事否。这三篇关于铜马式的赋可以帮助我们了解一些问题。[1]

补按：“马踏飞燕”出自的武威雷台墓葬，系1969年10月发现并发掘。自发现以来，其年代问题在学术界便有很大的争议，主要有两种观点，一种认为是东汉墓，另一种则主张是较晚的西晋墓，几十年来一直争论不休。

[1] 胡平生．“马踏飞鸟”是相马法式［J］．文物，1989（6）：79-83.

黄锦前将诸多学者的考述观点整理和分析如下：何双全、吴荣曾、孙机、郭永利等学者先后以墓葬形制及出土的典型器物如五铢钱等为据，论证其年代为西晋。何双全认为，“相对年代应在晋末前凉初，即愍帝建兴元年（313年）以后”。王科社将该墓出土四枚银质印章分别识读为“安西将军”“镇西将军”“车骑将军”“骠骑将军”，年代从东汉晚期至晋代。而与武威或凉州有关的人物中，唯有张轨曾拥有“安西将军”“镇西将军”“车骑将军”“骠骑将军”四个将军号，可推定武威雷台M1墓主为张轨，具体年代应当为张轨卒亡时间，即西晋愍帝建兴二年（314年）……该墓所出随葬品应与墓葬年代相仿，而“马踏飞燕”的年代，显然系西晋而非东汉……“马踏飞燕”的准确寓意，也需结合墓葬和器物的年代及时空背景，对其重新进行反思。曹定云认为，铜奔马所踏之“鸟”实为“乌”即“乌鸦”，代表神话、传说中的“乌鸦”即“太阳”。由浙江龙游石窟“天马行空”图，可证武威雷台奔马铜雕应是“天马逮乌”；马王堆帛书《相马经》中有“逮乌鸦”，即奔跑速度极快的“千里马”，此马名之产生，实源于天上的“天马”，是用天上的“天马”比喻人间的“千里马”。从器物造型、墓葬年代以及当时的时空与历史背景来看，在现有的各种说法中，似以此说最为符合实际，应是目前最为合理的解释。[1]

无论“铜奔马”是纯粹的艺术品，还是相马用的“马式”，都不会影响我们对它的真爱。

“铜奔马”及铜车马仪仗队等文物真品现藏于甘肃省博物馆。今天，“铜奔马”成为东西方文化交往的使者和象征，代表中国数千年光辉灿烂的文化历史，吸引全世界的目光。

有没有见到原物，已不那么重要了，重要的是我们了解并感受到了

[1] 黄锦前．“马踏飞鹰”抑或“天马逮乌”［N］．中国社会科学报，2021-04-08.

这里曾是举世闻名的稀世珍宝、中国旅游标志“马超龙雀”的出土地就足够了。

有学术追求之人最要有“打破砂锅璺（问）到底”的精神，我们知道了该墓葬发掘的文物精品，也应了解其墓葬给后人留下的诸多疑惑，如墓室南面墙壁用黑白两种砖组成“囍”字形，而“囍”字传说是宋朝王安石醉拼而成，而这座汉墓（或西晋墓）里却出现“囍”字形，不知是偶然巧合还是当时已经有了“囍”字？另外，墓室和井中的砖块历经近两千年的挤压蚀化仍坚固不倒，说明其耐压、抗腐蚀等性能极强，直到今天这种砖制坯和烧制方法仍是个谜。

四十 凉州词陈列馆

参观凉州词话展是此程的意外收获。因为凉州词陈列馆与武威雷台依次东西并立，自然就吸引了我们这些文学院老师的眼球，也给了我们一次了解凉州古代文学知识、词话文体研究及其文学成果现状，丰富和提高“凉州词话”文学素养，开拓文学视野的大好机会。

进入陈列馆时，馆领导正在面试新入职的解说人员，给我们解说的女孩既紧张，词也不熟，磕磕绊绊地讲解着。“还需要下功夫”，我心想明年的这个时候，她一定会优雅大方、睿智有加地展示自己的才艺，加油吧！姑娘不流畅的讲解，并没有影响我们看展的好心情。《凉州词》是凉州歌的唱词，非诗题，是盛唐时流行的一种曲调名。开元年间，陇右节度使郭知运搜集了一批西域的曲谱，进献给唐玄宗。玄宗交由教坊翻译曲谱，并配上新的歌词演唱，以这些曲谱产生的地名为曲调名，“凉州词”一名由此而生并开始流行。该馆的展示立足于《凉州词》的发展渊源，以史讲词，以词说史，采取单元、组、展品三个层级的叙事方法展示《凉州词》的艺术魅力和发展脉络。从“曲影词踪”“边塞词情”“拾遗词坛”“千古词魂”四个方面，通过光、影、声、色，以新媒体、场景互动项目等多种光影变幻的手法，使我们能近距离了解历史风云曾经的金戈铁马、歌舞繁华，以及千百年来人们追求太平盛世的美好愿望，领略了霍去病大战匈奴收复河西的盛况。凉州词西承龟兹乐舞的风情，东传凉州乐舞的神韵，今天的我们也和古代诗人一样被《凉州词》所吸引，这种喜欢亦源于他们写下并流传千古的《凉州词》。不同朝代的诗人写《凉州词》，其内容、文风等方面各具特色。

《凉州词》是我国边塞诗中的佼佼者，它所表现出的爱国主义思想上承屈原《离骚》的浪漫主义格调，下启宋代苏轼、辛弃疾等豪放派词风。它所流露的眷恋故土、思亲念家的情怀，彰显出人们反对战争、追求和平的价值取向。

在展示中保留了诸多我们耳熟能详的《凉州词》作品，其中一部分作品早就收录在小学课本里，可见在中国传播之广。今天来到武威，这个古时的凉州府都，再一次阅读感受，与少时截然不同。西北边塞广漠壮阔的自然风光，以及《凉州词》风格上呈现的悲凉苍劲、威武豪迈、自然纯朴，是需要身临其境去感知的。

附：凉州词话部分代表作品

凉州乐歌

北朝·温子升

远游武威郡，遥望姑臧城。

车马相交错，歌吹日纵横。

武威春暮闻宇文判官西使还已到晋昌

唐·岑参

岸雨过城头，黄鹂上戍楼。塞花飘客泪，边柳挂乡愁。

白发悲明镜，青春换敝裘。君从万里使，闻已到瓜州。

凉州词二首·其一

唐·王翰

葡萄美酒夜光杯，欲饮琵琶马上催。

醉卧沙场君莫笑，古来征战几人回？

武威同诸公过杨七山人得藤字

唐·高适

幕府日多暇，田家岁复登。

相知恨不早，乘兴乃无恒。

穷巷在乔木，深斋垂古藤。

边城唯有醉，此外更何能。

↑王之涣作《凉州词》（2018-08-14） 蔡先金 摄

过故府中武威公交城旧庄感事

唐·李商隐

信陵亭馆接郊畿，幽象遥通晋水祠。

日落高门喧燕雀，风飘大树撼熊罴。

新蒲似笔思投日，芳草如茵忆吐时。

山下只今黄绢字，泪痕犹堕六州儿。

杂曲歌辞·千里思

唐·李端

凉州风月美，遥望居延路。

泛泛下天云，青青缘塞树。

燕山苏武上，海岛田横住。

更是草生时，行人出门去。

凉州词二首

唐·王之涣

黄河远上白云间，一片孤城万仞山。

羌笛何须怨杨柳，春风不度玉门关。

单于北望拂云堆，杀马登坛祭几回。

汉家天子今神武，不肯和亲归去来。

送长孙九侍御赴武威判官

唐·杜甫

骢马新凿蹄，银鞍被来好。绣衣黄白郎，骑向交河道。

问君适万里，取别何草草。天子忧凉州，严程到须早。

去秋群胡反，不得无电扫。此行收遗甿，风俗方再造。
族父领元戎，名声国中老。夺我同官良，飘摇按城堡。
使我不能餐，令我恶怀抱。若人才思阔，溟涨浸绝岛。
尊前失诗流，塞上得国宝。皇天悲送远，云雨白浩浩。
东郊尚烽火，朝野色枯槁。西极柱亦倾，如何正穹昊。

凉州词

唐·孟浩然

浑成紫檀金屑文，作得琵琶声入云。
胡地迢迢三万里，那堪马上送明君。
异方之乐令人悲，羌笛胡笳不用吹。
坐看今夜关山月，思杀边城游侠儿。

夜上受降城闻笛

唐·李益

回乐峰前沙似雪，受降城外月如霜。
不知何处吹芦管，一夜征人尽望乡。

凉州词三首

唐·张籍

边城暮雨雁飞低，芦笋初生渐欲齐。
无数铃声遥过碛，应驮白练到安西。

古镇城门白碛开，胡兵往往傍沙堆。
巡边使客行应早，欲问平安无使来。

风林关里水东流，白草黄榆六十秋。
边将皆承主恩泽，无人解道取凉州

凉州词

唐·薛逢

昨夜蕃兵报国仇，沙洲都护破凉州。
黄河九曲今归汉，塞外纵横战血流。

杂曲歌辞·凉州词

唐·耿纬

国使翩翩随旆旌，陇西岐路足荒城。
毡裘牧马胡雏小，日暮蕃歌三两声。

西凉伎

唐·元稹

吾闻昔日西凉州，人烟扑地桑柘稠。
葡萄酒熟恣行乐，红艳青旗朱粉楼。

凉州词

宋·陆游

垆头酒熟葡萄香，马足春深苜蓿长。
醉听古来横吹曲，雄心一片在西凉。

四十一
武威文庙

接下来，我们一行来到了崇文街172号的文庙。文庙位于武威市区东南隅，始建于明正统二至四年（1437—1439年），南北长198米，东西宽152米，占地面积3.096万平方米。武威文庙古称“陇右学宫之冠”，由儒学院（已毁）、孔庙、文昌宫三部分组成。

↑文庙外景（2018-08-14） 宁登国 摄

当我们走进文庙，映入眼帘的是正大门四根山门柱上的对联，外柱：文明气运参天地，翰墨杰华贯古今（蓝底金字）；门柱：鳌背腾飞万丈文光运九曲，梯山毓秀一枝彩笔映三台（黑底金字），横批：斯文主宰。门右侧挂着“武威市博物馆”木牌（白底黑字）。

武威市博物馆现藏文物4万多件，其中国宝级文物2件，一级文物166件，二级文物268件，三级文物574件，是甘肃省第二大历史博物馆。1949年以后，武威先后在南山喇嘛湾、磨嘴子、旱滩坡、五坝山等地出土了王杖、《仪礼》、医药等简牍765枚，另出土有帛书若干。这些简牍帛书的出土地主要集中在磨嘴子、旱滩坡等处（见表1）。

磨嘴子汉墓群在甘肃省武威市城西南15公里处的祁连山麓、杂木河两岸。这里地势起伏，形成丘陵地带，不仅有新石器时代的文化遗址，而且有极其丰富的汉代墓葬，以出土大批汉简、木雕、丝、麻、草编织物等重要珍贵历史文物而闻名于世。旱滩坡古墓群始建于战国时期，距今已有2500多年的历史，其规模恢宏庞大是全国少有的，为一巨大的古墓姓氏基因群。此地区地势较高，终年干旱，草木难生，因此当地人称它为“旱滩坡古墓群”，亦称“三皇齐聚地”。此地所出土的汉简帛书与其他文物，反映了汉代尊老养老制度和科学文化发展水平。因旱滩坡古墓群没在我们考察范围内，目前各墓地的保护现状不甚清楚。

在武威最早发现简牍者是夏鼐和阎文儒。1945年11月，他们在甘肃武威南山喇嘛湾掘得木简7枚，现藏于台北“中央研究院”历史语言研究所。1998年，“中央研究院”历史语言研究所出版的、由简牍整理小组编撰的《居延汉简补编》一书发表了这7枚木简的照片和释文。

1972年11月，在武威市柏松公社下五畦大队发现的一座东汉墓葬出土的一批医药简尤为珍贵，特别值得一提。这批简被发现时捆在一起，装入遗骨头部附近放置的一个麻袋里，木简78枚、木牍14枚，计92枚。木简长23—23.4厘米，仅一面书写文字，先编后写，有三道编

表1 武威发现简牍情况统计表

时间	发现者	发现地点与简牍文献名称或类别	数量
1945年11月	夏鼐、阎文儒	甘肃武威南山喇嘛湾木简	木简7枚
1959年7月	甘肃省博物馆	甘肃武威磨嘴子6号汉墓 珍本古书《仪礼》	竹木简610枚 完整385枚 残简225枚
1959年秋	甘肃省博物馆	甘肃武威市新华乡磨嘴子18号汉墓 养老尊老法《王杖十简》	木简10枚
1972年11月	甘肃省武威市柏松公社下五畦大队	甘肃武威旱滩坡东汉墓 武威医简	木简78枚 木牍14枚
1981年9月	袁德礼	甘肃武威磨嘴子东汉墓 老年保护法《王杖诏书令》	木简27枚
1981年		甘肃武威磨嘴子汉墓	木简29枚
1984年	甘肃省文物考古研究所	甘肃武威五坝山3号汉墓 冥间通行证	木牍1枚
1989年8月	甘肃省武威地区文物普查队	甘肃武威旱滩坡东汉墓 优抚老年人的律令条文	残简17枚
1985年	甘肃省文物考古研究所	甘肃武威旱滩坡前凉墓 冥器（墓主人身份、职位、记事和随葬衣物疏等）	木牍5枚
1996年		凉简	简1枚
1972年		西夏简	简1枚

绳，出土时编绳痕迹尚清晰可见。简文单行墨书隶体。简宽0.5—1厘米不等，大致可分为宽、窄两种。宽简在右侧编绳处刻有锲口，窄简未刻；两种简的编连间距也有差别，可以看出原来当是各自编连成册的。在宽简中有2枚空白无字，当是“赘简”。窄简中有一枚上书“右治百病方”，当为简文的尾题，内容为医方类。木牍长22.7—23.9厘米、宽

1.1—4厘米，除了2牍单面书写外，其余均两面书写文字，除1牍书写单行以外，其余皆书写两行以上，最多的书写6行。每行书写33—40字，亦为墨书隶体。这批竹简的内容全属于医方类，全书体例多是一病一方，共存医方30多个，涉及内科、外科、妇科、五官科、针灸等诸科，每个医方均列举方名、病名、症状、药物、用药剂量、服药方法、针灸穴位、禁忌等。使用的药物有100多种，大部分见于古代医书，如69种见于《神农本草经》、11种见于《名医别录》。这些药物在简牍中大都是作为复（複）方成分出现的，一个方剂用药可多达15味。这部木简医书包含了临床学、药物学、针灸学的丰富内容，是继我国传世的医学理论专著《黄帝内经》及药物学专著《神农本草经》之后又一部医药著作，学者称之为《武威医简》。它是汉代民医行医的真实记录，在一定程度上反映了汉代医药水平的真实情况，是医学史上的一件大事，为研究我国古代医学，特别是汉代医学提供了珍贵的资料，堪称国之瑰宝。

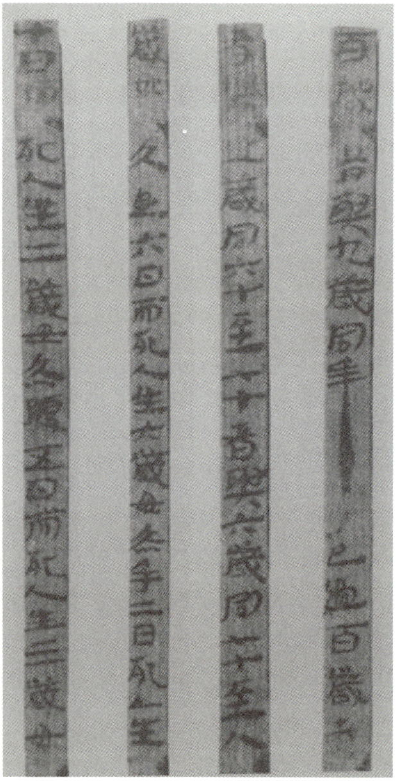
↑武威旱滩坡木简
（赵海丽由照片裁剪而成）

关于木牍的制作与使用，陈梦家先生于20世纪60年代初整理武威汉简时，发现木质书写材料“在刮削平整，打磨光滑以后，书写之前，似经过一道用特殊液体涂染的手续”。因为武威木简写字的一面光亮有色泽，不同于背面，并且削改的字往往花开晕开。[1]这只是陈先生的推测，没

[1] 陈梦家．汉简缀述［M］．北京：中华书局，1980：295.

有得到确定的证明。连云港尹湾汉简出土后，对大批木牍进行脱水时，发现将木牍浸泡于醇中以后，在底部沉积有颜色较深的胶体，采集干燥后成胶片状，原因是木牍上涂有一层胶体，以防潮防腐并使书写受墨时不渗不晕，这显然证实了陈先生的推测是正确的，[1] 此问题由提出到确定亦有武威出土汉简之功。

武威出土这些医简的图版、摹本、释文、注释见1975年文物出版社出版的《武威汉代医简》一书。

武威出土的简帛及重点文物，武威市博物馆有部分收藏，大多精品收藏在甘肃省博物馆，如《仪礼》《王杖十简》与医药简等内容在展厅予以展示。另甘肃省博物馆还收藏多件武威出土的文物作为其代表性藏品，如西汉“绢底平绣人像”“彩绘木博戏俑”，均为武威磨嘴子汉墓出土。

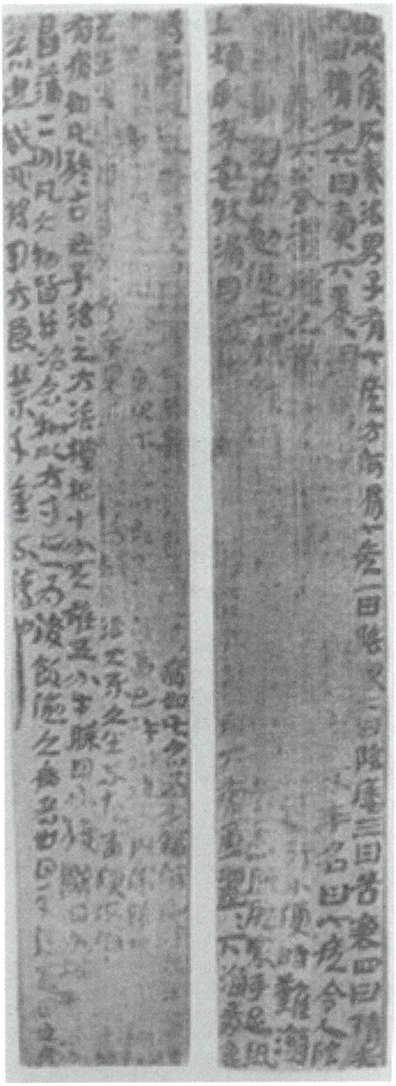

↑武威旱滩坡木牍片段
（赵海丽由照片裁剪而成）

进入文庙后就能看见雕梁画栋、檐牙高啄的古代建筑，大成殿最为经典，外形类似曲阜的大成殿，只是规格小了些。

大殿前廊的多块匾额，大多是清到民国年间的名流贤士的题作；最吸引视线的是44块主题不一的牌匾。

[1] 张显成，周群丽. 尹湾汉墓简牍校理·尹湾汉墓简牍概述［M］. 天津：天津古籍出版社，2011：25–26.

↑大成殿（2018-08-14） 赵立伟 摄

↑牌匾林立（2018-08-14） 赵海丽 摄

我不甚清楚其排列是否有讲究，只见高高低低，横着竖着不太规则，如“人文化成”“贵相太常”“光接三台”“文明以正”“牖启人文”“瑞预化成”“化峻天枢”“天下文明”“诞敷文德”“为斯文宰”“孝友文章”“斡旋文运”“云汉天章”“纲维名教”等，其中“天下文明”匾额是武威人牛鉴所书。这些牌匾品位之高，为世罕见，记载了时人对这块文化圣地的称颂，也体现了文庙的历史。

还有各阁、殿门、廊等处柱上的对联，亦是经典之言，精彩纷呈于我们左右。

文昌宫

文昌宫山门联一：鳌背腾辉万丈文光连九曲，梯山毓秀一枝彩笔映三台。

文昌宫山门联二：文明气运参天地，翰墨荣华贯古今。

文昌宫过殿联：文壁突成天作柱，灵光摇耸笔为椽。

文昌宫桂籍殿联一：扬纪聚精戴匡翰斗，箓检金函衡平玉枢。

文昌宫桂籍殿联二：辉腾杏坛桃李满天下；箓传桂籍贤才遍走廊。

文昌宫东廊联：汉简夏碑人文荟萃，唐铭魏窟天马腾飞。

文昌宫西廊联：东壁图书西园翰墨，南华秋水北苑春山。

文昌宫戏楼联：戏乃戏乎戏推物理，曲其曲也曲尽人情。

大成殿

大成殿戟门联一：读书乐为善最乐他乐非乐，创业难守成更难知难不难。

大成殿戟门联二：师道垂范功业千秋盖河岳，圣教无疆文章万世炳斗牛。

大成殿戟门联三：觉世牖民诗书易象春秋永垂道法，出类拔萃河海泰山麟凤莫喻圣人。

大成殿联一：德冠生民溯地辟天开咸尊首出，道隆群圣统金声玉振共仰大成。

大成殿联二：仰之弥高瞻之弥远身越千秋百代，施也则兴用也则达道播五洲四海。

大成殿联三：量合乾坤明参日月，学兼中外道贯古今。

大成殿东廊联：春发其华秋结其实，业精于勤行成于思。

大成殿西廊联：龙腾翰海凤翔玉宇，春满梯山华漫凉州。

尊经阁

尊经阁联一：气备四时与天地日月鬼神合其德，教垂万世统尧舜禹汤文武作之师。

尊经阁联二：鸿运启中华五千年古国文明唯斯是赖，锦程开新纪亿万世精神化育由此发端。

尊经阁联三：读五车书博古通经真学问，行万里路经天纬地大文章。

文庙内收藏有大量的碑刻和地方文物。因我研究墓志多年，对碑刻情有独钟，其所藏墓志多为隋与唐朝的，仔细观察均被拓过，碑或墓志石的表面墨色很重。

↑对联（2018-08-14） 赵立伟 摄

元朝元统二年（1334年）《亦都护高昌王世勋碑》，是武威市博物馆的镇馆之宝。现存有碑额和黏合的碑身，正面为汉字，背面为回鹘文，虞集撰，巙巙书，赵世廷篆额。该碑主要对回鹘人的起源以及高昌国来历作了叙述。

此馆收藏的唐朝慕容家族的9方墓志，也是极具特色和故事性的。其中唐代弘化公主墓志，出土于武威南营乡青嘴湾吐谷浑慕容氏王族墓中，由志盖和志石两部分组成，志盖上题“大周故西平公主墓志”。根据史书和墓志记载，弘化公主，又叫弘化大长公主，武则天称帝时赐姓武，改封为大周西平大长公主。弘化公主为唐高祖李渊堂侄淮阳王李道民之女，贞观年间，她14岁时就带着唐王朝的使命，嫁给了吐谷浑首领青海王诺曷钵，成为大唐开国以来第一位和亲的公主，开辟了唐朝和

↑墓志铭（2018-08-14） 赵海丽 摄

亲的先河，使之百余年和平安定。弘化公主用自己的一生，成就了一段民族团结的佳话。又见弘化公主的长子青海王慕容忠墓志，以及慕容忠的两个儿子辅国王慕容宣昌和政乐王慕容宣彻的墓志。这些墓志铭的发现与收藏，不仅是研究吐谷浑历史珍贵的实物资料，也对我们研究唐和吐谷浑的关系具有重要价值。

此馆收藏的前凉建元十二年（376年）梁舒暨妻宋华墓表引起我的特别注意。为何加上“特别”一词，是因当初撰写《北朝墓志文献研究》时，遇到梁舒暨妻宋华墓表，只知该墓表于1975年在武威西北赵家磨村出土，而其藏地不详，又检索不到相关资料，很无奈地就在藏地一栏写上“不详”。此次考察我是“无心插柳柳成荫”，竟然很容易地解决了这一问题，如此，藏地一栏即可明确为“武威市博物馆（文庙）”。

↑前凉梁舒暨妻宋华墓表（2018-08-14）
赵海丽 摄

现将武威市博物馆陈列的碑志作一简要统计，为以后的相关研究提供一些基础资料。

唐 康君墓志 凉州区城东五里墩沟出土

唐 晁达明墓志 馆藏

唐 刘意墓志 凉州区金羊镇宋家园征集

唐 刘和墓志 凉州区高坝镇建设村出土

唐 明威府队正纥单端墓志 馆藏

唐 弘化公主墓志 凉州区南营乡青嘴湾出土

唐 慕容忠墓志 凉州区南营乡青嘴湾出土

唐 慕容宣昌墓志 凉州区南营乡青嘴湾出土

唐 慕容宣彻墓志 凉州区南营乡青嘴湾出土

唐 慕容明墓志 凉州区南营乡青嘴湾出土

唐 陇西夫人李氏墓志 凉州区南营乡青嘴湾出土

元 亦都护高昌王世勋碑 凉州区永昌镇石碑沟征集

明 大云古刹功德碑 馆藏

明 徐公圹志 馆藏

清 雷太夫人 馆藏

文庙原设有正门，面南而开，但最南端被一堵称为“万仞宫墙”的影壁所隔，由于数百年来凉州一直未出状元，所以开正门之事也就搁置至今。影壁两侧各开小门，朝东的叫“义路”，往西的称“礼门”。由“义路”进入庙院，影壁北面是半月形的泮池。池上架一座石料拱桥，名“状元桥”，其上结满红色绳结，预示着人们美好的期盼与心愿。武威人考状元，考得艰辛，考得悲怆。从隋唐确立科举制度到清末废除科举制度，风风雨雨一千三百年，武威没有出过一个状元，状元的路就被历史的风尘永远地埋葬了。直到今天，“状元”的有效期已过了一百多年，武威人还对“状元”二字唏嘘不已。这是一种怀旧与失落的伤感情绪。怀旧与失落，都是希望武威的文运脉气盛些，再盛些。武威文风盛行、文官迭出的鼎盛时期是清代，一下子出了65名文武进士，478位文武举人。这个数字相对于全国千百年间选拔出来的十万进士、百万举人，虽不算多，但在甘肃首屈一指。武威人这才觉得脸上有光了，心里滋润了，堂堂正正地夸起了武威的文风之盛。清许荪荃《武威绝句》：“武威莫道是边城，文物前贤起后生。不见古来盛名下，先于李益有阴铿。”

四十二

中国印刷博物馆武威分馆

中国印刷博物馆武威分馆既是武威市博物馆的重要组成部分，也是中国印刷博物馆的有力补充。

没有记忆的民族是没有前途的民族，没有记忆的城市也无法拥

↑中国印刷博物馆武威分馆内景（2018-08-14）赵海丽 摄

有美好的未来。该馆展示内容追溯了中国的印刷史，尤其是西夏泥活字制作工艺与过程，如打泥、制丁（核）、刻字、烧字、排版、印刷等。

1987年9月的一天，时任武威市博物馆副馆长的孙寿龄和同事在亥母洞寺遗址清理残存文物时，发现了西夏文佛经《维摩诘所说经》（下卷）。该卷系折叠长卷，共54面。面长28厘米，宽12厘米，每面7行，满17字，共计6400余字。西夏是我国西北地区以党项民族为主体建立的政权，在190多年间，西夏创造了自己本民族的文字，被后人称为“西夏文”。经过孙寿龄等人的研究发现，《维摩诘所说经》具有“行距不直、笔画变形、着墨不均、偶有断笔”等活字印刷品独有的特征，与雕版印品有明显区别。孙寿龄经过无数个日夜的比对、辨析后判定：《维摩诘所说经》不仅是活字印刷品，而且是泥活字印刷品。为了证明自己的观点正确，孙寿龄运用《梦溪笔谈》中记述的方法，反复摸索实验，历经三年多时间，终于成功烧制出泥活字，复原了有6400多字的泥活字印本《维摩诘所说经》（下卷）。孙寿龄的研究成果得到了国内外文物专家和西夏文化研究专家的高度评价。国内学术界首先肯定了《维摩诘所说经》（下卷）是泥活字版本；联合国教科文组织对孙寿龄研究成果也给予了充分肯定。中国社科院研究员史金波称孙寿龄是“近代西夏文泥活字第一人”。2007年6月，孙寿龄的《泥活字的制作方法》获国家发明专利。

此行参观，我们既看到了《维摩诘所说经》（下卷）的完整印刷本，也欣赏了武威西夏泥活字折叠长卷版本。北宋毕昇发明的泥活字仅限于文献记载，没有相应的实物证明而使后人产生疑问。武威西夏文泥活字印本实物的问世，无可辩驳地证明了毕昇发明泥活字的历史事实。西夏泥活字的发现与“复活”，填补了我国泥活字版本的空白，在国际上为确立中国泥活字印刷的发明权提供了有力的实物佐证，为“活字印刷源于中国”争取了话语权。它又以“历史记忆”的形式留住了中国泥活字的“根”与“魂”。

因此，西夏文泥活字版本《维摩诘所说经》（下卷）的发现，是西夏民族用本民族语言文字采用活字印刷佛教经文的历史见证，是研究少数民族科技史的珍贵实物资料，也是我国早期活字印刷的第一手实物史料。

四十三
武威西夏博物馆

武威西夏博物馆位于武威文庙门前，相隔一条马路，坐东朝西，其造型别致，为“回”字形仿古框架结构建筑，外观呈两层亭台式，其为西夏佛塔房檐式造型，体现了浓郁的西夏建筑风格，是甘肃省唯一展示西夏历史的专题博物馆。该馆占地约3570平方米，展厅面积1400平方米，展出了武威出土的西夏金器、瓷器、西夏文佛经、木版画等各类文物文献2000多件。博物馆的主题是“武威西夏历史文物陈列”，展览依托武威出土的大量文物，运用实物、图表、文物图片、壁画、背景画、大型浮雕、模型、声光等手段相结合的手法，分为大夏辅君、西部天府、文化中心、研究成果四部分，以下又细分为“继迁谋略西凉府”“德明西征取凉州”“大夏开国定辅君”“众匠率职百工效技”等几项内容，真实生动地反映了西夏统治时期在政治、经济、军事、文化等领域所取得的巨大成就。

该馆的镇馆之宝是著名的“西夏碑”，即“重修护国寺感应塔碑”，还有国宝木缘塔、国家一级文物西夏木版画及西夏泥活字版经文等，都是国内独一无二的珍品，此行定会让我们大开眼界。

走进武威西夏博物馆展室内，映入眼帘的“前言”让我们停下了脚步。

公元11至13世纪，在我国西北大地上曾经崛起过一个由党项族建立的“大夏”政权，其疆域“东尽黄河，西界玉门，南接萧关，北控大漠，地方二万余里”，与宋、辽、金鼎足而立，长达190年。公元1227年，在蒙古军队的打击下，这个创造了辉煌而独特文明的王朝，被湮没在历史长河中而鲜为人知，这就是神秘的西夏王国……

西夏是党项族（原羌族的一支）建立的政权。党项族在唐末五代时期崛起于西北。公元1003年，该族在与吐蕃、北宋经过几番争夺后，党项族攻占凉州，并于公元1036年建立西凉府。公元1038年，党项族领袖李元昊正式建立西夏王朝，定都兴庆府（今宁夏银川）。凉州自此成为西夏王国的辅郡，史称“大夏开基，凉为辅郡”。

党项族人在统治期间，创制了自己的文字——西夏文。据《宋史·夏国传》记载：“元昊自制蕃书，命野利仁荣演绎之，成十二卷，字体方整。”[1]西夏大臣野利仁荣根据汉字的造字特点以及部分汉字部首和笔画，参照融合了契丹文字的造型，经过几年努力，终于创制出颇具个性特征的西夏文字。由于这种文字是在汉字的基础上创造的，因此，看起来和汉字十分相似，也是方块字，横平竖直，书体形式也有真、草、隶、篆。西夏文制成后，统治者大力推

[1] 脱脱. 宋史·夏国传［M］. 北京：中华书局，1971：13995.

行，成为当时西夏的官方语言文字。蒙古灭西夏后，仍刊印西夏文书籍。直到明代后期，随着党项族的消亡，西夏文成为无人可识的“天书”。之所以形成这种局面，缘于蒙古在灭夏战争中对西夏文化的摧残性破坏。据明代《弘治宁夏新志》记载：西夏百姓“穿凿土石，以避锋镝，免者百无一二，白骨蔽野”。蒙古大军不但血洗西夏都城兴庆府，将宫殿、史册付之一炬，而且还将位于贺兰山下的西夏皇家陵园掘毁，西夏的文物典籍几乎毁坏殆尽。在西夏皇家陵园发现的西夏碑文残块竟达200余块，汉文残碑1500余块，西夏文明遭到歇斯底里般的疯狂破坏！更令人叹惋的是，元朝竟也没有为西夏编修专史，西夏文明成为史籍中的一片空白。西夏碑原藏于武威大云寺（该寺西夏时称护国寺）碑亭，其前后均砌以砖石封闭。清嘉庆十五年（1810年），武威著名学者张澍在武威城大云寺发现此碑后，叫来佣人拆去砖石，才使这块稀世之宝重见天日。1927年，武威大地震，清应、大云二寺塔均毁，感应塔碑与其他碑刻被移至文庙。西夏碑的发现使得人们的目光才重新投向那个曾被历史的尘土掩埋近600年的厚重的王朝……

该碑陈列在博物馆一层大厅中央，石碑外有一层结实的保护罩。西夏碑碑首呈半圆形，通高2.5米，宽0.9米，厚0.3米。两面镌文，正面碑额以西夏文篆书题名“敕感应塔之碑铭”；碑文为西夏文楷书，计28行，每行65字。背面碑额以汉文小篆题名“凉州重修护国寺感应塔碑铭”，正文为汉字楷书，计26行，每行70字。书写并篆额之人为张政思。碑文主要篇幅记录了当时重修凉州感应塔的缘起和经过。碑中的西夏文和汉文不是互译的，虽然所述的内容大体相同，但西夏文部分另具特色，在叙事前后、叙述详略和描绘的色彩上有所不同。所以对此碑的西夏文翻译，也引起了国内外专家的极大关注。除文字外，题名两侧各有一身线刻伎乐菩萨，作麒麟起舞状。碑端云头全盖，四周饰以线刻卷草纹。其雕刻技巧高超，具有很高的工艺水平。此碑保存了许多史料，对研究西夏语言文字、社会经济、土地制度、官制、民族关系、佛教盛况等具有十分重要的价值，堪称瑰宝，被中外学者称为研究西夏文的“活字典”。西夏碑，成为解密“天书”的一把钥匙，也是现存唯一的、保存最为完整的、西夏文与汉文对照文字最多的一座石碑，其学术价值堪与大英博物馆所藏埃及罗塞塔碑相媲美。1961年3月4日，国务院将该碑列为第一批全国重点保护文物；1988年，国家文物局定其为国家一级文物。

↑重修护国寺感应塔碑（2018-08-14） 赵海丽 摄

今天，我们一行目睹这一神秘的集西夏文字和汉文刊刻于一身的西夏碑，甚感荣幸。

因时间已晚，我们还要赶往兰州，匆匆结束了武威西夏博物馆的考察活动。大家都对武威的古遗址与文化赞叹不已，纷纷说内容丰富，知识点多，没有看够。校长提议与葛尔沼同学在西夏博物馆前合影留念。宁家宇小朋友主动做我们的摄影师，拍下了这张珍贵的照片。

↑师生合影（2018-08-14） 宁家宇 摄

师生握手告别。当我们的车驶出文庙广场，远处老人手里的三弦正在弹奏古曲——“凉州贤孝”，一群老者伴着音乐唱响，给人以古朴沧桑凄美之感。一首古曲唱完，接着三弦又弹奏出《走进新时代》的旋律，这是我们熟悉的，老人们亮着嗓子在高歌，又给人以威武雄壮、粗犷豪放的美感。

“凉州贤孝”又称“凉州劝善书”，它是以三弦伴奏的古老的叙事性民间说唱艺术。贤孝脱胎于古凉州的佛教俗讲，与西凉乐、敦煌变文及河西宝卷有着很深的渊源关系。据说它起源于凉州东北乡，创始人为清朝年间长城乡红水村一位姓盛的落第秀才。贤孝广泛流传于凉州城乡及毗邻的古浪、金昌、张掖、酒泉等地，一般由艺人师徒间口授亲传。从事凉州贤孝演唱职业的艺人大多是盲人，尤其是以先天盲者为多数。其内容主要以述颂古今英雄贤士、烈妇淑女、帝王将相、才子佳人故事为主，寓隐恶扬善、喻时劝世、因果报应、为贤行孝等宗旨于其中，故名为“贤孝”。

“凉州贤孝”宣扬中华民族传统忠孝文化的主旨十分鲜明，是歌颂孝子贤人故事的善书贤传，是对中国传统忠孝文化的传承与宣扬。中华民族自古崇尚孝道，把孝列于诸德之首。贤孝文化在凉州传统文化中占据核心地位，贡献社会的“贤”和孝敬父母的“孝”是凉州文化的基石。“贤”，针对社会，要做一个有益于社会的贤忠良士；“孝”，针对家庭，要做一个孝敬父母、尊长爱幼的好人。

具有西部特色的三弦曲调，在武威的大地上从古老走向新时代，历史的车轮阻挡不住前进的步伐，武威这片土地孕育出一代又一代贤孝之人，这是武威《仪礼》《王杖诏书令》与医药简中所强调的尊老养老制度与文化的传承，真乃“尊老贤孝礼医，默流分润凉州”。音乐之声亦道出师生的难舍与挚情。再见了，尔沼同学！希望你尽快适应工作岗位，聊大时时期盼你的佳音！

再一次经过武威收费站，我们向最后一个目的地兰州进发。“大漠或许可以阻断前行的路，遮住远眺的眼，但是挡不了一颗追求真理、探求新天地之心”，尔沼同学说得真好！

武威简牍帛书的出土，既是考古史上的重大发现，又为研究汉代经学、版本学、校勘学、古文字学、简册制度、礼俗以及尊老养老制度、民间中医行诊及药方等提供了重要的实物资料。一方面，专业研究者对这些出土宝贝如数家珍，在对此批出土文献的整理、笺注、考证等方面均做了有益的尝试，但多数成果还只是停留在浅层面上而显得成果不足，如要使成果形成一定的规模与体系，还需要词汇学、音韵学、训诂学等众多学科的参与，结合前贤的研究成说，并由此推动武威简帛研究的集成式成果。另一方面，武威之地出土了哪些简牍帛书，出土地在哪儿，现今遗址保护得如何，这些简帛的内容是什么，应如何扩大宣传，成为武威的大众旅游名片，也是提高民众文化素质的有益教材。在扩大宣传提高影响力的同时，建议武威有关部门在提高文化眼光、提升民众素质方面再锦上添花，进一步加强重要文物出土地的保护与参观场馆建设；还可以通过开发文化旅游产品等多种形式，来反哺这一宣传与保护，如编导《又见敦煌》《印象刘三姐》式的大型实景剧《凉州词话》等文化产品并加以推广，以享后人。

四十四
车上座谈

武威与兰州相距255公里。

车子经过乌鞘岭。检索相关资料，知乌鞘岭位于甘肃武威天祝藏族自治县中部，属祁连山脉北支冷龙岭的东南端，为陇中高原和河西走廊的天然分界。乌鞘岭东西长约17公里，南北宽约10公里，主峰海拔3562米，年均气温-2.2℃，志书对乌鞘岭有“盛夏飞雪，寒气砭骨”的记述。乌鞘岭是古丝绸之路上河西走廊通往长安的重要关隘。自古以来，乌鞘岭为河西走廊的门户和咽喉，古丝绸之路要冲，系军事要地，地理位置十分重要。历史上西汉张骞出使西域、唐玄奘西天取经，都曾经过乌鞘岭。没想到今天我们一行也跟随前人的步伐，又走了一段古丝绸之路要冲——乌鞘岭。汽车在高速上行驶，数了一下（如果不错的话），我们经过了五条穿山而过的长长的隧道，领略了奇特的峻峰与满眼的青翠，也常常被两座高山夹挡，在两山峭直挤压形成的狭窄之道上穿行。

18:48，到达永登服务区，加油，大家下车小憩。今天的天气变化无常，时阴，时雨，时晴。而此时雨后天晴，感受阳光普照下的一丝丝凉爽，大口呼吸新鲜空气，赶走汽车狭小空间里空调气体给呼吸带来的不适。

宁登国老师一直思考、策划在车上召开一次座谈（也可以说是一次总结大会）。休息时，他与我交流了一下想法。车上的座谈会能开成啥样？我想会前大家心里都没底。当接到会议通知时，我甚至都不知该说些什么，大脑似乎一片空白。

19:00，座谈会开始了，发言顺序是按照大家的座位次序进行的（根据现场录音整理）。

赵海丽

我的发言是从回忆并仔细梳理河西走廊简帛出土遗址考察之行十天的路线图、遗址的名称，以及考察期间发生的故事、记忆亮点开始的（略）。

通过这几天的考察活动，我的收获也是非常丰富的。我想主要有两个方面。

第一，针对简帛本身来说。通过这样的考察活动，现在于大脑中建立了甘肃、内蒙古（居延）区域这些简帛发现之地，把它们串在一起形成了一幅地图。我想这样为以后研究建立了一个立体网。我们研究哪一块就会想到，曾经去参观考察过。

第二，针对简帛研究，尤其是它的文学性。实际上简帛研究不可能是独立体，不能说我们研究简帛就是简帛，实际上它有很多外延的一些知识，都需要我们去了解。比如说，它的文学性，我们要和它周边的环境，以及当地的一些文学事件发生联系。例如凉州词、边塞诗等。还有它的边塞防御体系，包括我们看到的各个关口，比如阳关、玉门关、嘉峪关、肩水金关等。特别是两个大的边塞肩水都尉府和居延都尉府。边塞体系当中还包括长城（汉长城），又在我们的脑海中形成了很好的一个影像。除了长城，还有重要的河流水系。因为通过祁连山有两支重要水流，疏勒河和黑水最后形成的居延海，这两支重要的水流实际上对我们简帛的研究是非常重要的。水流对于边塞防御体系的建成有着非常重大的作用，并且这个防御体系是沿着水系而建的。所以说，外围的这些知识体系，对于我们每个人都非常有帮助。下一步针对我们所说的专刊的形成及出版，以及学术会议的召开，我们都要积极地准备，准备相关的论文及其他事务。在这些方面，我自己还是很有信心的。今后，我还要加倍努力，谢谢大家！

苗菁

其他的我就不说了。我写了几句打油诗，我念念吧。

在瓜州，我写了一首瓜州平调《锁阳城》。

锁阳城

少小喜边塞，诗中有瓜州。
戈壁朔方城，人称即此州。
沙中寻锁阳，黄昏始登楼，
墙上抚城看，沙棘锁荒丘。

还有一首是《万里山河万里川》，还是写锁阳城。

万里山河万里川

万里山河万里川，孤城遥望是祁连。
荒滩遍地尽沙丘，奈何春风不度关。

这首是在嘉峪关，我写了几句话。

嘉峪关

祖业不可弃，弃之留祸殃。
寸草不生地，石子入宝藏。

现在，我又写了几句打油诗。

黑水城

城大势压锁阳城，地下所见到元明。
版画绚烂有四美，翻看河长汉遗英。
文明纵横续华夏，元昊兴国贯其中。
莫轻蛮夷无文化，都入中华物古中。

我就念这四首打油诗吧。这个就是我的感觉。我的基本知识储备或是说熟悉的地方主要是在唐宋，过去也喜欢边塞诗，好多边塞诗当时我都会背的。那么对边塞这个情况我有一个大致的了解了。我看到了锁阳城，就想到了瓜州，想到了当年岑参等人。我到了黑水城这个地方，有个大同城，王维《出塞》那首“大漠孤烟直”就是在那儿写的。所以在这方面我的感受很深。再一个就是对于出土文献这一块，我也是个新手。通过这个考察过程，我知道了出土文献地点是个什么情况，如简牍是在哪儿产生的，在什么地方简牍产生得比较多，出土文献都有些什么特点，这一次沿着河西走廊一走，我就有了大体了解。这两天我列了个提纲，也想回去以后，从几个方面去写写自己的感受。

下一步，我在简帛这一块，也有些想法。虽然这些想法现在还不是很成熟，但我还是想做点事。更有点想法的是，通过这种方式，边塞诗这块，特别是唐诗和关隘之关系，我也有所感受，所以在这方面，我想积极地做一些事情。然后，我还有一个问题，上午与校长有一个交流吧，既然校长提出做一个简帛学的特刊，我想咱们大家是不是可以分成这样的两步走，回去以后，就把这些东西，比如说以考察日记的方式，或者是对于某一个问题有兴趣，想做成一个有点学术性的论文形式，是不是先做一下？如果咱们觉得在开会之前，成果能出来，能够达到《简帛学特刊》这个角度、这个水平的话，就可以在开会之前做一个这样的特刊。回过头来以后，实际上我就想开会的时候，每一个文件袋里放上一本我们的考察报告。这样的话就可以让参会者感受到我们正在做什么。如果达不到特刊水平的话，我还想是不是先印个小册子，也把它放进文件袋里，也表明咱们西北考察的一个收获。再一个我还与校长建议，就是说《中国社会科学报》那块儿，在开会之前通过大家的努力发几篇有深度的、学术性比较强的论文，到最后也是作为一个会议成果放在那儿。这样就会扩大我们的影响。所以，回去之后，我们任重而道远，希望大家稍事休息，接着继续努力。在召开这次全国性的学术会议之前，能够出一批成果，一鼓作气把这个事情做好。好，我就说这些，也谢谢大家这么辛苦啊！

巩聿信

我在之前整理材料的时候，发现一个问题，就是说现在我们印象中比较荒凉的西北，当年好像是还蛮繁华的。我从考察肩水金关的一些材料中，看到这里当年水草丰美，应该说河西走廊不管是在大汉的控制之下，还是在当初匈奴的控制之下，这里的社会生活还是相当丰富的。所以一路考察，看到了一些汉简的出土地，也看到了很多介绍，实际上这个印象很深。现在有很多地方生活虽然比较好，但是大部分地方还是非常荒凉。我和苗院长一块儿聊天的时候，我们凑了四句话，我觉得很有体会，就是幅员辽阔，一望无边，遍地戈壁，偶见绿洲。就是这样一种很荒凉的情况。我想回去以后从这个角度写一下自己的感想，就是这个古代与现代情况的对比。这个题目我大概想好了。这次考察的感想就是：“一路西行，感受苍凉之美”，但是最后也不知能写成什么样子。我想大胆提一个要求，我想把蔡校长在锁阳城即兴而作的那首诗用在结尾，因为这个诗，我听了以后，感觉境界非常好。这首诗非常好，这是我关于游记的感想。

关于开会的文章，我也在准备，我想写的是“北大汉简《赵政书》”那篇，临来之前开始写了一点儿，回去以后尽快地完成这篇论文。另外，在游记中，就是我们这次考察中间，我还有点感想，跟现在旅游文化开发和管理相关的问题。我也跟苗院长沟通过，因为我是通过参观莫高窟的经历和参观这个榆林窟的经历对比，我有这个想法的，写一点儿这样的小文章。在出土简帛研究方面，还不能像赵立伟老师那样已经有了很明确的想法，听她说要以“过所”这个角度谈一些话题。我现在还没有想到这样一些话题，这个可能要进一步熟悉简牍的内容再确定。回去之后要尽快地投入研究。大致给大家说一下我的这些感想。

杜季芳

大家好！轮到我来谈一下自己的感想了，我也是循着赵老师给提供的这个思路，回忆了一下。

算一算，明天我们就要打道回府，今天是考察活动的第九天，就算是接近尾声了。在这九天里，大家的感受和我都是一样的，我们非常的充实，昼夜兼程，而且是披星戴月，但是，我们的收获是满满的，收获了一路的美好、惊喜，还有很多的善缘。提到这些的时候，我内心里是充满了感动的。在这九天里，就我个人而言，是一次非常珍贵的体验，因为从小到大，而今人到中年了，就没有出来见识过这么宏阔的场景。

在这九天里，我们看到了很多的美景，经历了许多从未经历过的事情。比如说，第一天我们的车没有油了，但是这也成全了我们，让我们看到了残阳夕照的塞外黄昏。再一个，我简单地数了一下，这九天，我们探访、拜谒了大概有十六处简帛遗迹和古城遗址（不包括参观博物馆、敦煌画院这样的，就是这种实地的遗迹和古城遗址）。所以说，由此，我们很幸运地触摸到了尘封千年的简帛遗迹。途中我们目睹了突然袭来的沙尘风暴，观看到了午后天边的美丽彩虹，感受到了上天馈赠给这片神奇土地的秋日喜雨；前天我们领略了洪波涌起的黑河水域，我们几个（没有全去）也看到了鸣沙山上的旭日初升，还有昨天下午丹霞地貌的七彩斑斓。另外，参观榆林窟、莫高窟等，触动也是挺大的，看到了美轮美奂的窟中壁画。这一切的一切，对于我都是弥足珍贵的人生体验。如果说生命的提升是一个过程，我觉得这是一个非常好的开始。在我的人生当中，这样的机会太少，所以感到很是激动！

刚才通过这种方式，简单地回忆了一下这九天来我们团队的足迹。要从收获来讲的话，刚才说的是一些直观的体验，通过这几天的体验，我的视野得到了很大的开阔。校长也说过，就是真正地有了一种现场感。在这个过程当中，也是有很多的触动，这样再去做研究的时候，应该是有很多好处的。另外，我想，这种经历，比如说看到了塞外风光，还有包括今天下午在凉州的这些观看、这些感受，对于我以后的古代文学教学，应该也是大有裨益的。从精神层面讲，我也是深有感触，也想说上一句，就是我们这几天经历了很多很多，跋涉在茫茫的戈壁滩中，我们去探寻这些遗迹的时候，不是每一次都很顺利，时有惊喜，也时有波折，但最后我们都到达了目的地。我们看到，每一次，都是校长走在最前面，带着我们勇往直前地探寻。因为要寻找心中的目标，有一种信念在支撑着我们每一个人，所以，尽管有的地方非常荒僻遥远，尽管在这个过程当中可能体力上也是很累，但是我们最终都一一寻找到了目标。所以我就想，这是因为有一颗坚定而强大的心在推动着，让我们去这样坚持。有了这样的一种心灵状态，其他一些品质，如好奇、坚毅、执着、冷静，包括对事情的判断和机智反应，等等，自然也都会衍化而出。再结合学术研究来说，学术研究是一个持之以恒的过程，那就更需要我们具备这样的品质，才可能做得更好，或者说才能取得最后的成功。对我来说，真的是刚刚起步，一切都很新，一切的感受也都非常新，对于学术研究更是这样子的。所以我想，在以后的研究当中，包括回去以后要做的事情，当务之急就是先把记的这些材料梳理一下，时间长可能就没有这个热乎劲儿了，一放，很有可能就浪费了。尽量地去督促自己，先把考察日志整理好。九天的（考察）内容很多，我想选取一个点或一个地方，然后由此生发去进行梳理。另外，就是从以后的学术研究来看，因为前段时间写的这个本子（申报国家社科冷门绝学项目），我写的非常粗糙，“简帛发现学案”这个题目，是校长给提供的，但因为我基础比较薄弱，也没有能够很好地领会里边的这些内容，感觉自己写的真的是拿不上块儿，所以，想借着今天上午校长又给提供的，比如第二个（题目）“简帛收藏与汉学研究”（我也请教了校长），再重新去梳理，去充实，去加强。

这算是我的一点小小的感想吧，我想通过这样一次经历，逐渐地去打磨自己，提升自己。虽然现在是拖着大家的后腿儿，但是内心也是想好好地努力，也特别感谢咱们团队的每一位老师对我的帮助。好，感谢大家！谢谢！

戴永新

刚才，赵老师把咱们的行程点点滴滴（讲了一遍），通过她的讲解，我们又回忆起来这九天行程发生的诸多事情。那么我的一个最大的感受，好像是从刚来敦煌的第一天看到的那场演出，历史就在我眼前鲜活了：我看到的是一个一个历史上的人，看到了他们的辉煌，也看到了他们的逝去。特别是当演出的时候，扮演王圆箓那个演员面对的这个敦煌的一部伤心史，他大喊着：“我不知道啊！”上午，校长也说了，我们希望简帛文化，不要再像敦煌文化一样，成为一部伤心史。而人的这种展现，在我们将近十天的过程当中，越来越显示出他的魅力。也就是说历史的人，在我们不断找寻历史遗迹的时候，我们发现了历史的人是鲜活地存在着的。他们的生活，通过各种各样的形式得以表现：我们看到很多博物馆，看到他们使用的器具，看到他们穿着的服饰，特别是那些美轮美奂的壁画，让我们接触到了他们的信仰，以及他们这种喜怒哀乐。所以说历史真的在我面前鲜活起来了。不仅如此，我们更看到了在河西走廊，这个外形像一个玉如意的地方，确实生活着这样的一群人，那这一群人，我们现在看到的就是历史和现实的交汇。当我们在河仓城，看到的夫妻俩在那儿看守历史遗迹，虽然是孤独寂寞的，但是他们依然选择了坚守。在西晋墓，我们还看到了那位八十岁的老先生，对于我们大家都很胆怯的或者说畏惧的墓穴，他却充满了一种深情。在他的讲解当中，我们感受到，他不仅是向我们普及知识，实际上他更是把这个当成了自己的事业。我们一路走来，走过玉门关，走过阳关，走过肩水金关，走了很多很多的关口，最后我们走到了海关，实际上看到了一种传承。古人设置关口的目的是捍卫国家的尊严，捍卫国家的领土。我们今人，我们的学生，聊大的学生，今天又接过古人的重任，他们在捍卫着、守卫着祖国的西大门。所以说，这些鲜活的人，以及他们的精神，这几天让我十分感动！另外，还包括我们的导游，还有司机师傅，这几天他们的那种朴实、善良、诚恳又敦厚的品性，我也是一直在被感动着。虽然河西走廊是一个北风呼啸，甚至很荒凉的地方，但是男人是有血性的，而且都是很善良、很质朴的。所以说，这些使我很感动！

另外，这几天的考察，还有一种精神让我感动！就是蔡校长说的高尚的精神。那么我们这个团队，说实话，无论是科研还是教学的压力都很大，还包括很多妈妈。你看季芳，家里还有两岁的娃娃；包括宁老师和立伟，孩子没地方放，但是他们依然选择了这次出行，这就是一种爱，对事业的一种爱，一种投入。而且呢，每一次考察，我们到一个地方，大家经历了戈壁上的酷暑，每个人在找寻回来以后，衣衫全部都是湿的，但是大家都特别兴奋，没有一个有怨言。刚才季芳也说了，就是每一次考察，蔡校长都是率先冲到第一位，我们的小朋友宁家宇紧随着校长的脚步，到每个地方仔细去探查。而且，我们每一次发现些新鲜的东西，大家都特别兴奋，我们真的是希望从我们所经历的这些遗址当中，真正能挖掘出来古代的竹简，让自己的双手亲自能够捡拾到这些古代的遗珠，虽然我们没有实现这个梦想，但是，我们去尝试了，我们走过了这些地方，这些地方让我们深深留在自己的记忆里。我想这个记忆可能会带回到我们的工作和教学当中去。我们以后的科研会倾心地投入，这是我这几天最大的一个感受！

接下来的科研，我会把这些天的感受书写下来。另外，选准自己感兴趣的点，也可能我会顺着历史人这个角度去谈，简帛它也是活的，它是人留下来的，人书写的历史。我们从这些内容当中去回归汉朝，看他们是怎么样地生活。前段时间我申报的冷门绝学的课题，也是想从这个方面谈，我当时选的是《从汉简看丝绸之路西域古国与汉朝的关系》，所以我想从这样的角度去谈谈，去搞点研究。可能因为本来是门外汉，而且刚刚入手，很多很多东西需要再进一步学习。我觉得经过这次河西走廊之游，这种游学可能让我的学术变得更纯粹，让我精神会进一步高尚。好，谢谢大家！

赵立伟

各位好！下面我向大家汇报一下这几天来的一个感受，当然我这几天的感受非常多，我讲我感受最深的一点。在来之前，我给自己做了一个定位，就是想利用这次和同事们朝夕相处十多天的宝贵机会，多向大家学习，向每个人学习他们身上的优点。的确，这十天我发现我们团队的每个人都不一样，每个人都有值得我学习的地方，我能够看到每个人那种非常闪光的地方，所以，这些长处一定会更加丰富我自己今后的人生，不管是学术，还是工作和生活，都会使我更加有力量，有激情！

另外，我想除了向我们亲爱的同事们学习之外，我还要好好学习这片河西走廊，这片大地上的文化，学习我所见到的各种人、各种事。比如说坚守悬泉置和敦煌西晋墓的看护人、我们的导游和司机师傅，还有我所走过的河西走廊每一片土地。在我们今天看来，有很多地方其实不怎么适宜人类生存，然而就是在这样一片不适宜人类生存的地方，却创造了如此深厚的丰富的文化。这是当地人克服种种困难，充分发挥自己的创造智慧，然后在这片土地上创造出这么优秀的文化。所以，我想我们自己也是一样，当我们遇到任何事情的时候，其实我们更多的是去想办法解决，而不是去想办法逃避。比如说咱们这次考察，最初校长可能想我对简帛相对熟悉一些，安排我和我爱人来设计这个路线。我自己也想既然让我做，我就认认真真地把这个事情做好，但是能不能去，我心里打了一个很大的问号，直至我们最后订机票的时候，我才相信我们这一次真的是成行了。这其中确实经历了非常多的波折，大量实时的沟通，跟旅行社的联络，包括我们这次考察开始的时候，可能也有一点小小的不如意。尽管如此，但是我们收获更多，喜悦更多，让我深刻认识到以后对任何事情，我们应该更加乐观地去面对，去解决，去想办法，而不是去回避事情。正是因为我抱着一种要向这片土地上所有的人、所有同行者去学习的这样一种心态，所以，我这次出行带给自己的感受，不止是一个考察者，更是一个亲历者。当我看情景剧《又见敦煌》现场演员在我们身边穿梭的时候，当我在大方盘城自己一个人走在土城边听那个沙沙的声音的时候，我似乎能够看到古人在那片土地上来来往往、东奔西走的那种景象。

还有一个很深刻的感受，就是前天我们好不容易找到的甲渠候官。它一直是我心中非常向往的地方，因为在这里曾经有一万多支汉简出土。当季芳和梅枝老师说要在那个坍塌的地方留个影，我想做一个什么手势好呢？当时我第一个反应就是，我要去亲吻那一个残垣断壁。当一下子趴到那个墙壁的时候，我觉得自己似乎穿越了，我跟古人并非相差2100年，我们是活在同样的一个时空当中的，这是让我至今回忆起来，内心仍然非常激动的一个时刻！还有一个时刻，就是今天上午我们赶赴武威的路上，我们齐唱那首蔡校长写的《行者无疆》的时候，我从第一遍一直唱到最后一遍，唱得很认真，没有缺任何一遍。为什么我一直在唱，并不是因为我唱得好，而是因为我一直觉得那首歌写的是我自己。我，就是这样的一个人，所以我就是一个行者。既然我们作为一个行者来到这个世界，在这片土地上行走，那么我们就好好地走，用心地走。

所以我又想到人生的意义到底是什么？其实我自问一下，自己还算是比较努力的，每天忙忙碌碌的，可能也做了一点点事，但好多时候自己并不是那么的快乐。在额济纳博物馆参观的时候，我突然想明白了。特别是我们看那个烽燧复原图的时候，我就想他们需要多么缜密的心思，需要多少的工作热情，才能够做到那样的一个完整的复原图。复原者一定是有激情的，一定是想着我一定要把这个展览完整地展示给世人。能让我们这些参观者最大程度了解那一时空地貌，那样一段历史，正是复原者最大的快乐。由此我想到，如果我们每个人只为自己活的时候，只是想着我今天做这些能够挣多少钱，明年我做那些能够给我带来多少名和利的时候，我们的人生一定是不会快乐的，所以我想我们的人生，如果我们能够换一个角度，从近处说，让我们的父母，让我们的孩子每天能够衣食无忧，快快乐乐，安定地生活；由此扩大，让我们的这个团队，让我们的学院，让我们的学校，再扩大来说，让我们的民族，让我们的国家，当我们心里想着更多的人，更多事的时候，可能这样才能够体现我们的个人价值。心有多大，个人价值就有多大，我想不管我们能够有多大的能力，只要我们能够想到他人，由近及远地想到他人，我们就是一个有价值、有幸福感的人。就我们的职业来说，当我们真正能够以传承文化、教书育人为己任的时候，我想我们的人生才能够过得充实而有激情。这是我关于这次考察的一点感想，似乎跟考察主题没有太大关系，但这的确是我这次考察的一个收获。

下面再说一下，我自己关于科研方面的一些想法。我一直从事出土文献的研究，但中间有一段时间，我去做了“三体石经”的研究，又有几年的时间做了“古本《尚书》”的研究，也包括敦煌写卷的研究。真正转到汉简研究，也许比大家早不了几年。但在这几年当中，我逐渐找到了自己的方向，就是汉代简牍文字的本体研究，这个已经有了一定的积累，当然还需要作出更多的努力，也需要向校长和各位同事请教，这是我今后需要做的第一个工作。现在来到这里以后，实地考察了这么多的出土简帛遗址，我有一个非常深刻的体会，就是当时西北边塞出土的这些汉简，从某种意义上说是为了抵御匈奴而产生，也可以说是冲突的产物，同时也是交流的产物，所以其中就有匈奴和中原，西方古国和我们大汉王朝交流的竹简的内容。当然，还有更多的是当时文书的交流、人员的交流。所以，我想今后可能会有一定的精力用在做汉简所见丝绸之路上的人员交流和文书传送。如果精力允许的话，这是我今后可能感兴趣的一个点。好，这就是我的感受和今后的规划，感谢大家，谢谢！

李如冰

好，接下来我说一下吧。这次考察，我们是八月六号凌晨三点，从聊大花园东门出发，然后明天下午五点的飞机，到济南的话，应该是下午七点，到聊城的话，应该是晚上九点多了。加上来回旅程这个时间呢，正好是十天，十整天。那么，这十天我觉得它应该是我生命中非常难忘的十天，这十天是非常充实，非常丰厚，过得特别有意义的十天。

因为这十天，每一天我们都能感受到很多新的东西，说实话，人到中年，这个心态非常平和，一般情况下是波澜不惊的，但是这次考察，我觉得好像又激起了我们青春的热情和梦想。当因为汽车没有油，我们在戈壁滩上，在那儿蹦蹦跳跳的时候；当黄昏夜幕下，汽车在戈壁滩上奔驰，我们在车上引吭高歌的时候，真的是有一种热情、激情和梦想在里边。古人说，读万卷书，行万里路。这一次我们真的是应该加起来差不多，纵横千万里，真的不是夸张，真的是这样子。那么，我觉得这样的实地考察经历，首先，加深了我们对文学的一个理解。当走过茫茫戈壁滩的时候，我们就深刻地理解古人旅途之中对绿洲的那种渴望。然后，因为我们这种实地考察，一些书上特别枯燥的、拗口的名词开始鲜活起来。因为我是研究唐宋这一段的，所以，接触简帛也比较晚，然后看到简帛上那些名词，立伟老师你是熟悉的，但是我确实是，肩水金关呀、甲渠候官啊、大湾、地湾、马圈湾这些，这些词儿刚开始的时候，真的是觉得非常陌生，甚至有点拗口，那个甲渠候官、肩水金关，巩老师也说到这个名字觉得有点拗口。但是，现在这些名词在我们心中真的是已经耳熟能详了，因为提及这个名词，我们就是一连串的生动的记忆。你看找那个甲渠候官遗址的时候，应该是我们步行时间最长的一次，它离公路太远了。在那之前，我们其实已经有了经验，我们找肩水金关已经走过，一看甲渠候官那么远，而且是在烈日下，但是，我们还很激动，我们找到了。这样的惊喜，我们在这些天中，经历过好几次。我们在悬泉置的时候也是，悬泉置火焰山，前面走了很多弯路，最后，我们还是找到了，还是发现了。所有的这些弯路功夫不是白费的。因为所有的这些弯路让我们有了另一番的体验，这真的是非常丰厚的人生经历。我有记日记的习惯，每天虽然早出晚归，还是要大致地记一下，每天到了什么地方，有时间的话，时间充裕一点就多记一点儿，时间少的话就少记一点儿，每天考察回来之后，我就把当天的照片拷到电脑里，给它专门建一个文件夹，八月七号阳关、玉门关，八月八号莫高窟、西晋墓这样子。就是因为我们接触的东西太多了，信息量太大了。我在这个旅程之中，就先发这些照片呀，记录呀，先保存下来，然后回去再慢慢地消化、整理。在出来考察之前，宁老师当时也分了一下任务，我的任务是负责莫高窟和西晋墓，西晋墓和莫高窟离敦煌市市区都比较近，所以说，我这个兼职导游比较轻松，说的时间很短，但是之前我还是做了一些准备工作，比如为了准备莫高窟藏经洞的材料，我还专门看了斯坦因的《西域考古记》，还有王国维的《流沙坠简》，也查了一些论文资料。在这个过程当中，校长也提到斯坦因汉简的发现和王国维的《流沙坠简》都是值得一写。所以，我就想着我是不是写写这个，可能精力有限，我只能是写一个题目吧。感兴趣的东西其实是很多的，包括壁画、经变画、图像文学。精力有限的话，我估计是能弄多少弄多少吧，能把一个题目弄好就不错了。回去之后，首先，把这十天接受的这些信息、资料好好地整理一下，捋一下，把它落实到文字上。然后，找相关的题目写文章，这是我的一个打算。当然这个旅程之中，其他的感受，前面老师也说了不少，其实感受大家都是相通的，其他的我就不多重复了。

汪梅枝

刚才各位老师说了很多，我听了都非常受益，也很感动！尤其是立伟老师说的，我都流眼泪了。我也说一下自己的收获。

一个是通过西北的这次考察，我对整个西北有了一个大致的了解。

从自然景观方面，我们看到了西北的大山、大河、荒漠、风暴，体会了我们身处其中的各种感受。这个我就不具体谈了。另外，说一下我感受最深的西北人文风貌，主要是说一下悬泉置。我们去寻找悬泉置的时候，都有着深深的体会。在烈日下、荒漠中，目标不是很确定的情况下，校长、宁老师都非常坚定地领着我们往前走，尤其是宁老师不辞辛苦爬上高高的三危山，令我非常动容。另外，就是在我们找到了悬泉置之后，驻守在那里的，我们称为大哥大姐吧，非常淳朴。尤其是那位大姐，因为最后我们快走的时候，我和赵立伟老师，还有李如冰老师，陪她一块儿合了影，当我靠着她，搂着和她照相的那一瞬间，我突然想到了已经去世的妈妈，当时特别激动，就觉得她们都是那么的善良纯朴，并且充满了对生活的热情。所以，从这位大姐身上，我也看到了她心灵的纯净。你看，在离市区这么远的地方，交通等各方面都非常不方便，但是，他们夫妻二人能够一直坚守在那里，这就令我觉得，我们对学术研究的这个坚守，应该也是像这大姐大哥这样，有一份纯净的学术之心，只有这样，我们才能够最终有所成就。就我来讲，我也是一个新手，简帛各方面的知识，都是非常浅薄的，可以说是一片空白。但是，我们只要有这样的一个坚守，我认为最终我们会有所成就。另外，就是在西晋墓的那位八十多岁的老先生，他从年轻时就来到了边地，守卫边疆，一直到现在他又以志愿者的身份，在这里驻守这样的一个遗址，所以，他应该也是有着一种对工作的热情。所以，我们来之前，宁老师提到这样的一个建议，每个人都想一个关键词，就是我们来是要干什么呢？我想的就是，一个就是坚守，再一个就是对工作、对学术的热情。只有保持着这样一种热情，我们才能够一直走下去。所以，不管以后能够做到一个什么样的程度，我们一直这样做着，我相信在我们大家共同的努力下，在蔡校长、苗院长的引领下，我们一定会有所成就的。我们以工作为乐，学校以我们为荣，我希望有这样的一天。这是我说的一个收获和感受。

另外，就是对这些遗址的考察，也是像刚才李老师说的，在我的头脑中建立了越来越清晰的一个立体印象。所以，我认为在回去之后，我们在阅读一些简文帛书的时候，对这些内容的理解和认知，应该也会更加有所帮助，这个我就不具体谈了。再有，说一下我大致的一个计划，刚才说到两个关键词，就是坚守、热情，另外我还想到一个关键词，就是视野，学术的视野。我在准备嘉峪关（资料）的时候，因为它是一个明代的建筑，所以它这一块儿没有简帛的出土，很难和我们（研究）的方向联系起来。我们那天去了嘉峪关之后，蔡校长给我提了这样的一个建议，可以了解一下英国学者李约瑟的一本书，是《中国科学技术史》，其中有他对我们中国科技停滞的一些思考，被称为“李约瑟难题”。他对我们中国的科技和文化有着非常深入的研究。蔡校长建议我可以和明代闭关锁国政策（联系），看看李约瑟在这方面有没有相关的论述，进行一个开拓性的研究，这是我准备进一步思考或者是再关注的。

我的另一个初步的想法，因为我在准备嘉峪关的讲解时，思考了嘉峪关我重点讲什么。通过查阅的一些资料，确定两个点，一个是它的防御系统，强大的防御体系；再一个就是它在丝绸之路这个过程中充当的角色，它的职能，这是我重点关注的两个点。然后，又通过我们前后考察这些简帛遗址，我就觉得，是不是能够把从汉代到明代，一直到现在的这个军事防御系统梳理一下。我大致想的这样一个小题目，不知道是否合适，就是《从简帛出土遗址看古代西北防御系统》，我想从简帛遗址的一些具体设施，再就是简文帛书中相关的一些名词概念，比如我们也看锁阳城提到的一些名词，还有甲渠候官，比如虎落、马面、天田、瓮城这样的一些名词概念，从这些角度入手，写一篇小文章。从这样的两个方面，一个是蔡校长建议的科学技术方面，再一个就是简帛出土遗址方面。我就想着先打一些外围的东西啊，开拓一下自己的视野。刚才赵海丽老师也提到了，就是这种外围的知识体系的建构，对我们以后从事深入的简帛研究也是有很大的帮助。

所以，我说的另一个关键词就是视野，一个是我们走出了学校，走出了书斋，来到了这个田野中，看到了西北的风光，这是一种视野；另外的就是学术的视野。我个人理解的学术的视野，就是以蔡校长为榜样的，我和杜老师住一个屋，私下里我们交流也非常多，我们非常非常地佩服蔡校长，他的知识太渊博了，各方面的知识都知道，而且记忆力特别好。我向着这个目标努力，可能我永远也达不到校长的这个高度和视野的宽广，但是我要有这样的一个方向。所以，我就做了这样两个规划，或者两个小的计划吧。

最后，我表达一下我个人感谢的这种心情，一个是要首先感谢蔡校长高瞻远瞩的规划，使我们能够走出学校。原来从来没有想过，会以这样一种团队的形式，去从事学术的研究。我2006年毕业，到现在已经12年了，因为各种原因，觉得自己从来就没有进入学术的领域，就是自己一个人想做点就做点，不想做就不做了，就觉得没有目标，没有方向。所以，非常感谢蔡校长给我们提供这样的一个机会。我已经开始慢慢地向往去做一些东西，这是一个。再者，要感谢的就是宁老师和赵老师，你们二位所做的非常详细的规划和设计路线，也看到宁老师在这几天中为我们忙前忙后，可以说是操碎了心，他方方面面想得都非常周到，所以，我是发自内心的，真不知道该说什么，非常感谢。另外，非常感谢各位老师的陪伴。我们一起来到西北，可以说是西北边陲，虽然现在交通发达，但是，我们也经历了各种的徒步跋涉。正是各位的陪伴，我们在行进的路上才不会觉得累，不会觉得孤单。我相信在我们以后的学术道路上，我们各位能够携起手来一起前进，我们才能够充满对学术的追求，充满对学术的热情。谢谢大家！

宁家宇（宁登国和赵立伟老师之子，11岁）

各位老师，大家晚上好！我是宁家宇，没想到麦克风这么快就传到我手里了。之前，我一直在睡觉了，所以就编了一个临时稿。我们来西北考察的这十天，是一次让我一生难忘的十天，让我灵魂超越的十天，足以净化心灵的十天，因此，我有非常多的感悟。下面，就让我与大家分享一下吧。

我第一个感悟就是现代人对文物的保护。一个是肩水金关。肩水金关和玉门关、阳关一样，也是汉朝的三个关，但是人们只把玉门关和阳关记住了，从来不把肩水金关当作一回事儿，就好像对它说，我不要你了。现在甘肃和内蒙古都意识到了肩水金关的价值，可是他们又真的保护了吗？肩水金关本来就被风沙侵蚀得很严重，如果再不好好保护的话，就难以留存了。所以，现代人一定要保护文物。第二个就是甲渠候官。甲渠候官现在已经被风沙侵蚀得很严重了。据说当时斯坦因来的时候，甲渠候官那座四四方方的小城外边那些房间还能看得清清楚楚。到了我们这次去，这些房间已经只能看见地基了。再加上铁栏杆外面有一个向外打开的门，有一些贪财之人就可以私自进去挖宝，甚至不惜把城墙敲坏，我感觉这也体现了我们对文物不太重视。

第二个感悟就是古人的科技没有我们想象的那么落后，甚至有的时候比我们想象的还先进。有的古代科学技术，我们现在的科学技术都无法超越。我现在先说一个题外话，罗马人渡槽，大家都知道吗？渡槽就是古罗马高架引水渠，远远看上去像是现代人修的一个城墙，实际上已经过了两千年了。渡槽里边还有流水冲刷的痕迹。这个渡槽有好几条，它有一个中心。渡槽一条要几十米甚至上百米，如果没有先进的科学技术，压根修不成。就这个事儿我说完了。还有我们去看的这个汉长城，汉长城虽然远远望去就是这么个小土堆儿，仿佛一个刚出炉的千层饼，但是，它经过几千年的风沙侵蚀，再加上游人的好奇心，想摸摸这个城墙，想看看这个城墙下面到底有什么，说白了，就是一种探宝吧，也对这个遗址作出了一种相当的破坏。但是，它在那儿几千年就屹立不倒，这说明古人当时的科技是非常先进的，并不像我们想象的那么落后。

还有就是，我感觉汉武帝非常了不起，他身上有一种我们常人所没有的创新精神。汉朝建立的前七十年，对匈奴一直执行一种防御政策，打不过就和亲。其实和亲也没什么用，老单于一死，新单于接着和亲，所以说汉朝处于一种很被动的状况，就是匈奴人七十年来一直危害着汉朝的边境。汉武帝即位之后，他就是想改变这种处境。这非常不容易，因为当时匈奴非常难打。他是一个游牧民族，你大军一打来，他立马撤帐篷逃，逃完之后你找不到他了。再加上军队又缺水，又长途跋涉。所以说你完全处于一个被动的状况，说白了就是只能等着被人打、被人揍的一种状况。再加上汉军本来就是以步兵为主，步兵就只干防御工作了，不能进攻。所以说，汉军对匈奴作战一直处于一种怎么打都打不过的状况。汉武帝第一次对匈奴的战争是马邑之战。汉武帝派当时的一个，叫什么名字我忘了（经查证，名叫聂壹，商人），他沟通了马邑县的县尉，从牢中放出来一个死囚犯，把他杀了，头砍下来了，盛在一个笼子里。由于这个商人经常和匈奴沟通，匈奴都认识他，跟他很熟，他可以随便出入单于王廷。他说这个县县令已经被杀了，你们可以尽情地入侵汉朝了。当时的军臣单于带领十万匈奴骑兵，去攻打马邑城，此时汉军在这里布下了三十万人。这个计划看似非常完美，但是匈奴军队发现了一个漏洞，就是前方有一群羊，按常理的话，一个羊群是不是要有牧羊人？但是这个羊群没有牧羊人，羊随意地乱走，并且眼神中透露着一种不安的状态，这说明里面肯定有人。所以说，军臣单于就非常担心汉军有埋伏。再加上此时有一个小吏从关里出来了，军臣单于就派人骑快马追上那个小吏，用刀逼着他，问这里有汉军吗？小吏怕死，就说这里有汉军三十万人。因此，军臣单于下令撤军，避免了一场恶战。汉武帝用智谋打败了匈奴，非常有创新精神。汉武帝打通了河西走廊之后，立即实施西部开发政策，把全国各地的一些士兵调配到那儿驻守，我们聊城也有不少，并且还派了很多农民在那里屯田。总之，我的感想就是汉武帝具有创新精神。

再谈最后一条，我们古人非常坚强。河西走廊这个地方是严重缺水的，我们古人在茫茫大漠中发现了绿洲，就来建设城市，并且一设立就是两千多年。你想想让我们一个人在沙漠中就是住两天，我们也住不下去，何况古人在那儿一住就是两千多年，如果说古人没有一个顽强的毅力，是不可能这样的，并且他们创立了非常辉煌的文明。这就是我的感想，谢谢！

刘雯

首先，非常感谢也非常高兴能够有这样一个机会，与老师们一起开启了这趟西北的文化考察之旅。这是我人生当中最重要的一次旅行，很多地方有可能是这一辈子只能来一次的，感慨非常多，以至于不知道从哪个角度开始说。从刚才几位老师一一说过来之后，发现每个老师都从不同的角度，把我的感想说了出来，那我就同上，不再多说了。

我说一下我未来的打算，我的一个想法吧。昨天老师（刘雯是蔡先金的硕士研究生）说了要有一篇学术论文，正好我的博士论文是做汉代的画像砖研究的，所以这一次的关注点，给我感触最深的地方就是所有的壁画、砖和汉墓。我特别关注咱们这次去（考察）的这些墓。以前见墓的时候只是一个平面图，平平的，躺在那里，我感受不到它，它是一个死的。现在到了墓里以后，我可以感受到这个洞。哎呀，我恨不能趴着才能过去，它很窄小，整个的这个形象就立体起来，活起来了，感触特别特别深。关于壁画方面，能够激发我的一点学术想法的是西晋壁画墓。可能有很多老师也注意到了，我一个劲儿地问两位老讲解员，伏羲和女娲中间的那个图像是谁？因为当时那个讲解员下了墓（带我们走进墓地参观）之后，他说伏羲和女娲中间的那个是神农氏。但是，据我所知，我所见到的伏羲、女娲簇拥之下的人都是西王母，我还真的没有见过神农氏。所以，我当时就在脑子里打了一个问号，为什么他要说这个是神农氏？那么，回到了地面上，在那个小展览馆里，它上面贴了很多的照片，然后他也是把伏羲、女娲和所谓的这个神农氏贴在最上面，第二层贴了西王母和东王公。然后，我仔细看了一下这个西王母的图像和神农氏的图像，发现他们两个几乎是一模一样的，所以，我就又问了这两位讲解员，这个西王母和东王公的图像是不是在这个西晋墓中出土的，那个讲解员告诉我说，不是，西王母和东王公的图像是在其他的墓中出土，或者是征集过来的。所以，我也更进一步确认了中间这个图像不应该是神农氏，应该是西王母。我下一步要首先查一查它的发掘简报，在发掘简报上，释读的到底是神农氏还是西王母。如果释读的正是神农氏的话，我觉得我可以写篇文章来稍微反驳一下；如果释读的是西王母而不是神农氏的话，也可以转换一个角度来说一说，这边西晋的壁画墓的一些特点。我们看到西晋和东汉的壁画墓，相隔得很近，虽然墓室的形制基本一致，但是两个壁画的风格内容其实是完全不一样的，也可以比较着来说一说，也能够说明从东汉到西晋画像的一个演变，我觉得可以写一篇论文。

再者关于考察报告。我觉得考察报告应该是每个人分点任务，因为每个人都总体来说的话可能太宽泛了，还是每个人具体到自己的任务比较好。之前宁老师给我们都分配了任务，我当时分配的任务是榆林窟和锁阳城，如果继续接着往下写自己的考察报告也是可以的。今天上午蔡校长说到域外简帛文献研究，这个特别契合我心，因为之前我一直想做关于域外的图像文献，就是“域外所见中国古代图像”这样一些方面的研究，但一直苦于不知道从哪里去下手，怎么去搜集域外的这些文献，如果老师有积累的话，也可以教教我。其他的没有什么了，非常感谢各位老师！

宁登国

刚才听了各位老师讲自己的感想，有几次我也是热泪盈眶，很感动。感动什么呢？蔡校长在《行者无疆》歌词中说“问自己初心力量”，我一路在想，我们为什么要跑到大西北，跑到这些戈壁荒滩？我们究竟跑来干什么？我们来时所定的主题中就有“发现”两个字。刚才老师们也都说寻找，我们来寻找什么呢？我们是寻找悬泉的过去吗？我们在寻找明代嘉峪关那样的一种雄伟吗？我们在寻找敦煌壁画上那么一种灿烂吗？实际上我感觉都不是。因为这些东西，是一般的游客都能够看到的，因为他到了嘉峪关也能够看到苍凉、雄伟、灿烂，也能够看到人来人往的热闹。那么，作为一个学者，我们要寻找什么呢？刚才赵立伟老师说到对人生意义的探寻，听她讲了以后，我很受触动。我感觉到这一次西北行最受益的就是我们一家三口。往常在家里，有时候你埋怨我、我埋怨你，时时情绪化，其实我们每一个人的内心都有一个关，都不够通畅，都不够阳光。这一次出来后，我就感觉到经过这几天行走，我们的内心变得非常平静，非常包容。我觉得我们来了以后，确实把自己变得高尚起来。因此，我们寻找什么？就是寻找内心的那份纯净，那份坚定，那份力量。我印象最深的就是去悬泉置那一次，为了寻找悬泉置，在烈日下，在荒滩中，在土丘上，我为什么一个劲儿地往山顶上跑？在一般人眼里，可能认为是一个疯子，像堂吉诃德一样滑稽。实际上那一刻在我内心深处，真是有一种梦想，这种梦想就是认为越往前走，越往高处走，会看得越远，就会看到心中的那个悬泉置。虽然当时很干渴，那个山路很崎岖，很危险，但是我就想到我要喝到这股泉水，我能够，我一定能够！就是这样的一股力量，一个梦想，成了我坚持下去的一种动力。实际上，当我们寻找到真正的悬泉置的时候，仅仅就是一个个起起伏伏、坑坑洼洼的一个小土堆而已，连一面墙壁都不存在了。而在两千年前，它是大漠深处一颗耀眼的明珠，这里曾经接待过汉代大名鼎鼎的外交活动家长罗侯常惠，接待过于阗国王、康居国王的千人使团，当时最高的接待能力达到1600多人，当是何等的一种繁华啊。然而风流总被雨打风吹去，一切都是过往云烟，剩下的就是一片空白，一片纯净。真是色即是空，空即是色，对这样的一句心经，有了更深的一种感悟。

这让我又联想起作为一名学者，在地球上，在人世间，我们究竟要留下什么？留下一座别墅吗？若千年以后，它就无影无踪了；留下金钱吗？若千年后早就化为乌有；留下功名吗？若千年后也变成了过眼云烟。这次行走，给我的思考就是，人来到这个世界上，就是来提升为人的品质，就是让一颗曾经善恶参半、真伪杂糅的内心变得纯粹起来，变得高尚起来，变得高雅起来，一定不要再被外在的那些名利，不被世俗的琐事来干扰内心的这份宁静。我要坚守我内心那一块桃花源，那个大观园，那一片净土。这，可能是做学问的真境界、真精神。所以，“问自己，谁做主，初心力量”。当明白所学为己的时候，不再去炫耀博学、看淡功名的时候，我觉得学问就会变得纯净起来。蔡校长反复提到我们这个团队的核心就是学术，学者就是要做一个纯粹的学术人。我想这个学术的背后，不仅仅是我们需要取得多少成果，还有让我们每一个人的内心，每一个人的品质、境界都变得纯粹起来、高尚起来。这是我所要谈的最大的一点感悟，即要改变自己，把身上的一切不良习气洗掉，直至洗得像悬泉置那样干净。

至于下一步怎么做呢？大家会发现，这一次我们走的地方都和“关”有关，阳关、玉门关、嘉峪关、肩水金关，我们还去了现代版的关口——策克口岸。“关”的本意是门闩。门闩插上就关起来了，门闩打开“关”就通了。“关”可以合、可以开。我记得在嘉峪关，导游说了一句话，明朝后期一直到清朝，国运衰落可以说跟当时闭关很有关系，闭关就会落后，闭关就会衰微。所以，我感觉到这个“关”确实很重要，它不仅仅是一个防御体系，它更重要的是一个交流的通道。这种交流，一方面是物质的交流，更重要的还是一种文化的交流，精神层面的交流。由此也真正体会到人和人之间也不能设防，也要阳关通畅，这样我们人和人之间、国和国之间就会变得和谐，变得有活力。

蔡校长提到河西走廊对于中西文化传播的意义，确实是一个很大很重要的一个课题。例如，佛教就是从这里传入中国的。在这个传播过程中，曾有一个非常重要的人物，就是我们今天所在武威白塔寺中的鸠摩罗什。鸠摩罗什在这儿住过17年，翻译了三百多卷佛经，所译《金刚经》《妙法莲华经》《维摩诘经》《阿弥陀经》《中论》等成为佛教经典。这些经典译本一直到现在都没有人能超越他。士不可以不弘毅。我国古代也有很多传道士，像孔子、孟子周游列国，根本就是一种传道情怀。我觉得我们应该弘扬这样的一种精神。文化必须经过传承，才能代代相传，生生不息。刚才说的鸠摩罗什、张骞等人的文化传播，就是一座丰碑。这些文化传播的路径和人物很值得我们去研究，如儒学在凉州地区是怎么传播的，还不是很清楚。这几天从为我们开车的师傅身上，从吴导身上，还有这些天所接触到的一些甘肃人的身上，我感受到儒家文化在他们身上的一种呈现，是那样的敦厚，那样的朴实，那样的热情。特别是在大漠中守护悬泉置的那一对夫妇，坚守敦煌西晋墓的那位山东老乡，我觉得简直不需要去着力研究，他们所力行的忠、孝行为本身就体现了儒家文化，就是一种鲜活的儒学传播。由此，我联想到这几年出土的影响较大的楚地竹简，如清华简、上博简、郭店简等都发现于古楚地，而且大都是儒家文献，可以明显感受到战国时期楚地的儒学是非常兴盛的。那么，这些早期儒家文献，究竟是如何传到楚国的呢？也就是“儒学在楚地的传播”，我觉得这个题目就很值得研究。再一个呢，这几天我们走的这些地方看上去好像是已经死亡的文化，到处是残垣破壁，周围是戈壁荒滩，很是苍凉，但实际上，我感觉到这里头不是死亡，它是一种重生。我们看到那高耸的烽燧，我们看到那突兀的城墙，包括千年不倒的胡杨木，至今仍然屹立不倒，这本身就在张扬着一种精神。这种精神就是那种坚强，就是我们中华民族那样的一种坚韧不拔的精神，我觉得就是这样形体虽销、精神永恒的一种不朽风骨，也是值得我们去抒写、去弘扬的。

刚才，汪老师提到了感谢，实际上今天我们的行程还没有真正的结束，我觉得现在说感谢还稍微早一点，因为我们来文化考察，不管你考察也好，不考察也好，悬泉置、阳关、甲渠候官仍然在那里，真正需要的是我们自己对自身的一种检讨，对自身的一种考察，一种提升。那么，我觉得这10天舟车劳顿、风尘仆仆的“西游”，实际上应成为我们这个团队的一种成立仪式。我们一行12人，这几天我们就真正体会到了四海皆兄弟，天下一家，没有你的和我的，就觉得这几天我们就像一家人，就是自己的亲人，虽然这里头还有很多工作做得不到位，但大家没有任何的抱怨、埋怨，大家内心都那么包容，那么喜悦，那么宁静，那么和谐。我相信只要有这样的一份情怀，只要有这样的一份包容，只要有这样的一个梦想以及对学术的一种执着的追求，我们这个团队，肯定会走得很远很远，祝福我们这个团队。我就说这些吧。

蔡先金

刚才听大家的发言，我也很感动，大家都是发自肺腑的，说说自己的心里话。大家说得这么多，我在路上已经给大家说得很多了。现在我总结四条。

第一条，这是一次文化之旅。文化之旅当中提到河西走廊、 阳关、汉长城，这都是文化之旅，属于现场的文化考察。我觉得刚才大家讲了许多内容都在里面。

第二条，这是一次精神之旅。我觉得这一次听到大家发言之后，使自己很感动。我们这个团队是非常有希望的团队，只要一个团队精神达到了一定的境界，这个团队就是可持续发展的，或者说是战无不胜的，遇到什么困难和挫折，大家会共同克服。我觉得宁家宇同学两句话说得很到位，他说的是灵魂的超越，心灵的净化。不得了啊！比我总结得好！这次精神之旅，是一次成功考察的重要标志。为什么这么说呢？孔子早就说过“古之学者为己，今之学者为人”。精神之旅当中，我们已经达到“为己”了，我们是把自己的精神境界提升了。我觉得这十天可能也是一次精神洗礼，我们将很多烦恼的事情都忘掉了，我们能够更纯粹地、很单纯地对待这次考察，这个从每个人的发言当中，我都能体会到。

第三条，这是一次仪式之旅。体育活动、考察、行走，都是一种仪式，这10天就是我们整个团队组建当中，第一次重要的活动仪式，有庄重感，有神圣感，而且每位同志都是以真诚之心对待的，这是很不得了的一件事情！如果说我们每个活动，在生活当中，都能够庄严起来，能够严肃对待，能够心诚去对待，我想我们每个人的生活、工作、事业、职业等方面，都会取得更好的成绩，达到一个新境界，或者更上一层楼。过去四书五经中讲过，诚心正意。这10天当中，我发现我们每位同志都是诚心正意的。如果没有诚心正意，心不诚则不灵，心诚则灵，我们心诚，对待社会，对待他人，对待周围的一切，对待我们面对的生活、学术、教学、育人等方面，这个是非常必要的，诚心正意等八纲在我们这个团队中均有所体现，这是非常重要的。我想今后这一点还要坚守下去，我们彼此之间要心诚，在讨论中我曾经说过，作为知识分子，作为大学学者最重要的是心诚，相信我们社会，相信他人，尤其彼此之间要相互信任，要进行心灵沟通，我想我们今后在工作、生活当中，要将这次仪式之旅带回去，要终身这样做，要心诚，要庄严起来，这是佛教当中要求的，我觉得挺好的。

第四条，这是一次教学科研之旅。我们要培养人才，老师嘛，无论是在国内的科研考察，还是国外的科研考察，有体验，有视野，有切身体会，将这些融入课程所讲内容里面，授课的时候就会更生动，效果会更好。比如，在授课中，讲到阳关，讲到古城，讲到这次西部之行，同学们听起来会更好，肯定远远超过照本宣科。当大家在读教材的时候，总觉得完成课时了，但在育人方面，可能就欠缺很多了，这是教学和育人方面的。再是科研，科研就是学术，我觉得学术是我们的基础，这是我们职业的要求，知识分子对自己的基本要求。我一直在说，我们每个人学术走多高、走多远都不太要紧，但每个人的基本底色，应该是学术底色。如果一位大学老师，我们知识分子没有学术底色，我们确确实实面对社会的时候，我们的身份就会受到质疑。如果说社会对我们还有一丝尊重的话，或有一些区别的话，就是因为我们对学术的热爱，对学术的忠诚，对学术的那份投入，然后在其中取得的那份幸福感，让我们觉得我们每个人就是学术人了。这是我们教学育人中的基础，也是做我们职业角色的基础。所以说我们这次出行，就相当于我们派出去到国外半年或一年出去游历啊，访学啊，在某种程度上讲两者是一模一样的。我们10位同志刚才谈了，确确实实这10天，在某种程度上可能也不亚于到国外一个地方去三个月，各有所获。我就说这几个之旅。

再说一下科研。今天与苗院长也交流过，做科研，我理解有两点：第一点要占风气之先；第二点要“预流”，这样学术就能走得更顺一些，更好一些。占风气之先，简帛学就是占风气之先，现在可以说是一门显学。大家刚起步，可能困难重重，做不好，只要大家在此基础上，更投入一些，问题和困难都能解决。从学校来讲，也提供一些平台了，比如召开学术会议，和同行大家在一起，这就叫预流。如果将这些做好了，我想我们的学术活动，未来我们的学术方向是没错的，我想这一点大家一定要坚定信心。我一直感觉到信心是很重要的，如果你没有信心，自卑感太强，我们的学术是走不动的，更是走不远的。你在所有交流当中，你在一些创新当中缺乏自信，都可能是个障碍，我们每位同志在学术当中要建立自信。就像我们出来考察一样，刚才我们反复讲，我们对每个遗址，只要你心中有它，我们就要去找它，至于这是直着找，还是转着找，这个过程我们是享受了，然后，有可能是意外之喜，就可能功夫不负有心人，就能发现我们心中的目标，就能达到这一目标。从我们刚才谈论中，我们一路下来，我们所有的目标都达到了。

如果我们放弃了，我想我们一路下来就不会这么感动，一会儿到这个景点，一看这么热，一会儿又到那个景点，哇，考察点又放弃了，三放弃，二放弃，我想这10天9天下来大家也不会有这么的感动，也不会有这么多感想，也不会有这么多体会，我们今天的总结也不会这么成功。我想诸位发言是非常非常成功的，就把你们的发言写出来，我想首先感动自己，然后再感动很多人，我就感觉到那我们就值！就像那天我在路上说的，翻译成英语就叫deserve，就是值！这说的是我们的科研。

最后，要感谢大家！首先，要感谢文学院，我们文学院在组织团队活动当中，积极走在前头，尤其我们这个团队。活动一直在开展，很不错的。苗院长一直在参与活动，身先士卒，每次为大家提供条件，我偶尔参加你们的读书会，苗院长都在场，这是学院领导对团队的高度重视。当然，大家也很努力，这次活动当中，宁登国教授也是副主任，执行力非常好，在整个过程当中，他最操心，做后勤服务，大家都不用操心，我们就去找（遗址），其他后勤的、保障性工作的都不用操心。还有前期做规划是不容易的，我一直怀疑能不能做好这个规划，到什么地点去，一直到最后考察规划发到群里，赵老师给我看，我就认为没问题了。如果前期没有大量查阅资料，光看一些景点的话，这次活动我是不抱信心的。但是我看到大家做的规划，我就可以参加这项活动，这次活动非常好，说明我们是同路的。还有立伟前期一块儿做的，你们前期做了大量的工作，保证了这次活动圆满地完成了既定目标和任务。还要感谢大家一路上相互之间团结啊、友好啊、配合啊，都很不错的。一个个点的话都很好！

每次跑的时候（找遗址），我看李如冰老师呼呼地闷着头往前走。每次活动中，戴永新老师活跃气氛，到了额济纳及时联系了我们校友，给我们的整个活动添了很多彩，同时，也看望了校友，使校友很感动，也是我们作为大学老师需要做的。季芳老师也非常不简单，她坐在我边上，用小本本一直在记，非常认真，态度非常好。汪梅枝老师确实是全心投入我们这次活动中去，没说的。我的那位学生（刘雯）只是济南大学的代表，一路上表现也不错，反正你也是聊大的校友，都是同心同德的。负责科研工作的巩老师，一直与大家默默无闻地交流和奉献，刚才他的发言中，也看出他整个过程自己的感想，今后要做些什么事，也是非常不容易的，也代表我们对大家的支持。所以我说相互之间是个团结的团队，而且十分活跃的高效团队。我写的那个东西啊，就是《行者无疆》，也确实受到你们的感动，真实情况，因为每一句说的都是过程，比如说“阳关通畅”，大家都高高兴兴的，都挺好，每一句话，我写的时候是和大家结合在一起的，就是把你们好多好的东西，也反映到我这儿来，我集中在一起，才能写出我们叫队歌也罢，是我们团队的一个精神反映。我想我们团队的歌，是我们集体的，不是我自己的。如果我自己琢磨的话，没有这些体验，也是写不出来的。如果在学校，你能让我写出《行者无疆》吗？甚至连题目都想不出来，对不对？你能想起“敦煌”吗？想不起来，因为我们一下飞机就见到了敦煌；“千年流沙一瞬间”你能想起吗？都是想不起来的，都是我们这个团队集体活动的总结，是我们集体智慧的结晶。所以，我希望将来那首歌，别写我的名字，就写我们这个考察团队集体创作。在我们的国学院装修起来之后，可以将这首歌写在纸上，贴在或挂在我们国学院墙壁上，将这首集体创作的歌传下去。我们到了，好了。

宁登国：一切都是最好的！李如冰亦言：一切都是最好的！

我们一行到了目的地，校长的总结讲话正好结束，一切天成！

入住蓝莓精品酒店（西站店）。该店地处兰州市七里河区任家庄7号。

晚餐，酒店右侧的牛莽莽店，大家享受了一顿火锅，聊聊天，休闲放松一下身心。

四十五
走访甘肃简牍博物馆

2018年8月15日，星期三，阴雨转晴。今天是河西走廊简帛出土遗址考察之行的第十天，也是我们一行河西走廊考察的最后一天。

早餐7点开始，在一楼餐厅，刷卡就餐。

8:50，门口集合。

9:00，出发。首站参观甘肃简牍博物馆。该馆设在甘肃省文物考古研究所内。1986年至2005年7月，甘肃省文物考古研究所的办公地点在甘肃省博物馆（兰州市七里河区西津西路3号）院内。2005年7月19日搬迁到兰州市城关区和平路165号，占地面计11.785亩，建筑面积7838平方米。现在与2007年成立的甘肃省简牍保护与研究中心合署办公。让我们没想到的是，在全国考古界赫赫有名的甘肃省文物考古研究所的所在地，竟地处狭窄街巷后面的山脚下。在街巷口我们看到了“甘

↑大名鼎鼎的甘肃省文物考古研究所标牌（2018-08-15） 赵海丽 摄

肃省文物考古研究所”标牌。

在马路边标识这个牌子，是因“甘肃省文物考古研究所”位于狭窄街巷后面，不易寻找而为之。我们一行再向里走，拐了几拐，又看见单位大门右柱上该所的木质竖牌。在此，李如冰老师的师兄马智泉老师接待了我们。马智泉老师曾在“甘肃省简牍保护与研究中心”工作多年，因工作调动离开中心时间不长。他曾参加过肩水金关汉简、地湾汉简的整理和居延新简的集释工作，是名副其实的简帛研究专家。甘肃省文物考古研究所内现有藏品5万多件，其中简牍4万多件，其他文物1万多件。因此经上级部门批准，准备建设甘肃简牍博物馆。马老师引领大家进入甘肃省文物考古研究所楼内，大楼中间主体为鼎形，大门入口为鼎的两个支柱；左右两侧竖着9支简牍（装饰品），与玻璃窗相间的样式。从外观就能明了简牍文化意寓其中。

甘肃简牍博物馆主要承担对全省出土简牍的收藏保管、保护修复、整理研究和展示利用，主要为秦汉简牍及相关文物。现保存有武威《仪礼》简、医药简、王杖简460多枚；居延新简（甲渠候官）8400多枚；肩水金关汉简12000余枚；敦煌马圈湾汉简1200多枚；甘谷汉简20多枚；天水放马滩秦简460多枚；悬泉汉简23000多枚；水泉子汉简600多枚；黄家湾晋简30多枚。此外，还有一些零星的吐蕃文、西夏文木牍。甘肃是汉简大省，不仅出土数量多，而且在近世以来发现最早、研究历史最长，是研究历史、文化、丝绸之路、中外关系、西北边疆的中外学者奋力耕耘的重要领域。就学术价值而言，甘肃简牍以其内容涉及学科门类多且保存的历史资料丰富而备受学术界关注。

甘肃简牍博物馆正在筹建中，还没有对外正式开放，部分简牍藏品在“甘肃省简牍保护与研究中心”展出，大多藏品还保存在库房中，世人难睹其芳容。我们一行随马老师进入二楼的“甘肃省简牍保护与研究中心”，马老师担任我们的义务讲解员。甘肃简牍博物馆收藏的简牍有4万多件，在小小的展室摆放的只是很少的一部分，却也让我们颇为欣喜，终于识得“庐山真面目”——看见真简了（在一些博物馆展出的往往是复制品）。

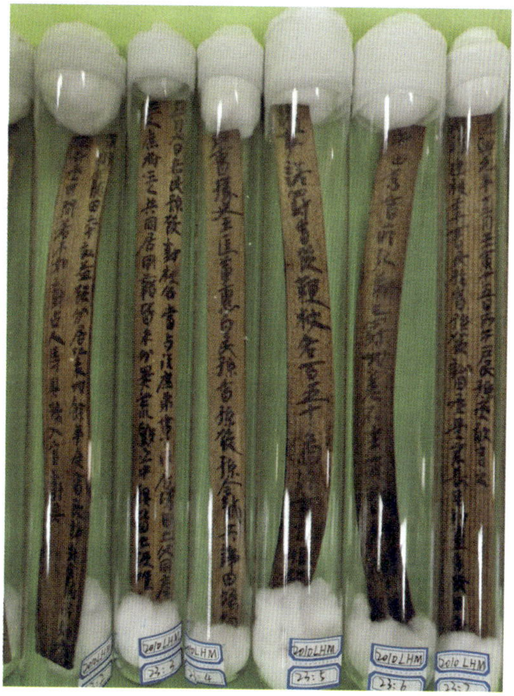

↑保护在玻璃试管内的木简（或木牍）（2018-08-15） 赵海丽 摄

看到简牍实物，我们对王国维《简牍检署考》有了更直观的理解，再结合自己的授课内容，我对简与牍的理解更为清晰，可谓收获满满。简，一般由竹或木加工而成，通常是削成长条形。长22—24厘米、宽约1厘米为尺牍；长30厘米以上者，就不是尺牍，是用来颁布重要文件的专用牍。牍，将木材做成木板，呈长方形，表面修治平整。牍亦指对

↑保护在封闭盒内的木简（或木牍）（2018-08-15） 赵海丽 摄

木与竹的宽度而言，宽约1厘米为木简或竹简；宽超过2厘米为木牍或

↑马智泉老师（右1）现场讲解（2018-08-15）
赵海丽 摄

竹牍。

展示的简牍中因有其形的别样，引起了老师们的注意，不停地询问马老师，也说明其看得很认真，因此马老师也尤为详细地讲解，为大家解惑：这种简牍叫两行。

两行，传世文献中有记载，如《后汉书·光武帝纪》“九月，赤眉入长安，更始奔高陵。辛未，诏曰”，注引《汉制度》曰：“帝之下书有四：一曰策书，二曰制书，三曰诏书，四曰诫敕。策书者，编简也，其制长二尺，短者半之，篆书，起年月日，称皇帝，以命诸侯王。三公以罪免亦赐策，而以隶书，用尺一木，两行，唯此为异也。”[1]又见蔡邕《独断》：“三公以罪免，亦赐策，文体如上策，而隶书，以尺一木，两行，唯此为异者也。”[2]出土简牍中也常见关于两行的记载，如《居延汉简甲编》77：“禽寇燧札二百，两行五十，绳十丈。”又，782：“安汉燧札二百，两行五十，绳十丈，五月输。”《居延汉简甲乙编》7·8：“驩喜燧两行卌，札百，绳十丈，檄三，八月己酉输。”《居延新简》E.P.T51:337：“告上遣卒武取两行来，毋留。”《敦煌汉简》1402：“青堆札百五十，绳廿丈，两行廿。”由上述简文可知，“两行”与“札”“绳”等书写编制材料，是由官府发给的。结合传世文献与出土实物可知，两行是一种特定的木简，推测形制有两种，其共同点是宽约2厘米，可写两行字，长为当时1尺。其

[1] 范晔. 后汉书·光武帝纪［M］. 李贤，等注. 北京：中华书局点校本，1965：24.

[2] 蔡邕. 独断［M］. 上海：上海古籍出版社，1990：3.

不同点是分为两类：

（1）平面简。犹如写一行字之一般简的加宽。如《居延新简》E.P.T22:325简就是这类两行简，且是一枚双面书写的两行简。该简出土于甲渠候官遗址22号房内，这是一处档案室，简长22.7厘米，宽1.7厘米，内容为甲渠候官官吏间的一封书信，言及当时西北地区政治军事方面的一些重大事件。

↑两行（2018-08-15） 赵海丽 摄

（2）脊面简。按照木料形状，将写字一面自上而下削成平整的斜面，使之成中间高、两旁低之形，简的中部高出之棱线即为脊。文字书写在两个斜面上，自然形成每简面书写两行字的形式。20世纪90年代初，在敦煌悬泉置遗址中发掘出不少这种脊面两行简，一般长23—23.5厘米、宽2厘米、厚0.5厘米。多用柽柳削制，书写内容多为律令、诏书、爰书和其他重要文件，如Ⅱ90XT0114③：404是一枚单面书写的两行简，简文曰："诏书必明白大书，以两行著故恩泽诏书……毋令刺史到不谨办致案，毋忽。"两行简可单用不编连，也可编连成册而用。

↑倾听细观（2018-08-15） 李如冰 摄

↑酒泉玉门花海汉代烽燧遗址出土武帝遗诏七面菱形木觚　赵海丽由照片剪裁而成

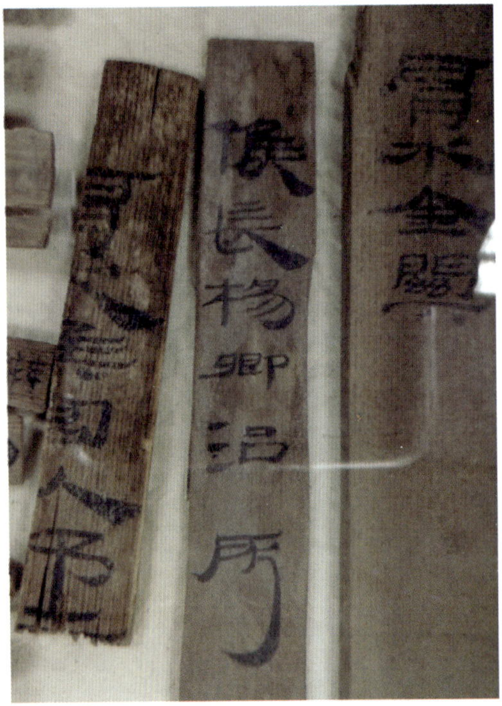

↑相遇（2018-08-15）　赵海丽 摄

也许我们在这里看到的两行简，就是敦煌悬泉置遗址中发掘出的脊面简。此张照片自右向左前4枚简的脊面非常明显。

还有一种棱形称为“觚”的，也是一种特殊形制的简牍。质地可为竹或木。多以长柱体木或小树棍为之，削为三面、四面、五面或更多的多面体，以增加容字的面积。一般是利用天然木材稍加刮削即可利用。

如此，由两行与觚形制简牍的启发，我将诸多的简牍名称（超过18种）串起了四条线：

（1）柿—札—牒—笺—版—椠—方—策—板（由小到大）；

（2）符—牒—棨—传—过所（与护照有关）；

（3）楬—检（标识文书）；

（4）两行与觚（特形简牍）。

当然，此种分类或许不甚科学，或理解有失偏颇，仅仅是个人为方便教学所为。

在这里，我们竟然看到了写着“肩水金关”“肩水候官”“候长杨卿治所”“关啬夫王卿发”等木牍，与前几日的考察地点关联了起来，欣喜不已。

对简牍帛书情有独钟者甚多，展室内就有来自山东书法爱好者捐赠的临摹作品。我们还注意到展板有放大的竹简加以装裱后给人一种美的震撼！中国古代文字的魅力一览无余。宁登国主任受此启发，说要利用这种装饰形式美化我们的国学院，他的建议立即得到团队成员们的赞同，并引发无尽的遐思……

↑交流（2018-08-15） 宁登国 摄

见办公桌上和周边地下堆着《简帛学研究》（第6辑），方知该馆也有自己的刊物，回校后可以购买。室内还有三位工作人员，她们见我们看得如此认真，也对该馆的刊物感兴趣，就从书橱里取出该馆“丝路遗珍之西北汉简——甘肃简牍博物馆藏西北汉简精品展”展览推介（册页），人手一册，我们如获至宝，上面推介的简帛都是该馆收藏的珍品。在马老师的关照下，我们还得以到简帛库房参观，再饱眼福。

↑甘肃简牍博物馆留影（2018-08-15） 吴龙 摄

因还有下一站要去，就结束了简牍博物馆的参观。我们一行与马老师在简牍博物馆楼下合影，握手告别。

四十六
参观甘肃省博物馆

甘肃省博物馆位于甘肃省兰州市七里河区西津西路3号，是甘肃省规模最大的综合性博物馆。该馆建筑面积2.1万多平方米，展览面积1.3万多平方米。该馆平面呈“山”字形，中间五层，两翼三层，后为展览大厅，尾部有圆形讲演厅。展览大厅两侧有宽4米的回廊，与两翼相连。

甘肃省博物馆收藏有历史文物、近现代文物、民族文物、古生物化石及标本约35万余件。文物涵括从白垩纪的古生物化石标本到旧石器、新石器时代的彩陶文化；从商周以来的青铜器、陶瓷玉器到汉唐的丝绸之路文明；宋、元、明、清的瓷器、木雕、丝织品、绘画。其中尤其以馆藏彩陶、汉代简牍、文书、汉唐丝绸之路珍品、佛教艺术萃宝最为突出。还有包括驰名中外的铜奔马在内的铜车马群及木车马、金银舍利棺、西夏文本及文物、天梯山石窟造像等藏品。

甘肃省博物馆免费参观，以身份证获取门票。门票的设计极富特色，左侧：甘肃省博物馆；铜奔马；东汉甘肃武威出土；甘肃省博物馆建筑外形。右侧：铜奔马图片；背面“参观须知”。

进入博物馆，队员们就分散了，先金、如冰、季芳和我始终在一起，如冰与季芳边看边拍，细细观赏，生怕错过重要器物。先金对彩陶与青铜器这些代表文明起源器物看得非常仔细，他有自己独到的见解。

在这里摘录一段关于“彩陶”的宣传语：

大约在一万多年前，人类发明了陶器。
随着制陶工艺的日趋成熟，
距今八千年前后，
我国渭河流域的先民成功地生产了第一批彩陶。
优美的造型、缤纷的色彩、绚丽的图案融汇一体，
既反映了当时社会生产力的水平，
又体现了人们的精神世界，
表达了人们对美的渴望和追求。

甘肃是中华文明的起源地之一。
奔腾不息的黄河、雄浑肥沃的黄土高原、
绵延千里的河西走廊，
孕育了丰富发达的新石器时代及青铜时代文化。
这些文化为中华文明的诞生
和发展作出了不朽的贡献。
它们大多含有多彩多姿的彩陶，
这是数千年来甘肃绵延不绝的独特文化传统。

甘肃彩陶历经五千多年漫长的发展岁月，

其数量与种类、制作水平与艺术成就，
都是其他地区无可比拟的。
在我国文化、艺术史上，甘肃彩陶
谱写了精彩华美的篇章。

让我们一起步入神奇的彩陶世界，
拂去历史的尘埃，
欣赏琳琅满目的艺术珍品，
领略古老的陶魂彩韵。

二层一隅开设了一个小小的售货亭——博物馆书店，这里除了图书，还卖一些丝绸之路文创品，如纸胶带、丝巾、颈枕、抱枕、手拿包、书签、真丝鼠标垫、钥匙扣、明信片套装、铜奔马等。其中“浮光跃金”手拿包寓意：飞天仙缕云裳，影飘天上之华。拈花微笑里蕴藏微妙至深的禅境，宁静致远里暗涌汩汩流露的情节。而另一款“静影沉璧”手拿包寓意：飞天玉指调音，谱绝了人间之曲；神鹿腾跃忽见山间，邀约梵音共赏。沉醉不知笙歌远，唯如梦享。手拿包采用丝绸制作，铺展开还可作为鼠标垫使用。这些文创品蕴含了设计者的智慧，倾注了他们的心血。

旅途中我们一直在实践“读万卷书，行万里路”。先金还是老习惯，行一路，买一路，看一路，回到家，这些书就都阅完了。在小小的售货亭，我俩又挑选了7本书。

（1）郑阿财：《敦煌佛教文学》，兰州：甘肃教育出版社，2013年版。

（2）杜琪：《敦煌文学论集》，兰州：甘肃人民美术出版社，2009年版。

（3）王晶波：《古代陇右传奇作家》，兰州：甘肃教育出版社，2016年版。

（4）邓文宽：《敦煌吐鲁番历法研究》，兰州：甘肃教育出版社，2002年版。

（5）张俊民：《简牍学论稿——聚沙篇》，兰州：甘肃教育出版社，2014年版。

（6）吴军、刘艳燕：《敦煌古代石刻艺术》，兰州：甘肃人民出版社，2016年版。

（7）刘学堂：《青铜长歌》，兰州：甘肃人民出版社，2015年版。

我们10天的考察行程即将结束。来甘肃是从吃面开始的，就要离开了，不舍中我们也以吃兰州拉面结束，长（常）来长（常）往，美好的寓意！

前几日，我们考察的重点放在了简帛出土的重要遗址上，而考察的最后一天，我们来到了出土简帛收藏与研究的重镇。甘肃是中国简牍的

↑甘肃省博物馆留影（2018-08-15） 宁家宇 摄

大省，仅汉简就占全国出土汉简的82%以上，河西走廊乃汉简之都。目前，甘肃出土的简牍与帛书，主要收藏在甘肃简牍博物馆、甘肃省博物馆。尤其是像“甘肃简牍博物馆”这样专门的收藏与研究单位，最早称为“汉简研究室”，一变而为“甘肃省简牍保护与研究中心”，再变就成为“甘肃简牍博物馆”，可谓见证了中国简帛学发展的全部历程。

全队成员在甘肃省博物馆前合影留念后，就依依不舍地离开了，就是说我们河西走廊的考察任务就此画上了一个圆满的句号。

匆忙赶往机场。仅相隔数日，我们一行再次来到兰州机场，航班：SC4928，兰州—济南，登机时间：16:25，登机口：109号。时间尚早，我们一行走进候机厅内的一家咖啡馆，选一休闲处在品味咖啡中候机，先金与我都打开手提电脑，开始了写作。当时我就着手写考察日志了，满腔热情并急切地想记录下考察中的所见所闻，生怕时间长忘记了。杜季芳老师及时抓拍到我俩工作的一瞬间。

↑候机工作坊（2018-08-15） 杜季芳 摄

↑再见了 河西走廊（2018-08-15） 宁登国 摄

正当我们在此或写作或交流或品咖啡中等候登机时，得到登机口变更的通知，将一层候机改为地下室候机。旅客要乘坐摆渡大巴登机。在登机的旋梯上，登国老师为我俩拍了一张合影，同样弥足珍贵。

结语

多多少少、或早或晚，我们都被生命的冲动、被莫名的精神和情绪的汹涌潮水推动过。在看不到意义的时候寻求人生的意义，在不同的时候，因不同的位置，出现不同的幻想。有时，我们给自己的人生以理由。这些理由是我们希望自己相信，也希望别人信服的；有时，你的冲动引出幻想，幻想指引着行为，行为牵出的后果，都巧合重叠，指向一个你希望看到的景象，人生似乎就是成功的。因为这个最后的景象和后果出自你的行为，所以它似乎印证了那不是人生莫名的冲动带出的梦幻，而原本就是某种纯粹的、庄严的、理性的东西在推动。[1]

我们搭乘向东飞行的航班，顺利结束了西行之旅。老师们还是感慨不已，杜季芳老师自济南遥墙机场返回聊城的途中就发来手机信息：

西域之行近尾声，
收获满满在心中。
一路美好成追忆，
未来可期当前行。

[1] 林达. 西班牙旅行笔记［M］. 北京：生活·读书·新知三联书店，2015：195.

我们一行真是大获全胜，满载而归！回来之后，大有“余音绕梁”之感，老师们又是写诗，又是创作散文，抒发情怀。巩聿信老师作诗一首。

西行考察有感

巩聿信 2018.8.18

一路西行寻遗场，河西走廊风沙扬。
两关四郡居延泽，汉匈厮杀响耳旁。
肩水金关丝绸路，恍惚当年驼铃响。
巍峨长城今已蚀，夕阳戈壁空苍凉。

宁登国老师也创作了一篇散文，现记录于此。

遇见你真好

宁登国 2018.8.16

在返回的途中，飞机上播放着《遇见你真好》的一部校园爱情喜剧，时时逗得儿子咯咯大笑。回想起这十天来和大家在一起早出晚归、奔波忙碌考察的点点滴滴，真的像和遥远的大汉王朝谈了一场恋爱，有说不完的话，有道不完的情。此时的内心充满了喜悦，充满了感恩，感恩在最美的时刻遇见了他，遇见了你，也遇见了自己。

感恩天赐良缘。这些天大家重复最多的话莫过于“一切都是最好的安排”。是的，之前说起这句话往往都是宽慰、励志时引用而已，现在却真真切切感受到它的真实内涵，许多意想不到的场景或奇观竟一股脑儿全部浓缩进我们这几天的行程之中，大漠喜雨、沙尘风暴、迷人彩虹、锁阳夕照、祁连雪山、玉门霞舞、长河落日、他乡故友、简牍真容……这一切绝不仅仅是巧合，心想方能事成，我想应是我们大家对学术的那份真情和诚心感召而来，一切都是最好的安排，感恩上天的眷顾。

感恩领导支持。火车跑得快，全靠车头带。这些天来，蔡校长和苗院长的全程参与和全心陪同既时时让我们感动，又处处给我们以力量。忘不了每到一处校长身先士卒、健步而行的觅寻背影，忘不了车上校长高屋建瓴的规划、语重心长的忠告；忘不了苗院长时时处处的提醒与鼓励。正如地球围绕太阳转的自然规律一样，有这样高能量的领导核心，我们这个团队一定会焕发出无穷的创造力量。

感恩成员包容。尽管出发前已对行程有了较为详细的安排，但由于能力所限，还是出现了许多不尽如人意的事情。令我感动的是大家每一次都能够化烦恼为菩提，化腐朽为神奇。忘不了玉门关返回途中汽车抛锚后大家迎着晚霞大漠欢舞的场景；忘不了沙尘暴后大家的欢呼笑语；忘不了原本沉闷的漫漫旅途中一次次响起的欢快歌声；忘不了大家竟将一无所知的“导游”交成了好朋友……曾听说，智慧与烦恼就在一念之间，迷则众，觉则佛。这次行走考察，让我一次次感受到了大家的智慧，大家的包容，大家的风范，感恩大家。

世俗脱，心境好，哪管戈壁苍茫。校长反复强调团队成员要脱俗，要超越，要高尚，而且身体力行，这些天来让我们真切见证了一个脱俗高尚的学者应有的模样。我想这次考察之旅，我们最大的收获就是在荒滩上，在风雨中，在烈日下，我们每一个团队成员的内心变得更加纯净、更加坚强、更加高尚。“会当凌绝顶，一览众山小。”有了这份脱俗的宁静，不变的操守，高尚的境界，我们这个团队就会无事而不成，无往而不胜。

遇见你，真好！

杜季芳老师感叹河西走廊考察中校长坚定昂扬的行者姿态、潜心学术的学者本色和善良诚朴的仁者情怀。返校不久，有感而发一文。

"简帛之路"上的蔡校长

杜季芳

八月酷暑，闷热难耐。为了开拓学术视野，增强简帛发现的现场感，8月6—15日，蔡校长带领简帛文献研究团队成员走出书斋，走出象牙塔，来到了广袤的西域大漠，走向了简帛考古发现的诸多遗场，进行了为期10天的实地考察。因为这一机会，我们得以走近校长，亲聆教诲。10天的行走，点点滴滴的细节，诸多的场景，让我们深切感受到了校长坚定昂扬的行者姿态、潜心学术的学者本色和善良诚朴的仁者情怀。

脚踏大地、心向远方的行者

8月9日下午三点钟，甘肃瓜州境内茫茫的戈壁荒滩上，火辣辣的太阳正炙烤着枯寂的大地，沙漠蒸腾出来的热气滚烫滚烫，校长正迈着坚定而又稳健的步伐带着团队成员寻觅悬泉置遗址。一番跋涉，几经周折，经过四个多小时，才终于寻到目标。就这样，10天的时间里，在河西走廊这片神奇的土地上，校长带领大家探访了33处简帛发现遗址、文化与军事场馆。山水沟大墩烽燧、阳关、玉门关、汉长城、大方盘城、马圈湾、西晋墓与东汉墓、悬泉置、榆林窟、破城子、锁阳城、嘉峪关、地湾、大湾、肩水金关、黑水城、甲渠候官……这些遗址或居于茫茫大漠，或隐于戈壁怀抱，有的没有道路，也没有标识，需要行走、寻觅、判断。每一次的寻觅探访，校长都是走在最前面，像一峰斗志昂扬、不知疲倦的骆驼，走过戈壁，走过沙坡，在大漠中留下了深深浅浅的串串脚印。随着一个个陌生遗址的名字在脑海中不断清晰呈现，蔡校长已带领着团队行走了千万里。无论是每天的早出晚归、昼夜兼程，还是寻觅中的曲折艰难，跋涉中的劳顿，甚或是饥肠辘辘，我们看到的都是校长身先士卒、不畏艰难，始终保持着旺盛的精力、满腔的热情和执着的探索精神。校长的坚定、从容和那份始终如一的宁静、平和，深深地感动和感染着我们，更为团队注入了灵魂和力量。

一个带着灵感、富有情怀的行者，是在用双脚丈量着大地，同时，也在用自己的心灵阅读着历史，遨游着宇宙。于是，10天的行走留下了坚实的足迹，更留下了心灵的印记。在探访完悬泉置遗址回瓜州的路上，校长已酝酿出了歌词《行者无疆》：“走大地，向远方，又见敦煌。今日来，昨日去，拜谒简帛遗场……”在锁阳城遗址，当我们还沉浸在寻见古城的兴奋之中的时候，校长已作出诗篇《孤城怀古》：“站在孤城上，太阳不下山；光阴一时凝，佛塔几点现。一行逆旅客，走在两山间；眼看大荒野，心装千万年。”只有心灵在高处，方能俯瞰天地；只有胸怀足够广阔，才能心装千万年；只有心向远方，才能无惧无悔无疆。

↑瓜州境内的戈壁滩上寻找悬泉置遗址
杜季芳 摄

惜时如金、孜孜不倦的学者

在10天的考察行程中，给我们的感觉是校长总是有读不完的书，每到一处文化遗址或博物馆，只要有卖书的地方，校长和赵老师夫妇必会驻足选书、买书。听赵老师说，这是校长多年来的习惯，出差在外必会买书，然后利用零散时间进行阅读，差程结束，买的这些书基本也就读完了。所以，我们随时都会看到校长安静读书的场景：熙来攘往的候机厅里，颠簸行进的汽车上，大家一起休息闲聊的片刻，等待用餐的间隙……有时候还会用不同颜色的笔写着画着，有时又会打开自己的笔记本电脑，边思考边输入。给我印象最为深刻的一个场景是考察活动的最后一天，也就是8月15日下午在兰州机场等候17:05的航班，15:30办好了行李托运，过了安检，来到机场内的一家咖啡馆小憩，校长和赵老师哪肯舍得坐在这干等呢，赶紧拿出笔记本电脑，各自忙了起来，旁边熙来攘往的各色人群、谈笑风生的吵吵嚷嚷，似乎全然与他们无关，他们沉浸在各自的世界里，他俩专注的神情和认真的状态成为机场内一道别样的亮丽风景！记得有句话说："越是自律的人越明白自己真正想要的是什么，所以才不会把时间和精力白白浪费在无意义的事情上，而是真的把碎片化时间都利用起来成长自己。"在校长身上，让我们看到，自律已成为一种习惯，一种生活方式，这才是对生活和学习最崇高的热爱。

↑在颠簸行进的汽车上　杜季芳摄

终是一名学者，无论走到哪里，校长心心念念的仍是学术。10天的考察时间里，他跟团队成员交流最多的话题就是学术。8月6日早上济南机场候机厅，校长和苗院长坐在一起，交流着学科发展以及学术研究中的一些前沿问题；兰州至敦煌的飞机上，校长和巩老师在交流着古代文学中小说研究的诸多问题，并建议巩老师可以以简帛为材料和工具对小说起源问题进行研究；烈日灼灼下在茫茫大漠的跋涉中，校长和立伟老师、如冰老师在交流着简帛研究中的一些热门话题……每日的晚餐时间，在大家对这一天的见闻及探访感受各抒己见之后，校长总会给予学术上的引领和鞭策，时刻提醒我们要有自己的学术追求和使命感：“学术是大学的灵魂。作为大学教师，必须要有自己的学术追求。对待学术，须怀有传教士般的执着与虔诚。只有保持学术性，才能获得应有的学术自尊，也才能赢得学生的尊重和敬佩。黑格尔说过：‘人既是精神，则他必须而且应该自视为配得上最高尚的东西。’心无旁骛地从事学术研究，持之以恒地修养学术精神，在这个过程中不断打造自己，提升自己，使自己纯粹、高尚起来，这才是大学教师成长和成熟的最佳途径。”

善良诚朴、守心笃行的仁者

在本次团队考察活动之前，对校长的了解更多的是通过他文采飞扬、热情洋溢的讲话稿，每一次的团队会议还有前不久精彩纷呈的毕业典礼上的精彩演讲，校长的才识、魄力和亲民给大家留下了深刻的印象，在学术领域的卓著成就更是让我们高山仰止。10天的考察行程，让我们近距离感受到校长善良、坦诚、包容而又睿智的仁者情怀。

8月9日下午，在探访完悬泉置遗址后，继续赶往瓜州去拜谒锁阳城遗址。因寻找悬泉置颇费一番周折，因此只好决定暂时取消计划中的破城子遗址，径向锁阳城遗址行进。出乎意料的是，上天赐予我们一个大大的惊喜，就是在赶往锁阳城的路上，偶遇破城子遗址（常乐城），大家都兴奋不已，停车驻足参观。眼前的破城子遗址仅剩断壁残垣了，除了围在四周的简易铁丝网外，并没发现更加强有力的保护措施。门口坐着一位八十多岁的老大爷，佝偻着背，在守护着旁边破败不堪的破城子，也在守候着面前的三轮车，三轮车上摆放着红枸杞、黑枸杞以及锁阳等土特产。在参观结束之

↑破城子遗址门前　赵立伟 摄

↑武威福瑞苑农家乐　蔡校长和校友葛尔沼在亲切交谈　赵立伟 摄

后，校长专门来到老大爷的摊上，一边询问老人的生活情况，一边购买老人摊上的黑枸杞。其实，老人卖的价格不算便宜，校长也不是认为其物有所值，更不是因为需要才购买，而是想以这样的方式来表达对老人的一份感谢之意。老人似乎也能领会校长的真诚和善意，用他那朴实而又和善的目光打量着我们一行人，并目送我们离开。

善缘总会不期而遇，带给我们更多的惊喜。在这期间，有两名文学院毕业的校友闻讯而至。在校友面前，蔡校长丝毫没有领导的架子，而是一一亲切热情接见。8月12日晚在内蒙古额济纳，校长对在策克口岸工作并表现优秀的李伟给予了充分的肯定和赞许，并勉励他不忘初心，继续前行，为母校争光，为祖国奉献。8月14日在武威，团队一行人与2018年刚毕业的校友葛尔沼共进午餐，难忘席间校长语重心长的教诲，每一句话都那么温暖而有力量，不仅蕴含着长者对晚辈的殷切期望和沉甸甸的关爱，而且饱含着满满的正能量，打动着在座的每一个人的心弦。

对于团队的每一位成员，校长也是坦诚相待，慈爱有加。他不把自己当作高高在上的领导，从不虚张声势、疾言厉色，更不自以为是、盛气凌人。参加本次考察活动的成员共有12人，水平参差不齐。对刚刚入门的我们，校长不仅没有挑剔和苛求，还给予了更多的理解包容和一次又一次的耐心引导。忘不了茫茫戈壁滩上的行走中校长对我们的热情鼓励："不要心急，也不要着慌，试着从一个小的问题开始做起，逐渐成长。""简牍材料是一座有待继续开采的丰富矿藏，希望每个人都要独具慧眼，善于发现，要用自己的这把铲子（专业特长）去挖掘这座宝藏。"有时还会引用中外名言激励我们："《荀子》有言：古之学者为己，今之学者为人。我们要学习古人，要像古人那样读书为己，而不是为他人。""*Make it best we can. Everyday we make it , we will make it best we can.*"（每个人都可以创造历史，人生是可以做出一点事来的！）

10天的考察行程中难免会有些意外情况出现，不管是因汽车抛锚而在荒漠中的等待，还是突然而至的沙尘暴；无论是长途荒漠跋涉之后的饥肠辘辘，还是路边农家餐馆的低档简陋；无论是对不善言辞的司机达师傅，还是对并不十分专业的敦煌导游吴龙……校长从没有因意外或安排不周而责怪过、挑剔过。8月9日在去瓜州探寻悬泉置的路上，为了节省时间，中午就在公路边一家乡村小饭馆停下来用餐，里面的设施、卫生条件着实不好，我们只好自己动手洗刷那油乎乎的碗筷。因为店里人手不够，点完菜之后却迟迟做不出来。在等待时，校长与赵老师坐在饭馆门外的椅子上安静地看书、思考，用餐过程中又津津有味地跟大家谈论着学术，对于我们所认为的"脏、乱、差"等物质条件和"色、香、味"等物质上的欲求，校长似乎从来就没有在意过。

10天的时间，我们有幸走近校长，见证着他的善良、自律和高尚，也感受着他的情怀、格局和境界，让我们看到了一位真正的行者、学者、仁者的模样。行者如此，沿途自然风光旖旎；学者如此，胸中必然别有洞天；仁者如此，人生注定光芒万丈！

史学大师陈寅恪曾说："一时代之学术，必有其新材料与新问题。取用此材料，以研求问题，则为此时代学术之新潮流。治学之士，得预于此潮流者，谓之预流（借用佛教初果之名）。其未得预者，谓之未入流，此古今学术史之通义，非彼闭门造车之徒，所能同喻者也。"[1]10天时间，我们真正从室内研究走向了广袤的田野遗址和场馆中去，寻找我们的学术根基。考察虽然只是地图上的一小段，短暂的光阴，但留下的每一步足迹却踏踏实实，让人可以翻来覆去地回味。此次文化考察，除了我们对河西走廊简帛出土遗址有了更清晰的了解认识外，还一路结缘了一些坚守在大漠边陲、丝路荒原之地默默奉献、可亲可敬的人们，他们对工作和生活的态度，如敬业、坚守、踏实、和善等，都令我们感动和敬佩而难以忘怀。如导游吴龙和司机达师傅，大方盘城遗址守护者张老师，东汉、西晋墓遗址守护者徐老先生，悬泉置遗址守护者史老师夫妇，聊城大学的优秀校友李伟、曷尔滔同学，相逢是缘！还有行走在烈焰的戈壁上，掩映在大漠的夜色里，下榻一家家心仪的客栈，在寻找一些能打动你的物品，一个遗址、一个场馆、一首歌、一段旅程、一杯咖啡、一壶烈酒，行走的足迹和心灵的印痕，件件都是值得永久怀恋且回味无穷的故事。我们更是从简帛侧面看到了秦汉魏晋的社会生活，失传遗落的典籍文书，丝路边关的历史见证，书法艺术的墨迹大观。当然，这些内容无论如何都不能代表我们一行全部的经历与故事，但我却愿意书写下来，留下河西走廊考察的印迹已足矣！

---

[1] 陈寅恪. 金明馆丛稿二编・陈垣敦煌劫余录序［M］. 北京：生活・读书・新知三联书店，2001：266.

王国维曰："古来新学问起，大都由于新发见。"[1]在简帛文献大量问世的今天，尤其是河西走廊的古丝绸之路上简牍帛书的发现（收藏在甘肃的汉简就占全国出土汉简的82%以上），为"二十一世纪是简帛学的世纪"这一新时代的形成、这一新兴学科的构建奠定了雄厚的基础，亦是全世界学术界所注目的新学问，亟须学人们孜孜以求，添砖加瓦，我们为是其中一员而深感荣幸。物理学家丁肇中教授有一句名言："只要你肯干，肯自强，一个普通人也可以有伟大的成就。"[2]未来我们要做的事情很多，既要认清简帛巨大的研究价值，积极提倡并推进学术界关注简帛学的研究与发展；更要专心于简帛学研究，立志为成就简帛学伟业而投入毕生之功力；还须将本土性与国际性相辅相成，传统性与时代性相互衔接，学科的自我构建与多学科开放交叉彼此融合。未来必将蔚为大观，直入佳境。

---

[1] 王国维. 王国维考古学文辑・最近二三十年中中国新发见之学问［M］. 南京：凤凰出版社，2008：87.

[2] 周金品. 丁肇中传［M］. 北京：科学出版社，2017：1.

后记

就在《简帛之路》手稿完成，正有出版计划之时，惊闻苗菁教授在学校党代会的会议现场突发疾病辞世的消息。

4月28日11:53，聊城大学文学院办公室主任冯庆奎在教师群里发送通知：

我院教师苗菁同志于2021年4月28日9:30因病去世，定于4月30日13:30在天福园西区召开追悼会。

治丧工作小组

2021年4月28日

4月28日13:07，山东大学文学院院长、教授杜泽逊代表山东省古典文学学会发文悼念：

苗菁教授治丧委员会：

惊闻苗菁教授辞世，我学会同仁万分悲痛，谨以此函表达沉痛哀悼，并请向苗菁教授亲属转达诚挚的慰问。

苗菁教授教书育人，在学术上卓有建树，担任山东省古典文学学会第六届理事会副会长职务，与学会同仁交谊笃厚，以其人品和学术赢得了学会同仁的尊重。苗菁教授的病逝是山东省古典文学学会的巨大损失，我们为失去这样一位优秀的人才深感惋惜。

苗菁教授千古！

山东省古典文学学会敬挽

2021年4月28日

这怎么可能，巨大的悲痛冲击，让我顿时泪眼蒙眬。苗菁教授，一位睿智温润的学术带头人，知性能干和蔼可亲的领导！不信！不舍！

4月28日13:32，赵海丽“哑哑吐哀音”：谦谦君子，师生爱戴！成果丰厚，学术楷模！突传噩耗，呜咽难语。沉痛哀悼！苗院安息！一路走好！

4月28日14:41，济南大学张秉国：敬悼苗菁教授：忆昔当年闻论学，先师指点院中杰。苗氏治学有独诣，今忆此语泪滂沱。

4月28日14:49，中国海洋大学韦春喜：苗院长谦谦君子，温润如玉，乐于助人，待人以诚，听到这个消息着实太突然了。

4月29日8:38，聊城大学文学院分党委书记辛业：

老师们好：

苗院长不幸离世，我们万分悲痛！遗体告别仪式于4月30日下午1点30分在天福园西区3号厅举行。现将几个事项通知如下：

1. 有兄弟院校老师、领导向各位老师联系要参加追悼仪式的，请及时告诉冯庆奎主任，冯主任负责统计，我们提供方便。

2. 学院将安排车辆，在学校北门口集合，车辆首先满足兄弟院校来宾，退休老师和年龄较大、驾车不方便的老师；有车的年轻教师，建议自驾车前往，驾车请注意安全！

3. 当日有课的老师，请坚守岗位上课，以辛勤劳作告慰苗院长在天之灵！

4. 建议近几天有课的老师在正式上课前，加一个为苗院长默哀的环节，不建议在校学生前往参加追悼仪式。

5. 校领导及学校各单位将派代表参加追悼仪式。

4月29日10:00，聊城大学特聘教授季旭昇老师在“出土文献研究团队”群中发送挽联，抒发哀思：

苗院长博雅君子腹笥渊博雅聚盛会纵谈古今惠我良多遽尔仙去泫然感怀敬撰挽诗以表哀思　季旭昇 敬挽

苗正根深蔚蔽天，
菁莪乐育国称贤。
千秋掌故从心拈，
古道衷肠泽永传。

国学院副院长宁登国回复：

治丧委员会谢谢您，季老师，定当转达亲人并惠存。

擘文院蓝图，创一流专业，鞠躬尽瘁

研唐典宋韵，育四海英才，润泽长存

5月5日11:01，宁登国发文：《情尽国学院　心香祭苗君》（有专刊，此略）。

杜季芳老师说：宁老师情文并茂！感动！

她亦撰文：《斯人已逝　幽思长存——深切缅怀苗菁老师》（有专刊，此略）。

李如冰老师表述心声：苗院长一直关心着国学院。27号下午党代会分代表团讨论会上，苗院长还专门提到我校山东省特色文献与文化“双创”协同创新中心的发展。

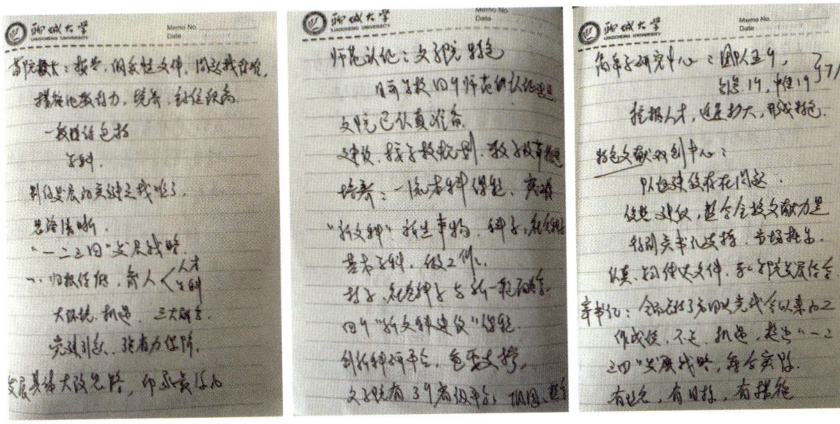

这是我27号下午的记录，28号上午八点十几分苗院长就倒在了党代会报告厅。这应该是他留给我们的最后遗言了！因为手写太慢，记得并不全。但苗院长为文学院、为国学院付出的感情和心血日月可鉴！

5月5日13:25，杨连民老师在群中发文：

悼念文学院苗菁院长

杨连民

岂不令心痛？

凋萎我院星。

文章垂后世，

著述启诸生。

同事忆謦欬，

良朋寄祭铭。

吾人三太息，

天命奈何轻？

5月5日16:53，邢梅萍老师以信息诉衷肠：

近几日与老弟建平常忆苗院长，今日老弟赋诗一首：感先生德才兼备，知行合一，吾辈楷模，文心共鸣德不孤，天地相和必有邻，真情友谊永惠存。

越界星宿

——悼念文学院苗菁院长

邢建平

春不凋花竞陨星，
彰经辞修共苗生。
天邀仙贤掌文曲，
凡间萦君论语声。

5月5日17:50，赵立伟老师发送纪念图片：

5月6日7:08，刘广涛老师赋诗一首：

怀念

刘广涛

夏天 说来就来

一如那些任性的亲们

说走就走

在这空荡荡的世界上

只剩下我们

唏嘘再三

春天离别的亲啊

你可知晓

夏天的怀念……

2021/5/5

（辛丑年立夏日）

5月6日12:23，李如冰老师赞叹道：宁老师、杜老师、杨老师、邢老师、刘老师写出了我们共同的心声！深切缅怀苗院长！

难以忘怀的还有聊城大学特聘教授姚小鸥老师对苗菁院长的挚情，这份情谊他与我交流过多次。虽然姚教授在聊大工作时间不长，但一直积极配合苗院长促抓聊大文学院的学科建设、学术发展等，尤其在争创双一流的工作中，姚教授无私奉献出个人资源，始终殚精竭虑，使得此项工作进展顺利，最终取得了圆满成功。在同道之路上，姚教授与苗院长也结下了深厚的友情。当噩耗传来，对姚教授的打击极大，他吃不下睡不着，正在为参加会议撰写的论文也难再继续。他于5月16日召开的“出土文献文本释读与文学研究学术研讨会”主题发言，于开场时说明了该论文不完整的原因，悲恸哽咽之情很是打动了每位与会学者；在11月27日“第八届出土文献与中国文学研究学术研究讨会”上，他再一次提到和怀念为此次会议作出贡献的苗菁教授。

“每逢佳节倍思亲。”又逢2021年的中秋佳节，文韬同学以《兰陵王·辛丑中秋怀恩师苗菁教授》《如梦令·痛悼恩师》（有专刊，此略）两首词来表达对恩师深深的怀念。

千言万语说不尽悲痛道不尽哀思，这里仅记录各级组织及老师们的纪念文章或微信短语，字里行间流露出的细腻真切，情深义重，令人动容！

苗菁院长离世后，每当拿起《简帛之路》这部手稿，眼前就浮现出苗院长在河西走廊考察时的一幕幕，怀想与思念于其中，手稿竟变得沉甸甸起来。

今天，当我第二次校对完《简帛之路》书稿时，已是2021年12月20日，辛丑之年已近尾声，告别的是时间，挥之不去的是记忆。“我手捧着一颗心，献出自己的一份真诚。”[1]《简帛之路》一书是对苗菁院长与大家同行之路的一份纪念！

天堂的路会有祝福的祈语与您相随，天堂的路有同仁的思念与您同行，天堂的路有学生的书声与您相伴，更有《诗经》类音乐文学的唱诵，“林中的响箭，空谷的足音”，那是您的最爱……

赵海丽

2021年12月20日于济南无影山怡心兰堂

---

[1] 蔡先金. 简帛文学研究［M］. 北京：学习出版社，2017：640.

图书在版编目（CIP）数据

简帛之路:河西走廊简帛出土遗址考察纪实/赵海丽著. —北京:知识产权出版社，2022.7

ISBN 978-7-5130-8200-6

Ⅰ.①简… Ⅱ.①赵… Ⅲ.①简(考古)—研究—中国 ②帛书—研究—中国 Ⅳ.①K877.54

中国版本图书馆CIP数据核字（2022）第096659号

责任编辑： 王颖超
装帧设计： 研美文化
责任校对： 王 岩
责任印制： 刘译文

简帛之路

河西走廊简帛出土遗址考察纪实

赵海丽 著

出版发行： 知识产权出版社有限责任公司
社　　址： 北京市海淀区气象路50号院
责编电话： 010-82000860转8655
发行电话： 010-82000860转8101/8102
印　　刷： 三河市国英印务有限公司
开　　本： 720mm×1000mm 1/16
版　　次： 2022年7月第1版
字　　数： 288千字
网　　址： http：//www.ipph.cn
邮　　编： 100081
责编邮箱： wangyingchao@cnipr.com
发行传真： 010-82000893/82005070/82000270
经　　销： 新华书店、各大网上书店及相关专业书店
印　　张： 21.5
印　　次： 2022年7月第1次印刷
定　　价： 138.00元

ISBN 978-7-5130-8200-6